Deferencia judicial e interpretación administrativa de las leyes en Estados Unidos

Deferencia judicial e interpretación administrativa de las leyes en Estados Unidos

Las sentencias Chevron y Loper Bright

Jorge Pérez Alonso

2025

ESTUDIOS SOCIALES Y JURÍDICOS

Ediciones de la Universidad de Oviedo
Servicio de Publicaciones de la Universidad de Oviedo
ISNI: 0000 0004 8513 7929
Campus de Humanidades. Edificio de Servicios.
33011 Oviedo (Asturias)
Tel. 985 10 95 03
https://publicaciones.uniovi.es/
servipub@uniovi.es

Este libro ha sido sometido a evaluación externa y aprobado por la Comisión de Publicaciones de acuerdo con el Reglamento del Servicio de Publicaciones de la Universidad de Oviedo.

Esta Editorial es miembro de la UNE, lo que garantiza la difusión y comercialización de sus publicaciones a nivel nacional e internacional.

ISBN: 979-13-87540-42-5
DL AS 2231-2025

Imprime: Servicio de Publicaciones. Universidad de Oviedo.

Índice

CAPÍTULO DOS: PODER JUDICIAL E INTERPRETACIÓN ADMINISTRATIVA DE TEXTOS LEGALES.

CAPÍTULO TRES: LA SENTENCIA CHEVRON: ANTECEDENTES FÁCTICOS, PROCEDIMIENTO Y SENTENCIA

CAPÍTULO CUATRO: DEFERENCIA JUDICIAL: DE CHEVRON A LOPER BRIGHT.

CAPÍTULO CINCO: LOPER BRIGHT Y LA RECTIFICACIÓN DE LA DOCTRINA CHEVRON.

Introducción

El 28 de junio de 2024 el Tribunal Supremo de los Estados Unidos hizo pública la sentencia *Loper Bright et al. v. Raimondo*, que dejó sin efecto la doctrina que anteriormente había fijado en *Chevron v. Natural Resources Defense Council*, dictada esta última justo cuarenta años atrás, el 25 de junio de 1984.

Enfrentado a la interpretación que la Enviromental Protection Agency había efectuado de la *Clean Air Act*, el Tribunal Supremo, al resolver el caso *Chevron,* articuló un procedimiento en dos fases que deberían aplicar los órganos judiciales a la hora de revisar judicialmente las interpretaciones que las agencias administrativas hubieran efectuado de las leyes que tenían encomendado ejecutar. En la primera de esas fases, el tribunal habría de determinar si el precepto legal interpretado por la agencia era ambiguo o si, por el contrario, su sentido último era indubitado, pues en el supuesto de no existir incertidumbre alguna sobre el verdadero sentido de la norma, los tribunales deberían atenerse a esta. Mas si en esa primera fase se concluía, tras utilizar las herramientas tradicionales de interpretación legal, que existían dudas acerca del verdadero sentido del precepto interpretado, el órgano judicial debía adentrarse en la segunda fase, en la que su tarea se ceñiría a decidir si la interpretación llevada a cabo por el ente administrativo era «razonable», en cuyo caso esta debería obligatoriamente respetarse, aun en el que el tribunal, ejerciendo libremente su función interpretativa, hubiera llegado a una conclusión diferente. En otras palabras, los órganos judiciales, a la hora de enfrentarse a un pleito administrativo, veían reducida su función tan solo a aplicar un test de «razonabilidad» a la lectura que la administración efectuaba de textos legales ambiguos cuya ejecución tenían encomendada.

En el momento de hacerse pública la sentencia *Chevron*, nada hacía presagiar que su doctrina sobrepasaría los estrictos muros del supuesto concreto, mas lo cierto es que en pocos años su aplicación se extendió hasta ser una de las sentencias más citadas, erigiéndose, además, junto al principio de *non delegation*, en uno de los pilares básicos del Derecho Administrativo norteamericano, propiciando una bibliografía literalmente inabarcable. La sentencia generó, por supuesto, una profunda división en el seno de la comunidad jurídica. Una parte se alineó con el fondo del pronunciamiento, argumentando que ello haría que los jueces permaneciesen siempre dentro los límites atribuidos constitucionalmente a la función judicial, pues la interpretación de textos legales con frecuencia suponía en la práctica optar por una opción política, algo que debía estar en manos de políticos y no de jueces; además, las agencias encargadas de aplicar las leyes contaban con profesionales que atesoraban experiencia y conocimientos técnicos específicos en la materia, algo de lo que los jueces carecían. En el otro punto del espectro jurídico, se encontraban quienes criticaron el pronunciamiento al entender que los jueces simplemente abdicaban en las agencias una parte importante de la función judicial, la de interpretar las leyes, que desde los orígenes mismos del sistema constitucional venían ejerciendo de forma pacífica, por lo que *Chevron* no hacía más que otorgar a los entes administrativos funciones que correspondían exclusivamente al poder judicial, ampliando de forma injustificada el poder de las agencias en detrimento de los ciudadanos.

Uno de los aspectos quizá más significativos que hasta fechas recientes no pudo conocerse en su totalidad es el proceso mismo de redacción de la sentencia *Chevron*. Uno de los argumentos utilizados a la hora de defenderla fue el haber contado con el apoyo unánime de todos los jueces (si bien con un Tribunal Supremo reducido de nueve a seis integrantes debido a que tres de ellos se abstuvieron), lo que aparentemente exteriorizaba la inexistencia de fisuras, así como la carencia de dudas jurídicas de ningún tipo. Sin embargo, con el paso del tiempo, y sobre todo al hacerse pública la documentación de los jueces que formaron parte del Tribunal Supremo en 1984, pudo comprobarse en primer lugar que el caso estuvo a punto de no superar el trámite de admisión, y además que los jueces en modo alguno a la hora de emitir su voto en la fase de deliberación lo hicieron convencidos de la postura que habían adoptado, sino más bien todo lo contrario; y a modo de guinda del pastel, la parte más popular, citada y aplicada de la sentencia, el procedimiento en dos fases articulado en el apartado II, no aparecía en el borrador inicial, sino que fue un añadido posterior a la sentencia insertado cuando la solución jurídica al caso ya se había alcanzado con anterioridad.

Por otra parte, el Tribunal Supremo distó mucho de considerar *Chevron* como un principio transparente, pacífico y estable. En sentencias posteriores, fue progresivamente delimitando varios supuestos en los cuales el principio de deferencia judicial no era aplicable, lo que llevó a un sector doctrinal a referirse a anteponer a esas dos fases una tercera, la «fase cero» de *Chevron*, consistente en indagar antes de proceder a la aplicación de las dos fases, si la propia doctrina era aplicable. Poco a poco, el Tribunal Supremo fue orillando la tesis de la deferencia en beneficio de otra doctrina, la de las «*major questions*», hasta el punto que desde el año 2016 el máximo órgano judicial no volvió a invocar *Chevron* hasta el 28 de junio de 2024, momento en que si lo hizo fue para dejarla sin efecto.

Varios de los actuales integrantes del Tribunal Supremo de los Estados Unidos ya habían explicitado antes de 2024 su oposición a tan controvertido principio, y no dudaron en hacer público su rechazo a *Chevron*. Por ello, cuando en el año 2023 el máximo órgano judicial estadounidense admitió a trámite dos asuntos (*Loper Bright v. Raimondo y Rentless* v. *Department of Commerce*) con el único objetivo de decidir si la doctrina *Chevron* había de mantenerse o no, dicha circunstancia motivó que antes incluso de celebrarse la vista oral del caso, se plantease un enfrentamiento abierto entre partidarios y detractores de tan polémica sentencia.[1] Enfrentamiento que llegó al propio Tribunal Supremo, puesto que la sentencia *Loper Bright* se adoptó por una mayoría de seis jueces a favor de rectificar la deferencia *Chevron* y otros tres que abogaron por mantenerla, siendo así que tanto quienes apoyaron la sentencia mayoritaria como quienes suscribieron voto particular disidente se lanzaron mutuamente dagas florentinas.

No obstante, el que la sentencia *Loper Bright* dejase sin efecto la deferencia *Chevron*, en modo alguno implicaba que los jueces no pudieran valorar, tener en cuenta y eventualmente aceptar la interpretación que de un texto legal

[1] En algunos casos, la cuestión se planteó en términos poco menos que apocalípticos; valga como muestra que el 24 de enero de 2024 Nicholas Bagley publicó en la revista *The Atlantic* un artículo muy crítico ante una eventual rectificación de *Chevron* utilizó un titular que no tiene desperdicio: «The plan to incapacitate the federal government» (https://www.theatlantic.com/ideas/archive/2024/01/chevron-supreme-court-case/677220).

efectuasen las agencias administrativas, algo que venían realizando pacíficamente desde la segunda década del siglo XX y que había incluso adquirido carta de naturaleza en 1944 cuando el Tribunal Supremo dictó la sentencia *Skidmore v. Swift*, articulando un principio interpretativo (conocido como deferencia *Skidmore*), en base al cual el tribunal debía otorgar una valoración especial a la interpretación efectuada por las agencias, aunque esta no fuera en modo alguno vinculante para el órgano judicial. La sentencia *Loper Bright* a lo largo de sus treinta y cinco páginas en varias ocasiones incide en el mismo principio mantenido en *Skidmore*, aceptando que pueda ser acogida por el tribunal revisor en función de la razonabilidad y lo «persuasivo» del argumentario jurídico esgrimido por la agencia, pero rechazando frontalmente que haya de otorgarse de forma automática deferencia a la interpretación administrativa de textos legales, puesto que han de ser los órganos judiciales quienes, de forma independiente y en el libre ejercicio de su función judicial, sean los que tengan la última palabra a la hora de fijar definitivamente el sentido y alcance que ha de otorgarse a un determinado texto normativo.

El presente libro se apoya fundamentalmente en tres artículos que en distintas fechas se redactaron para su publicación en la *Revista de Administración Pública*.[2] No obstante, este trabajo afronta el análisis de la cuestión con una nueva sistemática y ampliando notablemente el contenido con material que, por razones de espacio, no pudo utilizarse en su momento. En modo alguno esta breve monografía supone un análisis exhaustivo de la doctrina *Chevron* y su desarrollo jurisprudencial, pues ello desbordaría el marco impuesto y exigiría un voluminoso tratado. El objetivo último de este trabajo es mucho más modesto: suministrar al lector una breve aproximación, a modo de crónica, al nacimiento, contenido básico, auge, ocaso y muerte jurídica de la deferencia *Chevron*.

El libro se estructura en cinco capítulos. Los dos primeros ofrecen una breve aproximación al marco legal de las agencias administrativas estadounidenses exponiendo las líneas esenciales de su posición jurídica ante los poderes legislativo, ejecutivo y judicial. El tercer capítulo se dedica en exclusiva al caso *Chevron*, exponiendo sus antecedentes fácticos y el desarrollo judicial desde el

[2] Jorge Pérez Alonso, "¿El ocaso de Chevron? Auge y fracaso de la doctrina de la deferencia judicial hacia el ejecutivo, Revista de Administración Pública", núm. 184 (enero-abril 2011), pp. 325-348; «Mutaciones jurisprudenciales en torno a la organización y control judicial de las agencias administrativas en Estados Unidos», *Revista de Administración Pública* núm. 223 (enero-abril 2024), pp. 277-300; el tercero, «Recorte jurisprudencial a la posición jurídica de las agencias administrativas: la anulación de Chevron y limitación de la autotutela para imponer sanciones», *Revista de Administración Pública*, núm. 226 (enero-abril 2025), pp. 333-366.

Tribunal de Apelaciones hasta la sentencia final del Tribunal Supremo, incidiendo especialmente en los aspectos realmente decisivos de la fase de admisión y, sobre todo, de la deliberación y procedimiento de redacción de la sentencia, dado que en pocos asuntos como en este las interioridades de un caso son indispensables para comprender en su totalidad el resultado final alcanzado. El cuarto capítulo expone brevemente los hitos fundamentales de la evolución de *Chevron,* así como el progresivo recorte que por vía jurisprudencial practicó el Tribunal Supremo en tan aparentemente sólida doctrina, hasta que llegó a orillarla de facto desde el año 2016. El quinto y último capítulo se centra en los avatares procesales y la sentencia del asunto *Loper Bright.*

Como apéndice se incluyen, a modo de apoyo, tres documentos indispensables para que el lector pueda formarse su propio criterio en relación a esta materia. En primer lugar, la traducción íntegra de la sentencia *Chevron v. Natural Resources Defense Council.*[3] En segundo y tercer lugar, tanto la sentencia íntegra del caso *Loper Bright* como el voto particular discrepante,[4] a fin de no hurtar al lector ninguna información y suministrarle de manera íntegra el argumentario esgrimido por detractores y partidarios de la deferencia Chevron. En las traducciones se optó por mantener el título en inglés de las leyes, así como la denominación de ciertos organismos y, sobre todo cargos oficiales (*chief justice, solicitor general* o *attorney general*) cuya traslación al castellano podría dar lugar a equívocos.[5]

[3] Hay una traducción parcial de la sentencia *Chevron* en la magnífica e indispensable obra de Miguel Beltrán de Felipe y Julio V. González García, *Las sentencias básicas del Tribunal Supremo de los Estados Unidos de América*, segunda edición, Centro de Estudios Políticos y Constitucionales, 2006, pp. 498-505, a la que antepone una breve, pero muy ilustrativa exposición de los antecedentes fácticos y del núcleo de la sentencia. No obstante, dicha traducción se limita a los apartados II y VII, en los que figura el razonamiento jurídico principal. La reproducción meramente parcial no es en modo alguno la excepción, ni tan siquiera en el propio ámbito estadounidense. Pese a la dificultad que en determinados momentos conlleva debido al carácter excesivamente técnico del lenguaje normativo, se prefirió ofrecer al lector la sentencia en su integridad porque, como indica Thomas Merrill, uno de los autores que más ha estudiado la sentencia *Chevron* y su evolución, es imprescindible la lectura íntegra de la resolución judicial.

[4] No se incluyen los dos votos particulares concurrentes dado que tan solo profundizan en algunos de los razonamientos jurídicos de la sentencia.

[5] Así, por ejemplo, *attorney general* suele traducirse erróneamente como *fiscal general*, lo que sería impropio porque, a diferencia de lo que ocurre con este, que (cuando menos sobre el papel) tiene atribuciones exclusivamente jurídicas y ha de actuar de forma independiente, aquel tiene desde 1870 (fecha en que se creó el Departamento de Justicia, del que es titular) naturaleza es más política, siendo por tanto más bien un ministro de Justicia. «*Solicitor general*»

No quisiera finalizar esta introducción sin dar las gracias a Ignacio Fernández Sarasola y a Mercedes Fuertes López, por haber tenido la amabilidad de leer pacientemente el original del texto. Agradecimiento que hago extensivo al Servicio de Publicaciones de la Universidad de Oviedo, por haber aceptado su publicación.

Gijón, junio de 2025.

podría asimilarse en cierta medida al *abogado del estado jefe*, pero sería también una traducción forzada, por cuanto a diferencia de lo que ocurre en el caso español, aquel solo tiene las funciones que expresamente le delega el *attorney general*, y en realidad su función se limita casi en exclusiva a comparecer ante el Tribunal Supremo en representación y defensa de los Estados Unidos, función además que en cualquier momento puede recabar para sí el *attorney general*. Por último, *chief justice* podría traducirse como presidente del Tribunal Supremo, mas la traducción sería problemática debido a la adjetivación del puesto vinculada a su condición de representante máximo del poder judicial estadounidense y la distinción estadounidense entre *justice* (reservado para los miembros del Tribunal Supremo) y *judge* (para los jueces de los juzgados de distrito y Tribunales de Apelación). Así, un *chief judge* lo es del órgano judicial que preside; por ejemplo, Debra Ann Livingston es *chief judge of the United States Court of Appeals for the Second Circuit* (presidenta del Tribunal de Apelaciones del Segundo Circuito). Pero John G. Roberts no es *chief justice of the Supreme Court* (que facilitaría su traducción como presidente del Tribunal Supremo de Estados Unidos) sino que su título oficial es *chief justice of the United States*.

CAPÍTULO UNO

Derecho administrativo y agencias administrativas

I.- EL CONCEPTO DE DERECHO ADMINISTRATIVO EN EL SISTEMA ESTADOUNIDENSE.

En la última edición publicada de su clásico manual sobre Derecho Administrativo, el profesor Bernard Schwartz definía la materia de la siguiente forma:

> El Derecho administrativo es la rama del Derecho que controla las actuaciones administrativas del estado. Su objetivo principal es mantener los poderes gubernamentales dentro de sus límites legales y proteger a los individuos frente a eventuales abusos de ese poder. Establece las competencias que pueden ostentar las agencias administrativas, fija los principios que rigen el ejercicio de esas competencias y ofrece remedio legal para los afectados por dicha actuación administrativa.[6]

Otro clásico tratado en la materia, el de Stephen Breyer, ofrece dos definiciones, una amplia y otra restringida que, aun cuando en apariencia similar a la

[6] Bernard SCHWARTZ, *Administrative law*, 3th edition, Little, Brown & Company, 1991, p. 1. Ello le lleva a afirmar que el Derecho administrativo se subdivide a su vez en tres grandes bloques o sectores: «(1) las competencias atribuidos a las agencias, (2) los requisitos exigidos por la ley para ejercer tales competencias y (3) los remedios frente a la actuación ilícita de una agencia.» Ello supone limitar el concepto de derecho administrativo tan solo a sus aspectos procedimentales (regulación del procedimiento administrativo) y procesales (control judicial de la actividad administrativa) aun cuando englobe una mínima parte de la materia organizativa (la delimitación y ejercicio de las competencias que ostentan las agencias).

enunciada por Schwartz, implica una ligera ampliación del contenido material de la disciplina:

> De forma amplia, puede definirse el Derecho administrativo como el control legal del gobierno. De manera estricta, podríamos decir que el Derecho Administrativo consiste en aquellos principios legales que definen las competencias y organización de las agencias administrativas, regulan las formalidades procedimentales que utilizan dichas agencias, determinan la validez de sus actos, y delimitan el papel de los tribunales revisores y otros órganos de gobierno en su relación con las agencias administrativas.[7]

Por su parte, Jeffrey L. Mashaw afirma:

> En la actualidad, los cursos de Derecho Administrativo se centran fundamentalmente no solo en las competencias y procedimientos de decisión de las agencias administrativas federales (en ocasiones, también de las estatales) sino además en el derecho que rige las relaciones de esas agencias con los tribunales, los legislativos y los cargos ejecutivos electos.[8]

Philip Hamburger, en su amplio estudio sobre la disciplina, pone el foco no tanto en los aspectos de la actividad administrativa, sino en los efectos jurídicos que el resultado final de esa actividad tiene sobre los ciudadanos:

> Tradicionalmente, al amparo de la Constitución de los Estados Unidos, el estado solo podía obligar a sus ciudadanos a través de los poderes legislativo y judicial. Y dado que la Constitución otorga esos poderes respectivamente al Congreso y a los tribunales, solo los actos emanados de dichas instituciones pueden imponer restricciones obligatorias a las personas sujetas a las leyes. Por contraste, los actos del poder ejecutivo no contaban con esa fuerza vinculante. Aunque el ejecutivo podía llevar a efecto los actos obligatorios del Congreso o los tribunales, por sí mismo no podría obligar, tan solo imponer su fuerza bien llevando el asunto a los tribunales o, en última

[7] Stephen Breyer, Richard B. Stewart, Cass R. Sunstein y Matthew L. Spitzer, *Administrative law and regulatory policy. Problems, Text and cases*, Fifth Edition, Aspen Publishers, 2002, p. 3. Su concepción de la disciplina implica englobar en ella gran parte de la organización administrativa (ya no circunscrita a la mera delimitación y ejercicio de las competencias, sino a su estructura interna) y del control de la actividad de las agencias (no circunscrita al judicial, sino al que llevan a cabo otros órganos, como el legislativo y el propio control interno ejecutivo).

[8] Jerry L. Mashaw, Richard A. Merrill y Peter M. Shane, *Administrative law. The American public law system. Cases and materials*. Fifth edition, Thomson, 2003.

instancia, imponiendo coactivamente los actos vinculantes de aquellos. El poder ejecutivo lícito es por tanto muy distinto de los otros dos tipos de poder que la Constitución autoriza, por lo que cuando el ejecutivo dicta actos vinculantes y por tanto se adentra en funciones legislativas y judiciales, ejercita lo que, desde una perspectiva histórica, este libro entiende por Derecho administrativo.[9]

Aunque los cuatro autores citados a modo de ejemplo mantienen conceptos diferentes de la disciplina, sin embargo, coinciden en un dato esencial, cual es apuntar a las agencias administrativas como el elemento fundamental de la disciplina.

II.- BREVE EVOLUCIÓN HISTÓRICA DE LA ORGANIZACIÓN ADMINISTRATIVA

2.1.- *Evolución de la organización departamental.*

Conviene precisar que, a diferencia de la Presidencia de los Estados Unidos, la existencia de Departamentos de naturaleza ejecutiva precede al propio texto constitucional, y en algún caso a los mismos Artículos de la Confederación a los que la Constitución de los Estados Unidos vino a sustituir.

El 26 de julio de 1775, es decir, justo un año antes de proclamarse la independencia, el Congreso Continental creó el cargo de *Postmaster General*, para el que ese mismo día fue elegido de forma unánime Benjamín Franklin.[10] A las órdenes de este, debía existir una línea de comunicaciones que se extendiese «desde Falmouth, en Nueva Inglaterra, hasta Savannah, en Georgia».

Siguiendo línea marcada a la hora de establecer el servicio de correos, se crearon varios departamentos ejecutivos. El primero fue, significativamente, la Secretaría de Asuntos Exteriores, que el Congreso estableció mediante acuerdo adoptado el día 10 de enero de 1781.[11] Poco menos de un mes más tarde, el día 7 de febrero, se creaban otros tres departamentos ejecutivos: la Superintenden-

[9] Philip HAMBURGER, *Is administrative law unlawful?*, University of Chicago Press, 2015, p. 3. Hamburger es uno de los autores críticos con la posición jurídica de las agencias, que considera que realizan funciones que por naturaleza son legislativas y ejecutivas, de ahí el título de su obra.

[10] *Journals of the Continental Congress*, vol. II, Washington Printing Office, 1905, pp. 208-209.

[11] *Journals of the Continental Congress*, vol. XIX, pp. 43-44.

cia de Finanzas, la Secretaría de Guerra y la de Marina.[12] La relación entre los primeros titulares de los departamentos ejecutivos (Robert Morris en Finanzas y Marina, Robert R. Livingston en Asuntos Exteriores y Benjamín Lincoln en Guerra), era tan estrecha que mantenían reuniones periódicas, formando lo que algún autor ha denominado *embrión de Gabinete*.[13] El más importante de los cuatro puestos era sin duda alguna la Superintendencia de Finanzas, creada para mayor gloria de Robert Morris, el «financiero de la revolución» que fue su único titular; las funciones que se le atribuyeron eran tanto consultivas e informativas como ejecutivas, teniendo atribuida la supervisión de las cuentas públicas, la redacción de los informes necesarios y la obtención y recaudación de los fondos precisos a los efectos retribuir las tropas que estaban enfrentándose a los ejércitos británicos.[14] Pero también se le atribuyeron funciones de naturaleza judicial, pues era el encargado de ejercer la acusación en todos los delitos que estuviesen relacionados con los ingresos públicos.

La Superintendencia de Finanzas, vinculada a Morris de forma casi personal, tras la dimisión de este fue sustituida el 1 de diciembre de 1784 por una Junta Colegiada. Los Departamentos de Asuntos Exteriores, Guerra y Correos se mantuvieron, manteniendo su naturaleza de Departamentos Ejecutivos tras la entrada en vigor de la Constitución de 1787.

A lo largo de sus más de dos centurias de existencia, la Administración estadounidense fue incrementándose desde las cinco Secretarías existentes en 1789 a las quince que existen en la actualidad y que aparecen enumeradas en

[12] *Journals of the Continental Congress*, vol. XIX, pp. 126-128.

[13] «Nadie lo denominaría en esos momentos un gabinete, y el gobierno no funcionaba como tal –los departamentos informaban al Congreso y no existía jefe ejecutivo–. Aun así, el grupo constituía un embrión de gabinete con Robert Morris como su líder»; David Head, *A crisis of peace. George Washington, the Newbourg Conspiracy and the fate of American Revolution*, Pegasus books, 2019, p. 11.

[14] La norma de creación de la Superintendencia de Finanzas incluía entre sus competencias: «examinar el estado de la deuda pública, los gastos e ingresos públicos, el estudio e informe de planes de mejora y regulación de las finanzas y para establecer el orden y economía en el gasto del dinero público; dirigir la ejecución de planes aprobados por el Congreso en relación a los ingresos y gastos públicos; supervisión y control de todas las personas encargadas de procurar suministros para el servicio público, y en el gasto de dinero público; obtener información de todos los asuntos relativos a suministros concretos aportados por los distintos estados; exigir el pago de todas las cantidades debidas a los Estados Unidos, y en su condición de cargo público (o en la forma que establezcan las leyes de los respectivos estados), acusar en nombre de los Estados Unidos todos los delitos relativos a ingresos y gastos públicos; informar a los cargos del Congreso lo que considere necesario para asistirle en las diversas ramas de su departamento».

5 USC 101.[15] En el año 2024, los departamentos ejecutivos son, ordenados por fecha de creación de más antiguo a más reciente: Estado, Tesoro, Interior, Agricultura, Justicia, Comercio, Trabajo, Defensa, Salud y Servicios Humanos, Vivienda y Desarrollo Urbano, Transportes, Energía, Educación, Asuntos relativos a Veteranos y, por último, Seguridad Interior.[16] Las Secretarías de Estado y Tesoro son las más antiguas, pues fueron creadas en 1789 (la primera, de hecho, es heredera directa de la Secretaría de Asuntos Exteriores creada en la Confederación, manteniéndose caso su misma estructura, y la segunda una especie de resurrección de la Superintendencia de Finanzas), y la más reciente la de Seguridad Interior, creada en noviembre de 2002 como respuesta a los atentados del 11 de septiembre de 2001. En algunos casos, órganos que inicialmente tenían la consideración de Departamento ejecutivo fueron privados de ese carácter (tal es el caso del *Post Office*, que perdió dicha condición en 1971) y otros órganos que inicialmente no tenían la consideración de órganos ejecutivos ulteriormente fueron elevados a tal nivel (caso del *Attorney General*).[17]

2.2.- *Agencias independientes.*

A diferencia de los departamentos ejecutivos, que, como se ha visto, algunos preceden al propio texto constitucional, las agencias independientes hicieron su aparición estelar en fechas mucho más recientes, pues su origen convencional se fija en 1887 al crearse la *Interestate Commerce Commission*, ente

[15] En Estados Unidos, el boletín oficial donde se publican las leyes es el *Statutes at large*. No obstante, las leyes son recopiladas y ordenadas sistemáticamente en el *United States Code*, instrumento normativo elaborado por la Cámara de Representantes y que es objeto de revisión y actualización periódica. En la actualidad, el *United States Code* lo integran cincuenta y cuatro títulos, cada uno de ellos dedicado a una materia; por ejemplo, la planta judicial y las leyes procesales se contienen en el Título 28.

[16] Es muy útil, para consultar tanto la organización y estructura departamental como de las agencias administrativas, la consultar *The United States Government Manual*, cuya última edición es de enero de 2025. A dicho manual puede accederse online en https: https://www.govinfo.gov/content/pkg/GOVMAN-2025-01-13/pdf/GOVMAN-2025-01-13.pdf.

[17] La *Act to establish the Judicial Courts of the United States* (*Judiciary Act*) de 24 de septiembre de 1789 contemplaba al *attorney general* como un órgano exclusivamente técnico, encargado tan solo de la representación y defensa de los Estados Unidos en los pleitos tramitados en el Tribunal Supremo. No obstante, la aprobación de la *Act to establish the Department of Justice* de 22 de junio de 1870 alteró su naturaleza, al convertirlo en titular del recién creado departamento, pasando a tener una naturaleza ya fundamentalmente política.

público al que se atribuyó inicialmente la potestad de resolver disputas (*adjudicate*) relativas al sector de la actividad que tiene encomendada, y al que con el tiempo se otorgaron igualmente competencias regulatorias que incluían la posibilidad de dictar normas jurídicas vinculantes (*rules*). Se pretendió también garantizar la independencia de actuación de sus órganos rectores blindando a sus titulares frente a un posible cese, limitando los supuestos en que el Presidente de los Estados Unidos podría cesar a sus integrantes.

La característica fundamental de este tipo de organismos, radica en que su creación se efectúa por ley del Congreso (*enabling statute*), norma legal que no se limita a crear la nueva entidad, sino que regula agotadoramente su estructura y competencias tanto normativas como decisorias vinculadas a los objetivos que persigue la ley. La doctrina jurídica se refiere a esas funciones como *quasi-legislative* (en lo que respecta al *rulemaking*) y *quasi-judicial* (para la *adjudication*), en tanto que exceden de la mera facultad de ejecución. Es por ello que la organización interna de estas agencias persigue dos objetivos: en primer lugar, que la selección de quienes ocupen sus órganos rectores se lleve a cabo en función no de criterios políticos, sino técnicos, es decir, sobre la base de la capacitación profesional; en segundo lugar, garantizar la independencia efectiva de los miembros de la agencia restringiendo la facultad presidencial de cesar libremente a sus miembros.

La atribución a estas agencias de funciones que en principio excedían de las puramente ejecutivas llevó no solo a la doctrina, sino a algunos jueces a cuestionarse la propia adecuación a derecho del sistema.[18] En efecto, que organismos integrantes del poder ejecutivo ostenten la capacidad de dictar normas jurídicas (*rules*)[19], en algunos supuestos con rango de ley, y con fuerza jurídica para vincular a los ciudadanos, llevó a un sector doctrinal a manifestar que ese

[18] En su voto particular concurrente a la sentencia *Axon v. Federal Trade Commission* (598 US 175 [2023] el juez Clarence Thomas formuló un voto particular concurrente no por discrepar con el fallo ni con los razonamientos jurídicos de la sentencia, sino porque: «albergo serias dudas acerca del encaje constitucional de que el Congreso otorgue a las agencias administrativas la autoridad primaria para resolver cuestiones relativas a derechos fundamentales básicos con tan solo una posibilidad final de revisión judicial deferente».

[19] En nuestro país existe una monografía (hoy agotada y casi imposible de localizar) sobre el procedimiento administrativo a seguir por las agencias en la elaboración de estas normas. Se trata de Juan José Lavilla Rubira, *La participación pública en el procedimiento de elaboración de los reglamentos en los Estados Unidos de América*, Civitas-Servicio de Publicaciones de la Universidad Complutense de Madrid, 1991, sobre todo las páginas 33-98, donde analiza con profusión las cuestiones generales sobre la potestad de *rulemaking*.

sistema tenía difícil encaje con los principios constitucionales, de igual forma que también se cuestionó el hecho que dichas entidades pudiesen resolver (*adjudicate*), al margen del juicio con jurado, controversias relativas a la legislación cuyas previsiones tienen encomendado ejecutar.

El sistema de Derecho Administrativo pivotó sobre dos principios esenciales aplicables a las agencias. El primero, la denominada *non delegation doctrine*, afecta a las relaciones entre los poderes ejecutivo y legislativo, y proscribe delegar indiscriminadamente en las agencias la formulación de política general, pues las líneas maestras ha de efectuarlas el Congreso sin que las agencias puedan más que desarrollar las previsiones fijadas por el legislador. El segundo principio, que rige las relaciones entre el ejecutivo y el judicial, se centra en la posición jurídica de las agencias cuando se impugna judicialmente la interpretación que han realizado de las normas legales cuya ejecución tienen encomendada, siendo un pilar básico la conocida como deferencia Chevron.

A continuación, se efectúa una breve síntesis relativa al nacimiento y desarrollo del sistema de administración por agencias.

2.2.1.- La creación de la *Interstate Commerce Commission* (1887) y evolución inicial del sistema hasta el *New Deal*.

Aun cuando el nacimiento del moderno *Administrative state* gestionado por agencias se sitúa convencionalmente en 1887, hay estudios que impugnan dicha afirmación al entender que cabe rastrear los fundamentos del sistema en la propia etapa fundacional, lo que permitiría ofrecer una centuria de historia administrativa prácticamente olvidada.[20] Pese a ello, la moderna organización por agencias emerge en la segunda mitad del siglo XIX ligada al movimiento en demanda de regulación de sectores vinculados al desarrollo industrial, fundamentalmente en materia de trabajo y comercio, y dentro de este último el transporte ferroviario, símbolo del progreso cuya extensión hacia poniente conllevó trasladar a dichas tierras la *civilización* poniendo fin al antiguo oeste y a la lucha por extender hacia el Pacífico las fronteras del país. Como indica so-

[20] J. L. MASHAW, *Creating the Administrative Constitution*, Yale University Press, 2012. Dicho estudio recopila, sistematizándolos, cuatro artículos publicados con anterioridad donde se sumergía en la historia del Derecho Administrativo desde la puesta en marcha del sistema constitucional hasta la década de los ochenta del siglo XIX, cuando se crea la Interestate Commerce Commission.

bre este particular Lawrence M. Freedman, «la economía nacional creó nuevos modelos y denominaciones nacionales, y generó la exigencia de nuevas regulaciones», por lo que las agencias administrativas fueron «hijas de la necesidad».[21]

La primera de las grandes agencias en el sentido moderno nació en 1887 como respuesta a un pronunciamiento del Tribunal Supremo en un asunto relativo al transporte ferroviario, en concreto la sentencia *Wabash, St. Louis and Pacific Railway Company v. Illinois*.[22] Dicha resolución judicial anuló la sanción impuesta por el estado de Illinois a la compañía ferroviaria recurrente al considerar que vulneraba la cláusula de comercio de la Constitución, pues el trayecto seguido por la línea ferroviaria en cuestión traspasaba las fronteras estatales. La sentencia concluía de la siguiente forma:

> Este Tribunal no puede pronunciarse acerca de la justicia o conveniencia del principio que informa la ley del estado de Illinois. Si el trayecto de la línea se inicia y finaliza dentro de las fronteras estatales, puede ser muy justo y equitativo, y ciertamente es competencia del legislador estatal el regular tal cuestión. Pero cuando se intenta aplicar un principio de este tipo a un transporte que transcurre por toda una serie de Estados, y cada uno de ellos intenta fijar sus propias tarifas reguladoras y sus propios métodos para evitar la discriminación en las tarifas o para permitirla, no puede sobreestimarse la influencia nociva sobre la libertad de comercio entre los Estados y sobre el tránsito de mercancías a través de ellos. Este tipo de regulación es la que, de establecerse, ha de tener carácter general y nacional, y no puede dejarse a regulaciones y normas locales.

La reacción del Congreso al pronunciamiento de la sentencia fue inmediata, y el 7 de abril de 1887 entró en vigor la *Act to regulate commerce*. En la sección decimoprimera del citado texto legal creó la Interstate Commerce Commission (ICC) como órgano colegiado integrado por cinco miembros y encargado de llevar a efecto las previsiones de la ley. La citada institución ya ostentaba las notas características de las modernas agencias, pues, de una parte, se la dotó jurídicamente de independencia al restringir las facultades presidenciales de cese (tan solo puede privarse de su cargo a un integrante de la comisión si este incurría en «ineficacia, mala conducta o negligencia en el cumplimiento del deber») y por otro se garantizó su pluralidad al imponer

[21] Lawrence F. Freedman, *A history of American law*, Fourth Edition, Oxford University Press, 2019, p. 417.

[22] 118 US 557 (1886).

a nivel legal que «el mismo partido político no podrá nombrar a más de tres integrantes de la comisión».

Al principio, la ICC tenía competencia tan solo para dictar actos (*adjudication*), pero carecía de la potestad de dictar normas jurídicas vinculantes para regular el sector, y aun cuando inicialmente desarrolló su actividad ajustándose a esa facultad, en los años noventa del siglo XIX comenzó a defender que su normativa legal de creación le otorgaba de forma implícita tal potestad regulatoria (*rulemaking*).[23] En la sentencia *Cincinatti, New Orleans and Texas Pacific Railway Company v. Interestate Commerce Commission*[24] el Tribunal Supremo rechazó de forma tajante dicha interpretación al afirmar que: «No hemos encontrado ningún precepto en la ley que de forma expresa o por necesaria inducción lleve a estimar que se le delegó tal competencia». Ello obligó a modificar la normativa de creación en 1906 y 1910, contemplando ya de forma expresa dicha posibilidad, a la vez que mutaba la posición jurídica de la agencia ante los órganos judiciales, como se verá en el capítulo siguiente.

Cuatro años antes del acceso de Franklin Roosevelt a la presidencia, el Tribunal Supremo tuvo la oportunidad de clarificar un aspecto fundamental en la articulación jurídica de las agencias relativo a la *non delegation doctrine.*[25] Se trata de la sentencia *J. W. Hampton jr. Co v. United States*,[26] que abordaba la constitucionalidad de la delegación en los órganos ejecutivos de la competencia para fijar tarifas arancelarias. El Tribunal Supremo, que resolvió el asunto de forma unánime, consideró obvio que el Congreso no podía regular agotadoramente todas las materias pues ello haría virtualmente imposible toda gestión racional, pero tampoco aceptó que se pudiera efectuar una delegación en blanco, general o indiscriminada. Por ello, clarificó el asunto introduciendo por vía jurisprudencial la doctrina del «principio inteligible» para verificar la adecuación a derecho de la delegación:

> Si el Congreso fija a nivel legal un principio inteligible al cual ha de acomodarse la persona u órgano encargado de fijar las tarifas, tal delegación no constituye una delegación del poder legislativo que se encuentre prohibida. Si se considera adecuado variar las obligaciones aduaneras de acuerdo con

[23] Owen FISS, *Troubled beginnings of the modern state 1888-1919*, McMillan, 1993, pp. 196-197.

[24] 162 US 184 (1896).

[25] Sobre esta materia, es de consulta obligada el libro colectivo de Peter J. WALLISON y John WOO, *The Administrative state before the Supreme Court*, American Enterprise Institute, 2022.

[26] 276 US 394 (1928).

las condiciones variables de producción interior y exterior, puede autorizar al Jefe Ejecutivo a llevar a efecto dicha previsión, con el asesoramiento de la Comisión Tarifaria nombrada según las previsiones legales.

La configuración y desarrollo de la ICC fueron tomadas como modelo a la hora de establecer las sucesivas agencias administrativas, sobre todo las creadas en la década de los años treinta.

2.2.2.- Posición jurídica de las agencias administrativas tras el *New Deal.*

El advenimiento de Franklin Roosevelt a la presidencia y, sobre todo, las normas legislativas aprobadas durante la primera fase del *New Deal* propiciaron un notable incremento tanto de la organización administrativa como de la intervención del poder público en la sociedad. Dicha circunstancia ocasionó que el Tribunal Supremo hubiese de enfrentarse a ello y se viese en la obligación de abordar diversos aspectos relativos a la posición jurídica de las agencias. Sobre todo, son de destacar dos sentencias hechas públicas el 27 de mayo de 1935 (fecha que pasó a la historia como «lunes negro») en las que se fijó doctrina jurisprudencial en relación a los principios esenciales del derecho administrativo como son la *non delegation doctrine* y las limitaciones a la prerrogativa presidencial de cese de los miembros de las agencias.[27] Doctrinas que, en líneas generales, permanecen vigentes en la tercera década del siglo XXI.

2.2.2.1.- Breve referencia a la composición del Tribunal Supremo en 1935.

A la hora de resolver los asuntos que se judicializaron en la primera fase del *New Deal*, el Tribunal Supremo estaba presidido por Charles Evans Hughes,[28] y junto a él se encontraban los jueces Willis Van Devanter, James

[27] Sobre el enfrentamiento entre el Tribunal Supremo y el presidente Roosevelt, pueden verse Jeff SHEHOL, *Supreme Power: Franklin Roosevelt v. Supreme Court*, WW. Norton Company, 2011; y desde una perspectiva más jurídica, Mark TUSHNET, *The Hughes Court: From progressivism to pluralism (1930-1941)*, Cambridge University Press, 2022.

[28] Hughes había sido juez del Tribunal Supremo entre octubre de 1910 y junio de 1916, fecha esta última en la que renunció a su cargo para aceptar la nominación republicana en las elecciones presidenciales de 1916 para enfrentarse al demócrata Woodrow Wilson, que optaba a la reelección. Tras ser derrotado, se dedicó al ejercicio de la abogacía hasta que en marzo de 1921

McReynolds, Louis D. Brandeis, George Sutherland, Pierce Butler, Harlan Fiske Stone, Owen Roberts y Benjamín Cardozo.

El Tribunal se encontraba internamente dividido en dos grandes sectores. Por un lado, los jueces a quienes, debido a su conservadurismo jurídico anclado en la tradicional defensa de las libertades individuales frente a toda intromisión del poder público, se motejaba burlonamente como los *cuatro jinetes*: Pierce Butler, James McReynolds, George Sutherland y Willis Van Devanter. Por otro lado, estaban los descritos como *tres mosqueteros*, Louis D. Brandeis, Benjamin Cardozo y Harlan Fiske Stone, más sensibles y deferentes a las medidas regulatorias administrativas. En un término medio entre ambas líneas ideológicas se encontraban el *chief justice* Hughes y el juez Owen Roberts, quienes en función de las circunstancias particulares de cada asunto concreto se inclinaban a uno u ostro sector, de tal manera que esos dos jueces eran los elementos claves para la obtención de una mayoría.

2.2.2.2.- Límites de la delegación administrativa: *ALA Schechter Poultry Corp v. United States.*

Apenas tomó posesión de su cargo el 20 de marzo de 1933, Franklin Roosevelt inició una frenética labor para combatir las nocivas consecuencias que en materia comercial y laboral acarreó el crack bursátil de 1929. Aun cuando sus objetivos eran loables, la forma de abordarlos no fue la más sutil ni adecuada pues, como indicó Robert H. Jackson (una de las personas más cercanas al presidente, hasta el punto que se acabaría convirtiendo en *attorney general* y llegando de su mano nada menos que al propio Tribunal Supremo) el pensamiento de Roosevelt era muy simplista, de tal forma que si deseaba lograr un objetivo todo debía subordinarse a ello, aunque implicase orillar las previsiones constitucionales.[29] Así, cuando aún no llevaba dos meses en

fue nombrado secretario de Estado, cargo que ocupó durante cuatro años. En 1930 el presidente Hoover lo propuso como *chief justice* para suceder a William Howard Taft.

[29] «El presidente tendía a pensar en términos de bondad y maldad, en lugar de licitud o ilicitud. Al creer que sus motivos siempre eran los correctos para alcanzar los objetivos, encontraba difícil comprender que podían existir límites legales para ello», por lo que su conclusión era obvia: «Si era necesario, era correcto. Si era correcto, era legal. Por tanto, sus actuaciones eran acordes con la Constitución», Jeff Shehol, *Supreme power*, pp. 12 15.

el cargo, logró que el Congreso aprobara la *National Industrial Recovery Act*,[30] un ambicioso texto legal con ramificaciones en los campos mercantil, laboral y financiero. La Sección 3 de dicha ley establecía que:

> A solicitud de uno o más grupos o asociaciones industriales o comerciales, el Presidente podrá aprobar códigos para evitar la competencia desleal en el sector industrial o comercial representado por los solicitantes, siempre que considere: (1) que tales asociaciones o grupos no impongan restricciones que impliquen desigualdad en la admisión de sus miembros y que sean verdaderamente representativas del sector; (2) que tal código no tenga como objetivo fomentar monopolios, ni eliminar u oprimir a las pequeñas empresas, no pudiendo elaborarse para discriminarlas.

Una vez aprobados tales códigos, pasarían a erigirse en: «criterios para la competencia leal en el sector de la industria o comercio regulado», tipificando la infracción a las previsiones de tal código como delito federal, y así, el apartado (d) de la sección tercera establecía que:

> los tribunales de distrito de los Estados Unidos ostentan competencia para evitar y castigar las infracciones a cualquier código aprobado al amparo de esta ley; y será obligación de los diversos *district attorneys*, bajo la dirección del *Attorney General*, iniciar en sus respectivos distritos los procedimientos en equidad para evitar y castigar dichas infracciones.[31]

Al amparo de dicha previsión legal, Roosevelt aprobó el 13 de abril de 1934 el código que regiría el sector de las aves de corral, regulando agotadoramente las condiciones de trabajo, entre las que se encontraba la jornada semanal de cuarenta horas. La empresa ALA Schechter Poultry Corp fue acusada de cometer nada menos que dieciocho infracciones al código, de ahí que a la hora de defenderse en vía judicial, uno de los argumentos utilizados por la defensa de la entidad imputada fue atacar de forma directa la constitucionalidad de las previsiones de la *National Industrial Recovery Act* que delegaban en el presidente la facultad de aprobar el código en base al cual se le acusaba.[32]

[30] Su denominación completa era *Act to encourage National industrial recovery, to foster fair competition, and to provide for the construction of certain useful public Works and for other purposes.*

[31] La descripción del procedimiento como de «equidad» no era baladí: al no tratarse de un asunto de *common law*, no se aplicaba la séptima enmienda y, por tanto, no era constitucionalmente exigible el juicio por jurado.

[32] Un reciente estudio monográfico del caso puede encontrarse en Williamjames HULL

La sentencia *ALA Schechter Poultry Corp v. United States*,[33] de la que fue ponente el *chief justice* Hugues, pese a la ya citada división interna del tribunal, concitó el apoyo unánime de todos los jueces. Pese a considerar en cuanto al fondo la constitucionalidad de la limitación de una jornada máxima semanal, lo importante a estos efectos radicaba en dilucidar si era conforme a las previsiones constitucionales la delegación de competencias legislativas realizada en la *National Industrial Recovery Act*. La sentencia rechazó de plano uno de los principales argumentos esgrimidos desde el Gobierno de los Estados Unidos para justificar las medidas adoptadas, consistente invocar la excepcionalidad de la situación en que se encontraban los Estados Unidos tras el crack bursátil de 1929 y que justificaría la necesidad de la ley impugnada; el Tribunal Supremo fue claro y tajante al respecto:

> Sin duda alguna, las condiciones en las que se ejerce el poder siempre deben tenerse en cuenta cuando se cuestiona ese ejercicio. Circunstancias extraordinarias pueden exigir medidas extraordinarias. Pero dicho argumento necesariamente cesa cuando se está ante una actuación realizada fuera de la esfera de la autoridad constitucional. Las circunstancias extraordinarias no crean o amplían los poderes constitucionales. La Constitución establece un estado nacional con los poderes que se consideran adecuados, como han acreditado serlo tanto en la guerra como en la paz, pero esos poderes del gobierno nacional están limitados por las previsiones constitucionales. Quienes actúan al amparo de esas atribuciones no se encuentran en libertad para superar los límites impuestos solo consideren necesario un poder mayor o diferente.

A continuación, resolvió el peliagudo asunto de las delegaciones legislativas efectuadas por el Congreso. El principio general que enuncia la sentencia es que: «El Congreso no puede renunciar o transferir a otros las funciones legislativas esenciales que se le atribuyen». El término clave era, pues, el adjetivo *esenciales*, término en el que se amparó el Tribunal para avalar, siempre dentro de ciertos límites, la atribución de autoridades a otros entes:

> En ocasiones, hemos reconocido la necesidad de adaptar la legislación a las situaciones complejas que implican manejar una serie de detalles que el legislativo nacional no puede abordar directamente. Como indicamos en

Hoffer, *The sick chicken case. The US Supreme Court and the New Deal*, Kansas University Press, 2024.

[33] 295 US 495 (1935).

> la sentencia *Panama Company*,[34] la Constitución nunca se interpretó en el sentido de negar al Congreso los necesarios recursos de flexibilidad y eficacia que le permitirán desarrollar su función a la hora de fijar políticas y fijar criterios, dejando en manos de determinados organismos la aprobación de normas subordinadas dentro de los límites prescritos, así como la determinación de los hechos a los que debe aplicarse la política aprobada por el legislativo. Pero hemos indicado que, si ha de mantenerse nuestro sistema constitucional, el constante reconocimiento de la necesidad y validez de tales provisiones y el amplio rango de autoridad administrativa que se ha desarrollado a su amparo, no permite ensombrecer los límites de la competencia a delegar.

Es válido, pues, delegar en las agencias funciones que en principio corresponden al Congreso, pero esa delegación tiene ciertos límites. Lo cual, aplicado al caso concreto, implicó que:

> Si el código tiene naturaleza de norma penal, ello se debe al efecto de la acción ejecutiva. Pero el Congreso no puede delegar el poder legislativo al Presidente para que ejerza una discrecionalidad ilimitada para aprobar las leyes que considere necesarias o adecuadas para la mejora y expansión del comercio o industria.

Se consideró que la *National Industrial Recovery Act* otorgaba al presidente unas facultades excesivamente amplias y, por tanto, no podían considerarse un ejercicio válido de delegación legislativa, lo cual implicaba necesariamente la inconstitucionalidad de la ley.

Ahora bien, debe tenerse en cuenta que si el Tribunal Supremo se vio forzado a declarar la inconstitucionalidad de ciertas leyes y actuaciones presidenciales en la primera fase del *New Deal* se debió, fundamentalmente, a las carencias técnicas y defectos inherentes a las leyes aprobadas en ese periodo. Deficiencias que fueron corregidas ulteriormente para adaptarlas a la jurisprudencia del Tribunal Supremo.

Desde 1935, el Tribunal Supremo no ha estimado ningún recurso basado en la infracción del principio de *non delegation*.[35]

[34] Se trata del caso *Panama Refining Co. v. Ryan*, 293 U. S. 388 (1935), resuelto el 7 de enero de ese año 1935 y en el cual también se abordó la cuestión de los límites de delegación de autoridad legislativa. Según tal doctrina, las delegaciones no podían ser amplias e indiscriminadas, sino concretas y específicas.

[35] Peter J. Wallison y John Yoo, *The Administrative State before the Supreme Court*, p. 9.

2.2.2.3.- Las restricciones a la potestad de remoción del presidente: la doctrina *Humphrey's executor v. United States* y su pervivencia.

La sentencia *Humphreys's executor v. United States*[36] abordó una cuestión vital para asegurar la independencia de las agencias: si eran ajustadas al texto constitucional las limitaciones que a nivel legislativo se introducían limitando las facultades de remoción presidencial, blindando así a los integrantes de dichos órganos administrativos al protegerles de un cese discrecional por el presidente de los Estados Unidos. La decisión del Tribunal Supremo en este caso se adoptó también por unanimidad, y Roosevelt lo tomó como una afrenta personal.

Los hechos del caso eran relativamente sencillos. La Federal Trade Commission,[37] creada en 1914 y encargada de regular y garantizar las buenas prácticas en el comercio, estaba integrada por cinco miembros designados de la misma forma que el resto de cargos federales (es decir, propuestos por el presidente y ratificados por el Senado) y que debían actuar en el ejercicio de su cargo de forma independiente. La ley pretendía salvaguardar esa independencia a través de tres previsiones muy concretas. En primer lugar, impidiendo que más de tres de sus integrantes fueran del mismo partido político; en segundo lugar, estableciendo un mandato bastante amplio, en concreto de siete años;[38] y en tercer y último lugar, restringiendo la facultad del presidente para cesar a sus miembros, que solo podrían ser depuestos en contadísimos supuestos recogidos agotadoramente en el propio texto legal.[39]

El 10 de diciembre de 1931, el presidente Hoover propuso a William Humphrey como miembro de la Federal Trade Commission, candidatura que

[36] 295 US 602 (1935).

[37] Organismo creado por la *Federal Trade Commission Act*, ley sancionada por el presidente Wilson el 26 de septiembre de 1916.

[38] En realidad, según el primer artículo de la ley ello no se aplicaría a las primeras cinco personas nombradas, pues, según dispone el primer artículo de la Federal Trade Commission Act: «Los primeros miembros de la Comisión continuarán en sus cargos por un periodo de tres, cuatro, cinco, seis y siete años respectivamente a contar desde la fecha de entrada en vigor de esta ley, el mandato de cada cual será designado por el presidente, mas sus sucesores serán nombrados por periodos de siete años, excepto en el caso de personas nombradas para cubrir una vacante, que serán nombradas tan solo para el periodo que le restara a la persona cuya vacante cubren».

[39] El citado artículo 1 de la Federal Trade Commission Act establecía en su inciso final que: «Cualquier integrante de la Comisión puede ser cesado por el presidente en casos de ineficiencia, negligencia en el cumplimiento de sus funciones o por la comisión de un ilícito penal en el ejercicio del cargo».

recibió el aval del Senado, garantizándole así un mandato que no finalizaría hasta diciembre de 1938. No obstante, el 31 de agosto de 1933 el nuevo presidente, Franklin Roosevelt, se dirigió por carta a Humphreys exigiéndole la dimisión por motivos estrictamente políticos, dado que la carta aludía de forma expresa a la diferente visión ideológica de ambos.[40] Como quiera que Humphrey se negase a dimitir, el 7 de octubre de 1933 Roosevelt le notificó por carta su cese, que su destinatario nunca quiso aceptar y persistió en considerarse miembro legítimo de la Comisión y, por tanto, con pleno derecho ejercer sus funciones y percibir su retribución de 10 000 dólares anuales. El asunto llegó al Tribunal Supremo en el año 1934[41] planteándosele como cuestiones jurídicas a resolver las siguientes:

> 1.- Las previsiones del artículo 1 de la Federal Trade Commission Act, según las cuales: «Cualquier integrante de la Comisión puede ser cesado por el presidente en casos de ineficacia, negligencia en el cumplimiento de sus funciones o por la comisión de un ilícito penal en el ejercicio del cargo» ¿restringen o limitan la facultad del presidente de cesar a un miembro salvo que concurra una o más de las causas citadas?

En caso de ser afirmativa la respuesta:

> 2.- Si la facultad del presidente de cesar a un miembro de la comisión se restringe o limita de la forma expuesta en el interrogante anterior y la respuesta es afirmativa, si dicha restricción o limitación es conforme a la Constitución de los Estados Unidos.

El Tribunal Supremo consideró, amparándose tanto en el tenor literal del precepto como en el procedimiento legislativo y la finalidad de la ley, que, en efecto, la facultad de remoción presidencial de los miembros de la Comisión tan solo podría ejercitarse si concurría alguno de los supuestos tasados que contemplaba el artículo 1 de la norma legal.[42] Por tanto, lo decisivo era resolver si la limi-

[40] En la citada misiva, Roosevelt afirmó: «Creo os daréis cuenta que vuestro criterio y el mío difieren en relación a las políticas o a la administración de la Comisión de Comercio Federal por lo que, honestamente, creo que es mejor para el pueblo de este país que yo tenga confianza plena [en sus integrantes]»

[41] En esos momentos, Humphrey ya había fallecido, de ahí que el pleito lo continuase su albacea.

[42] El Tribunal Supremo apuntaba especialmente a la naturaleza del organismo: «no debe ser partidista, y debe, por la misma naturaleza de sus funciones, actuar con total imparcialidad. No se le encarga ejecutar otra política que la de la ley, y sus funciones no son políticas ni ejecutivas, sino predominantemente cuasi judiciales y cuasi legislativas. Al igual que la Comisión

tación de las facultades de cese era conforme con las previsiones del texto constitucional. Y el Tribunal Supremo dejó claro que era conforme a la Constitución, y para hacerlo se amparó en la diferente naturaleza jurídica entre las agencias ejecutivas y las independientes.[43] Respecto de las primeras, sería inconstitucional poner cualquier traba a la prerrogativa presidencial de cese, mientras que respecto de las segundas no. El Tribunal sostuvo que:

> La Federal Trade Commission es un órgano administrativo creado por el Congreso para llevar a efecto las políticas legislativas contempladas en la ley de acuerdo con los criterios en ella establecidos, así como desarrollar otras funciones concretas como auxiliar del legislativo o judicial. Tal organismo no puede propiamente caracterizarse como un brazo del ejecutivo. Sus funciones se ejercen sin ayuda del ejecutivo y, a ojos de la ley, deben estar libres del control ejecutivo. A la hora de llevar a efecto las previsiones legales relativas a «prácticas de competencia ilícitas», la comisión actúa en parte ejerciendo funciones cuasi legislativas y en parte otras cuasi judiciales.

La conclusión, por tanto, era diáfana:

> Pensamos que, según la Constitución, es claro que el presidente carece de un poder ilimitado de destitución respecto a los cargos a los que acabamos de referirnos. No puede dudarse de la facultad del Congreso para crear agencias cuasi legislativas o cuasi judiciales que requieran desarrollar sus competencias independientemente de cualquier control ejecutivo; y dicha autoridad incluye la potestad de establecer el periodo de mandato [de sus miembros] y proscribir su cese durante ese tiempo, salvo por causa justificada. Por cuanto si alguien desempeña su cargo solo a voluntad de otro, no puede confiarse en que mantenga una actitud independiente frente a este.

de Comercio Interestatal, sus miembros son llamados a ejercer su juicio como un cuerpo de expertos «nombrados por la ley y regidos por la experiencia [...] El texto de la ley, el procedimiento legislativo y el propósito general de la legislación tal y como se refleja en los debates, se unen para demostrar que la intención del Congreso no fue otra que crear un cuerpo de expertos que adquirirían experiencia por lo amplio de su mandato, un organismo que será independiente de la autoridad ejecutiva, salvo en su designación, y libre de ejercer su juicio sin interferencia de cualquier otro cargo o departamento del gobierno».

[43] Trataba así de marcar distancias con la doctrina sentada en el caso *Myers v. United States* (272 US 52 [1926]), donde por una mayoría de seis jueces frente a tres, el Tribunal Supremo había considerado inconstitucional, por vulnerar el principio de división de poderes, las cortapisas que a nivel legislativo se introdujesen para cercenar la discrecionalidad presidencial a la hora de cesar libremente a cargos ejecutivos.

La sentencia, de la que fue ponente el juez George Sutherland pero que logró aglutinar el apoyo sin fisuras de sus ocho colegas de estrado, apuntaló así las bases del *Administrative state*. Por un lado, daba el *placet* a la existencia de agencias independientes dotadas de facultades cuasilegislativas y cuasi judiciales encargadas de gestionar determinados ámbitos materiales establecidos en la ley de creación, agencias que ejercían funciones que no podían equipararse a las ejercidas por los departamentos ejecutivos. Y, en segundo lugar, aceptaba la plena constitucionalidad de establecer, por vía legal, restricción a las facultades del presidente de cesar libremente a los integrantes de esas agencias independientes.

La licitud de este blindaje a los miembros de las agencias independientes se mantuvo como principio jurisprudencial hasta hoy. Así, a finales de la década de los ochenta del siglo XX, en la sentencia *Morrison v. Olson*,[44] el Tribunal Supremo, enfrentado igualmente con este problema,[45] dio un paso más al invocar el fundamento último que ha de presidir el análisis jurídico de la cuestión:

> La motivación de nuestras sentencias relativas a la potestad de cese no buscan definir categorías rígidas acerca de qué tipo de cargos pueden ser o no cesados a placer por el Presidente, sino asegurar que el Congreso no interfiere con el ejercicio del «poder ejecutivo» del presidente y su deber constitucional de «asegurar la correcta ejecución de las leyes» al amparo del Artículo II.

[44] 487 U. S. 654 (1988). De los ocho jueces del Tribunal Supremo (Anthony Kennedy se abstuvo) la sentencia, de la que fue ponente el *chief justice* Rehnquist, contó con el voto favorable de siete de ellos, con tan solo el voto particular disidente de Antonin Scalia.

[45] En concreto, sobre la constitucionalidad de leyes que restringían la facultad presidencial de cesar a cargos ejecutivos, a raíz de las limitaciones que la *Independent Counsel Act* imponía al *Attorney General* a la hora de cesar a los cargos inferiores, y más en concreto a los investigadores independientes nombrados en supuestos muy tasados por el Departamento de Justicia, debiendo verificar si dichas previsiones conculcaban el principio de división de poderes. El apartado V de la sentencia *Morrison* planteaba así los interrogantes jurídicos que había de solventar el Tribunal a la hora de resolver el caso: «Primero, si las previsiones de la ley restringiendo la potestad del Attorney General para cesar a un investigador independiente ciñéndolas tan solo a supuestos donde pueda acreditarse "justa causa", consideradas en sí mismas suponen una interferencia proscrita con el ejercicio del presidente de sus competencias constitucionales a la hora de nombrar cargos. Segundo, si considerada como un todo, la ley vulnera el principio de separación de poderes al reducir la competencia presidencial para controlar las funciones de investigación que ostenta el investigador independiente».

Por tanto, de lo que se trata es de verificar si la introducción a nivel legislativo de causas que protegen un cargo federal limitando las causas de su cese implica una interferencia legislativa con el poder ejecutivo.[46] el Tribunal Supremo no consideró que se conculcase el principio constitucional dado que no se estaba ante funciones propiamente ejecutivas.[47] En otras palabras, confirmaba la doctrina sentada en *Humphrey's executor.*

La doctrina asentada en *Humphrey's* corrió serio peligro cuando en 2019 el Tribunal Supremo admitió a trámite el asunto *Seila Law LLC v. Consumer Financial Protection Bureau*, en el que se atacaba la propia constitucionalidad de la agencia recurrida debido a que a su frente se situaba un órgano unipersonal, el director, a quien legalmente se protegía frente a un cese discrecional por el presidente. La sentencia,[48] que se hizo pública el 29 de junio de 2020, consideró que, en efecto, dicha estructura se encontraba viciada de inconstitucionalidad al conculcar el principio de división de poderes. No obstante, el *chief justice* Roberts, que fue el ponente de la sentencia, incidió en las diferencias que separaban el caso *Humphrey's* de *Seila Law* con el objetivo de evitar tener que dejar sin efecto el primero. A tal fin, incluye un párrafo en el que, aun cuando sirve para mantener en vigor la doctrina *Humphrey's*, evidencia de forma clara las dudas jurídicas que ella planteaba a los jueces:

> Con razón o sin ella, el Tribunal consideró que la Federal Trade Commission (tal y como se regulaba en 1935) no ejercía parte del poder ejecutivo. Por el contrario, era un «organismo administrativo» que desarrollaba los deberes que se le encomendaban como auxiliar legislativo o judicial [...] En definitiva, *Humphrey's Executor* permitió al Congreso otorgar protección frente al cese a un cuerpo colegiado de expertos, equilibrados entre miembros de las distintas formaciones políticas, que desarrollaba funciones legislativas y judiciales y que no ejercitaban funciones ejecutivas.

[46] Aplicado al caso concreto, la sentencia «no cree la limitación tal y como está articulada en la ley prive lo bastante al presidente del control sobre la actividad del investigador especial como para interferir de forma prohibida con su obligación constitucional de asegurar la correcta ejecución de las leyes».

[47] «Como parece claro tras nuestro análisis de la cláusula de nombramientos, la competencia para nombrar cargos inferiores como el investigador independiente no es en sí misma una función "ejecutiva" en el sentido constitucional, al menos cuando el Congreso ha ejercido su competencia para atribuir el nombramiento de cargos inferiores a los "tribunales de justicia"».

[48] 591 U. S. 197 (2020).

Esa diferenciación orgánica debido al carácter unipersonal y no colegiado de la composición del Consumer Financial Protection Bureau fue la que permitió salvar, aunque fuese *in extremis* la doctrina *Humphrey's*, si bien el voto particular concurrente de Clarence Thomas fue mucho más allá abogando por dejarla sin efecto debido a la imposibilidad de acomodarla al texto constitucional.[49]

2.3.- *La Administrative Procedure Act*

El 11 de junio de 1946 entró en vigor la *Administrative Procedure Act*,[50] destinada a constituir el marco normativo básico de funcionamiento de las agencias administrativas.[51] Dicha norma pretendió no solo ofrecer un concepto legal de agencia administrativa, sino establecer los requisitos procedimentales para el ejercicio de las facultades que tenían encomendadas (es decir, la *adjudication* y la *rulemaking*) así como delimitar la extensión y límites del control judicial sobre la actividad de las agencias.

El contenido de la *Administrative Procedure Act* con sus modificaciones aparece incorporado al *United States Code*, dentro del Título Quinto en sus capítulos quinto («procedimiento administrativo») y séptimo («control judicial»).

III. REGULACIÓN ACTUAL DE LAS AGENCIAS

3.1.- *El concepto legal de agencia administrativa*

La definición de agencia se contiene en la sección segunda de la *Administrative Procedure Act*, en los siguientes términos:

[49] Para Clarence Thomas, «La sentencia *Humphrey's executor* plantea una amenaza directa a nuestra estructura constitucional y, como resultado, a la libertad del pueblo americano. El Tribunal concluye que no es estrictamente necesario dejar sin efecto esa doctrina. Pero con la sentencia de hoy, el Tribunal ha repudiado casi todos sus extremos. En un ulterior caso, abogaría por repudiar lo que queda de este erróneo precedente».

[50] Su denominación completa era *An Act to improve the administration of justice by prescribing fair administrative procedure.*

[51] Su aprobación no pasó desapercibida en nuestro país. El primer número de la *Revista de Administración Pública*, en sus páginas 277 a 296 publicaba el trabajo de José Luís Villar Palasí, «La Federal Administrative Procedure Act de Estados Unidos».

> Se entiende por «agencia» cualquier autoridad (esté o no inserta en o controlada por otra agencia) del Gobierno de los Estados Unidos distinta del Congreso, los tribunales o los gobiernos de posesiones, territorios y del Distrito de Columbia. Ninguna de las previsiones de esta ley se interpretará para dejar sin efecto delegaciones de autoridad establecidas por la ley. Salvo en lo que respecta a los requisitos de la sección tercera,[52] se excluyen de la aplicación de esta ley: (1) agencias integradas por representantes de las partes o de las organizaciones de las partes en disputas que ellos determinen; (2) tribunales y comisiones militares; (3) autoridades militares o navales ejercidas en el campo de batalla en tiempo de guerra o en territorio ocupado (4) funciones que por ley expiren al terminar las presentes hostilidades, dentro de cualquier periodo posterior determinado, o antes del 1 de julio de 1947 y las funciones otorgadas por las presentes leyes: *Selective Training and Service Act* de 1940, *Contract Settlement Act* de 1944 y *Surplus Property Act* de 1944.

Se trata, por tanto, de una definición negativa y residual: agencia es lo que no es Congreso, tribunales y órganos de entidades gestionadas por los estados unidos que no tienen la consideración de estado. Tal definición se encuentra en la actualidad recogida en 5 USC 551. Ahora bien, la *Administrative Procedure Act* se limita a definir, no a crear ni establecer el régimen jurídico concreto de cada agencia, pues en lo que a esto último respecta ha de estarse a un procedimiento específico en el que intervienen diversas instituciones y organismos:

> El legislativo crea la agencia al aprobar la legislación que define sus funciones y límites. El legislativo controla posteriormente la actuación de la agencia a través de una combinación de mecanismos de control legislativos (leyes que anulan decisiones de la agencia), y no legislativos (comités de supervisión). El presidente o el gobernador nombran la persona o personas que encabezan la agencia, normalmente con la necesaria aprobación de una de las cámaras del legislativo. El personal del poder ejecutivo controla que la agencia se ajuste a la filosofía regulatoria general de la Administración o a sus deseos específicos en un caso concreto. La agencia se compone de sus gestores nombrados por cargos políticos y personal contratado a través de un sistema de servicio público. Por último, el poder judicial, que puede estar integrado por personas nombradas por cargos políticos o car-

[52] Dicho apartado regulaba el deber de información pública.

gos electos a nivel estatal, determinará si la agencia actuó dentro de los límites de la constitución y su ley de creación.[53]

Por tanto, la agencia es una entidad administrativa cuya creación se efectúa exclusivamente por la ley, que establece sus fines y competencias. El personal de sus órganos de gobierno se designa por el titular del poder ejecutivo, si bien precisa de la ratificación de la cámara alta. Y el poder judicial es el encargado de controlar la legalidad de la actuación administrativa, control de legalidad que no es el único posible, pues el Congreso siempre tiene en sus manos mecanismos adicionales de control.[54]

Su papel en el Derecho Administrativo es central, sobre todo en su función de *rulemaking*, dado que la extensión del ámbito de actuación y la proliferación normativa ha llevado a situaciones extremas. Neal Gorsuch, uno de los jueces del Tribunal Supremo de los Estados Unidos, en una reciente publicación ha incidido en el impacto que su actividad tiene sobre los ciudadanos y las libertades individuales debido al inabarcable volumen de normas administrativas que cada año emanan de las distintas agencias:

> Las agencias federales han estado igualmente muy activas. Aprobaron nuevas normas y regulaciones desarrollando o interpretando las leyes del Congreso. Muchas tienen fuerza de ley. Gracias en parte al juez Brandeis, las agencias publican actualmente sus propuestas normativas y normas finales en el Registro Federal; las normas finales pueden encontrarse igualmente en el Código de Regulaciones Federales. Cuando este inició su andadura en 1936, ocupaba 16 páginas. En fechas recientes, tal publicación aumentó hasta más de 70 000 páginas anuales. Paralelamente, en 2021 el Código de Regulaciones Federales ocupaba 200 volúmenes y más de 188 000 páginas. ¿Cuánto tiempo llevaría a una persona leer toda esta normativa federal? Algunos estiman que sobre tres años… y eso tan solo leerlas, no comprenderlas ni analizarlas.

A lo anterior se añade una circunstancia más, cuál es el nivel del lenguaje administrativo utilizado en la redacción de tales normas:

[53] Richard J. Pierce jr., Sidney A. Shapiro y Paul R. Verkuil, *Administrative Law and process*, fifth edition, Foundation Press, 2004, p. 7.

[54] En nuestro país existe un magnífico trabajo sobre materia que analiza con profusión el tema, el de Ángel Manuel Moreno Molina, *La Administración por agencias en los Estados Unidos de Norteamérica*, Universidad Carlos III-Boletín Oficial del Estado, 1995, especialmente el capítulo primero. Aun cuando el transcurso del tiempo lógicamente ha modificado algunas cuestiones, el exhaustivo análisis de Moreno Molina continúa en sus líneas generales vigente.

> Más allá de la extensión de las leyes penales está el hecho que algunas de las más importantes son casi imposibles de entender incluso por jueces y abogados.[55]

El exceso de normativa de carácter reglamentario[56] y el carácter ambiguo y oscuro de muchos textos legales lleva necesariamente al problema de la interpretación legal, que es el núcleo central de la doctrina Chevron.

3.2.- *Clases de agencias administrativas: ejecutivas e independientes*

La Constitución de los Estados Unidos establece en su Artículo II Sección 1 que: «Se atribuye el Poder ejecutivo al Presidente de los Estados Unidos». No contempla que ese poder lo ejerza a través de otros órganos, dándose, además, la particularidad que el ejecutivo es el único poder de los tres que se atribuye a una sola persona.

Conviene tener en cuenta que la regulación constitucional del presidente mudó sobremanera a lo largo del proceso constituyente. El Plan Virginia, proyecto constitucional elaborado por James Madison que sirvió de base para los debates y que Edmund Randolph presentó el día 29 de mayo de 1787 en la Convención Constitucional, contemplaba en su resolución séptima un «Ejecutivo Nacional» colegiado que además sería elegido directamente por las dos cámaras del legislativo.[57] A lo largo de los debates, la articulación de la presidencia pivotó en torno a dos grandes alternativas: su naturaleza colegiada o individual por un lado, y la forma de elección por el otro. Los constituyentes consideraron más eficaz y apropiado que el ejecutivo fuese unipersonal, de igual forma que rechazaron lo eligiese el legislativo por considerar que, de ser así, el ejecutivo

[55] N. Gorsuch y J. Nitze, *Over Ruled. The human toll of too much law*, Harper, 2024, pp. 14 y 116 (el libro se consultó en su versión digital, siendo posible que la paginación difiera levemente si se utiliza la versión en soporte papel).

[56] Un ejemplo de la amplitud de la normativa regulatoria puede encontrarse en el informe anual que elabora anualmente el Competitive Enterprise Institute, y que lleva por título *Ten Thousand Commandments, Sizing up the Federal Government new Rules and Regulations*; la última edición es la del año 2024; es de acceso libre en internet: https://cei.org/wp-content/uploads/2024/07/10K_2024_v5_for_Rich_1.pdf.

[57] Max Farrand, *Records of the federal convention*, vol. I, Oxford University Press, 1911, p. 21. Esta obra continúa siendo la fuente primordial para analizar el proceso constituyente norteamericano

sería una marioneta en manos de aquel. No obstante, conscientes de los peligros de la democracia directa[58] y de una legitimación popular del presidente que pudiese conducir a un choque de legitimidades, articularon como vía o mecanismo de contención el sistema del colegio electoral que se mantiene aún hoy.

El Tribunal Supremo de los Estados Unidos sostiene que el presidente no constituye una agencia a efectos administrativos.

3.2.1.- Agencias ejecutivas (Departamentos)

La Constitución no contempla como órgano ejecutivo más que el presidente de los Estados Unidos, si bien el Artículo II Sección 2, justo al final del segundo párrafo, contiene una alusión a los «titulares de los Departamentos», dando a entender que existirían otros órganos ejecutivos. En este punto, como indicó el Tribunal Supremo en la sentencia *Seila Law*:

> Todo el «poder ejecutivo» corresponde solo al presidente. Pero como sería «imposible» para un «*único hombre*» el «desarrollar todas las grandes tareas del estado», la Constitución asumió que cargos ejecutivos subordinados «asistirían al Magistrado Supremo a la hora de cumplir las tareas que se le confían» *30 Escritos de George Washington 334* (edición de J. Fitzpatrick ed. 1939).

Estos órganos subordinados deben responder ante el presidente, cuyas competencias ejercen.

Existe una definición legal de este tipo de organismos en 5 USC 105, según el cual:

[58] En las notas que James McHenry tomó de la intervención de Edmund Randolph del día 29 de mayo de 1787 a modo de presentación del Plan Virginia, constata la siguiente afirmación: «Nuestro principal peligro proviene de las partes democráticas de nuestras constituciones. Es un principio, que creo incontrovertido, que los poderes del estado ejercidos por el pueblo se sobreponen a los otros poderes. Ninguna de nuestras constituciones ofrece los suficientes controles frente a la democracia. El débil senado de Virginia es un fantasma. Maryland tiene un senado más poderoso, pero las últimas actuaciones de dicho estado muestran que no lo bastante. Los controles establecidos en las constituciones de Nueva York y Massachussets son una barrera más fuerte contra la democracia, pero aun así parecen insuficientes»; Max FARRAND, *Records*, vol. I, pp. 26-27.

> A los efectos del presente título, se entiende por «agencia ejecutiva» un Departamento ejecutivo, una corporación gubernamental y un establecimiento independiente.

Una simple lectura del precepto legal permite observar de inmediato varias circunstancias que fueron muy bien detectadas por la doctrina.[59] En primer lugar, que la definición se refiere tan solo «a los efectos» del título quinto («Organización del Gobierno y sus empleados»), por lo que no es aplicable extramuros de tal ubicación. En segundo lugar, no ofrece una definición basada en las notas características de cada ente, sino que tan solo identifica como «agencias ejecutivas» las integradas en cada uno de los tres grupos que enumera.

En todo caso, el presidente de los Estados Unidos no ostenta la potestad de autoorganización a la hora de estructurar los departamentos ministeriales, sino que ha de limitarse a nombrar a los titulares de los que el Congreso ha establecido, nombramiento que, además, ha de contar necesariamente con el aval del Senado.

3.2.2.- Agencias independientes

No existe a nivel legal una definición de lo que ha de entenderse por agencia independiente. En este punto, como indica el clásico estudio de Ángel Manuel Moreno Molina, más que un sistema armónico y coherente se está ante un conjunto de particularismos.[60]

No obstante, las agencias independientes responden a un modelo y a una época con unos condicionantes muy distintos a los existentes en la política y la sociedad actual. El auge de la denominada «*imperial presidency*» y sobre todo la polarización en los partidos políticos que, larvada desde los años setenta se evidenció sobre todo en el segundo mandato de Barack Obama, ha creado un caldo de cultivo que incluso ha llevado a parte de la doctrina a reconsiderar el sistema.[61]

[59] Ángel Manuel Moreno Molina, *La Administración por agencias en los Estados Unidos*, pp. 47-49.

[60] Ángel Manuel Moreno Molina, *La Administración por agencias en los Estados Unidos*, pp. 62-64.

[61] Neal E. Devins & David E. Lewis, *The independent agency myth*, Cornell Law Review, vol. 108 (2023), pp. 1305-1374.

3.3.- *Las facultades de adjudication y rulemaking*

Como se indicó con anterioridad, el marco básico de las agencias administrativas se contiene en la actualidad en 5 USC 552 a 559. Ahora bien, dichos preceptos no son atributivos de tales potestades a las agencias, sino tan solo regulan con carácter general el procedimiento formal a seguir en tales casos, pues la atribución específica de la potestad ha de atribuirla la ley específica de creación.

El 5 USC 553 establece el procedimiento de aprobación de las normas jurídicas aprobadas por las agencias (*rules*) y con carácter general se impone un periodo de información pública y alegaciones, excepto el supuesto contemplado en la letra (B) apartados (A) y (B), según los cuales se puede prescindir del trámite en supuestos de normas simplemente interpretativas, de regulación procedimental y declaraciones de política general, así como en supuestos en los que la agencia considere motivadamente que no es preciso dicho trámite por ser impracticable, innecesario o contrario al interés público.

Por último, el 5 USC 554 establece el procedimiento a seguir a la hora de dictar actos administrativos tras un procedimiento de *adjudication*.

CAPÍTULO DOS

Poder judicial e interpretación administrativa de normas legales

A la hora de referirse al control judicial de la actividad administrativa, Neil Gorsuch alertaba sobre el peligro que, a su entender, suponía aplicar el principio de deferencia *Chevron* a supuestos donde los órganos judiciales hubiesen de revisar la interpretación que una agencia administrativa efectuaba de su normativa reguladora:

> En vez de resolver las dudas sobre el significado de la ley en favor del individuo, en vez de interpretar cualquier ambigüedad en contra de quienes redactaron las normas, y en vez de ofrecer su propio e independiente criterio a la hora de interpretar de la ley, los tribunales comenzaron a permitir a las agencias federales interpretar las leyes que les rigen [...] Con el tiempo, los tribunales ampliaron su deferencia a las agencias incluso a supuestos donde estas variaron el criterio. Una administración podía interpretar la ley de una manera y la siguiente vez de otra distinta; el texto legal entre tanto no varío una coma, y aun así los tribunales seguirían otorgando deferencia hacia las agencias.[62]

Gorsuch se alineaba así con quienes veían en la doctrina de la deferencia no solo una abdicación de la función judicial de interpretación legal, sino una merma de las garantías individuales en beneficio de una cada vez más todopoderosa Administración.

Para entender cómo se llegó a la deferencia *Chevron*, es preciso hacer un breve recorrido histórico acerca de la posición jurídica de las agencias ad-

[62] Neil GORSUCH y Janie NITZE, *Overruled*, p. 88.

ministrativas en su relación con los órganos judiciales, así como la evolución jurisprudencial relativa a la interpretación administrativa de textos legales.

I.- EL PODER JUDICIAL Y LA INTERPRETACIÓN DE LAS NORMAS

1.1.- ACTIVISMO *VERSUS* RETRAIMIENTO

Desde antes incluso de la puesta en marcha del sistema constitucional, tanto durante el proceso de elaboración del texto como en el de ratificación en cada uno de los estados, quedó meridianamente claro que, tanto partidarios como detractores de la Constitución, eran conscientes que serían los órganos judiciales los encargados de interpretar no solo las previsiones legales, sino la norma fundamental. Incluso un antifederalista tan furibundo como *Brutus* basó su oposición a ratificar el texto constitucional precisamente en el inmenso poder que tendría el Tribunal Supremo como instancia última que interpretase las previsiones de la Constitución, y fueron precisamente las diatribas de *Brutus* las que pretendió refutar Alexander Hamilton en su célebre ensayo número 78 de *El Federalista*. En la década comprendida entre 1790 y 1800, el Tribunal Supremo fue consciente de poseer dicha facultad, que ejerció con todas las consecuencias, interpretando no solo textos legales, sino la propia norma fundamental en diversos asuntos donde se consideró a sí mismo como «guardián de la Constitución», si bien obrando con extrema prudencia a la hora de sostener la inconstitucionalidad de una ley. Por tanto, John Marshall ni creó ni fue el primero en enunciar el principio cuyo origen se atribuye erróneamente a *Marbury v. Madison* y según el cual: «Es claramente competencia y deber del poder judicial interpretar la ley. Quienes han de aplicarla a casos particulares deben necesariamente aplicar e interpretar tal ley».[63]

El problema radicaba en cómo proceder en supuestos en los que un tribunal se viese enfrentado a la tarea de interpretación legal. Tras la aprobación de la decimocuarta enmienda constitucional y al amparo de la previsión contenida en su apartado primero,[64] surgieron dos grandes tendencias a la hora de con-

[63] Sobre las posiciones relativas al poder judicial en los debates constituyentes y de ratificación, véase Jorge PÉREZ ALONSO, *Orígenes del Tribunal Supremo de los Estados Unidos (1775-1800)*, Centro de Estudios Políticos y Constitucionales, 2023, pp. 122-140 y 160-172.

[64] Dicho precepto contiene tres cláusulas: la de privilegios e inmunidades (*privileges and immunities clause*) la del debido proceso legal (*due process clause*) y el de igualdad (*equal protection clause*).

cebir el rol de los tribunales a la hora de resolver estos asuntos. La «activista» (*judicial activism*) abogaba por utilizar todo el potencial que la citada enmienda ofrecía para efectuar una interpretación amplia de los derechos individuales, aunque ello implicase desautorizar al legislador mediante el ejercicio de la *judicial review*. En contraposición, se alzaron quienes defendían un «retraimiento» (*judicial restrain*), y se negaban a convertirse en creadores de nuevas figuras jurídicas a través de la fiscalización de las leyes, excepto en supuestos muy extremos, desviando así al pueblo, a través de sus representantes todas las cuestiones relativas a derechos no contemplados en el texto constitucional, pues lo contrario supondría usurpar de funciones legislativas. Uno de los jueces pioneros en ejercer el activismo judicial fue Stephen Field, mientras que Oliver Wendell Holmes personificó el retraimiento judicial.[65]

Esa lucha entre activismo y retraimiento va a protagonizar la actividad del Tribunal Supremo prácticamente desde el último tercio del siglo xix hasta la actualidad, con etapas que alternan un intervencionismo extremo con otras donde se pretende una retirada estratégica. No siempre quienes defienden una y otra postura son coherentes, pues adoptar una u otra actitud depende bastante del caso concreto a resolver.

1.2.- Instrumentos de interpretación a utilizar

Lógicamente, a la hora de afrontar la tarea de desentrañar el significado de una ley o alguno de sus preceptos, es necesario disponer de una serie de herramientas que permitan llevar a cabo la tarea de interpretación legal. Sobre este particular, basta exponer de forma muy didáctica la controversia jurídica que, por escrito y personalmente, en términos de extrema cordialidad efectuaron dos jueces que personificaron tendencias contrapuestas: Antonin Scalia y Stephen Breyer.[66]

[65] Damon Root, *Overruled. The long war for control of the U. S. Supreme Court*, McMillan, 2014, pp. 41-76.

[66] Las visiones contrapuestas de ambos jueces a la hora de interpretar textos legales pueden encontrarse en Antonin Scalia, *A matter of interpretation. Federal Courts and the law*, Princeton University Press, 1997; y Stephen Breyer, *Active Liberty, interpreting our democratic constitution*, Alfred A. Knoppf, 2005. Un debate que ambos mantuvieron sobre el tema, que, con una exquisita cordialidad, enorme altura intelectual y no poco sentido del humor, puede encontrarse en https://www.youtube.com/watch?v=_4n8gOUzZ8I.

Ambos jueces coincidían en que son seis las herramientas que el juez posee a la hora de interpretar un texto legal: texto, historia, tradición, precedentes, propósitos y consecuencias. La diferencia radicaba en que para una tendencia (la personificada en Scalia) se priorizan las cuatro primeras herramientas, de tal manera que el texto de la ley es el punto de llegada, para otra (que representaba Stephen Breyer) el texto es solamente el punto de partida, de tal forma que han de tenerse en cuenta también los objetivos de la ley y las consecuencias que la interpretación puede conllevar. Scalia consideraba que adentrarse en los propósitos y consecuencias inevitablemente conllevaba de forma inconsciente que el juez terminase aplicando sus propio ideario y opciones personales, mientras que Breyer consideraba que utilizarlas era absolutamente necesario para llevar a efecto la voluntad del legislativo.

II.- PODER JUDICIAL, AGENCIAS ADMINISTRATIVAS E INTERPRETACIÓN NORMATIVA

2.1.- *De la necesidad de impetrar tutela judicial a la autotutela declarativa*

En un primer momento, al establecer las primeras agencias administrativas, la posición jurídica de estas ante los órganos judiciales no era equiparable a la que ostentan actualmente. El actual modelo es el resultado de una evolución natural, pues en la fase inicial del sistema las agencias administrativas debían acudir a los órganos judiciales para impetrar una pretensión de condena a fin de llevar a cumplimiento el acto emanado del organismo público.

En el momento de crearse la Interstate Commerce Commission, sus actos resolutorios no eran inmediatamente ejecutivos, sino que, para llevarlos a efecto, la agencia debía iniciar un procedimiento judicial. Así, una vez la agencia dictaba su resolución final, debía acudir al juzgado de distrito ejercitando una pretensión de condena a fin de obtener una sentencia que obligase al destinatario del acto a cumplirla y, en caso de no hacerlo, enfrentarse abiertamente a un cargo por desobediencia a una resolución judicial. Buena prueba de esa posición se encuentra en el siguiente razonamiento incluido en las páginas finales de la sentencia *Cincinatti, New Orleans and Texas Pacific Railway Company v. Interstate Commerce Commission*, hecha pública el 30 de marzo de 1896, donde se afea el comportamiento procesal de las compañías ferroviarias por haber ocultado información en fase administrativa para introducirla *ex novo* en la vía judicial:

> Consideramos que esta es la ocasión adecuada para expresar nuestro rechazo al modo de proceder de las compañías ferroviarias, que ocultaron gran parte de las pruebas a la Comisión y las aportaron por vez primera en el Tribunal de Circuito. La Comisión es un órgano administrativo, y los tribunales solo intervienen cuando la Comisión opta por hacer cumplir las previsiones de la ley a través de un proceso ante los tribunales, o cuando sus actos no son obedecidos. El principio, tal y como acredita el precepto, no es otro que los antecedentes de hecho fijados por la Comisión deben considerarse *prima facie* como asentados, y que los hechos del caso deben solventarse ante la Comisión. No queremos decir, por supuesto, que cualquier parte en el pleito ante el tribunal esté limitada a las pruebas aportadas ante la Comisión, sino que la finalidad de la ley impone que la Comisión resuelva todas las circunstancias y condiciones relativas a la cuestión planteada.

Esa peculiar situación dio un vuelco con la entrada en vigor de la *Hepburn Act* [67] y la *Mann-Elkins Act.*[68] Dichos textos legales, cuyos objetivos declarados eran ampliar las competencias de la Interestate Commerce Commission reforzando su posición jurídica, dotaron de ejecutividad a los actos de dicha agencia si no eran impugnados en un plazo de treinta días, de tal forma que la situación dio jurídicamente un giro de ciento ochenta grados: en vez de ser la Comisión quien hubiese de acudir a la vía judicial para hacer valer sus actos, pasa a ser el destinatario del acto quien tiene la carga de impugnarlo judicialmente para evitar que desplegase sus efectos. De igual forma, la ley estableció que las sentencias dictadas en este tipo de asuntos accediesen directamente al Tribunal Supremo por vía de apelación,[69] equiparando así el pronunciamiento de la agencia a la sentencia de un juzgado de distrito y dando paso a lo que se denomina *appelate review model.*

[67] *An Act to ammend an Act entitled «An Act to regulate commerce», approved February fourth, eighteen hundred and eighty seven, an all Acts ammendatory thereof and to enlarge the Powers of the Interestate Commerce Commission.* Se la conoce como *Hepburn Act* en honor a uno de sus promotores, el congresista republicano William Peters Hepburn.

[68] *An Act to to create a commerce court, and to amend the act entitled "An act to regulate commerce", approved February fourth, eighteen hundred and eighty-seven, as heretofore amended, and for other purposes*; así conocida por quienes la auspiciaron, los congresistas Stephen Benton Elkins y James Robert Mann.

[69] El texto de la ley puede consultarse en *The Statutes at large of the United States of America from december 1905 to march 1903*, vol. XXIV, Government Printing Office, Washington, pp. 584-595.

Sin embargo, incluso cuando la Interestate Commerce Commision ya había mutado su posición jurídica ante los órganos judiciales, el nuevo sistema no fue seguido de forma automática a la hora de articular la relación de otros entes administrativos con los órganos judiciales. Buena prueba de ello se encuentra en la *Pure Food and Drug Act*,[70] que entró en vigor el 1 de enero de 1907. Dicha norma encomendaba al Bureau of Chemistry, integrado en el Departamento de Agricultura, el examen de los productos para verificar si cumplía los criterios exigidos por la ley. Y es que, en el supuesto de constatarse un incumplimiento de la normativa, era el titular del Departamento quien, previa audiencia a la parte interesada, debía dar traslado al *district attorney* para que este iniciase la acción judicial ante el «*órgano competente*», debiendo aportar al efecto todas las pruebas y evidencias necesarias para lograr obtener un pronunciamiento judicial que condenase al demandado por incumplimiento de la normativa reguladora (secciones cuarta y quinta de la ley).

Pese a la convivencia temporal de ambos sistemas, poco a poco, se va a ir extendiendo y generalizando la asimilación al esquema existente para las apelaciones (*appellate review model)*. Se trata de un sistema «basado en los principios que informan las relaciones entre los tribunales de apelación y los juzgados de instancia en la litigación civil»,[71] es decir, que por un lado se ciñe la impugnación a cuestiones estrictamente jurídicas (sin extenderse, por tanto, a cuestiones de naturaleza fáctica, respetando la declaración de hechos constatada en el acto recurrido y que trae base en el expediente administrativo) y por otro se atribuye la competencia objetiva para conocer de la impugnación al Tribunal de Apelaciones, de tal forma que se equipara así el acto administrativo a una sentencia de un juzgado de distrito. Quiere ello decir que el particular debe seguir un procedimiento administrativo ante la propia agencia, agotar los mecanismos de revisión internos dentro del organismo para, ulteriormente, acudir a la vía judicial residenciando la demanda en los Tribunales de Apelación. Este principio tiene alguna excepción, y así, por ejemplo, la sentencia *Luna Pérez v. Sturgis Public*

[70] Su denominación completa era *An Act for preventing the manufacture, sale or transportation of adulterated or misbranded or poisonous or deleterious foods, drugs, medicines and liquors, and for regulating traffic therein, and for other purposes.*

[71] T. W. MERRILL, *Article III, agency adjudication and the origins of the appellate review model of Administrative law*, Columbia Law Review, vol. 111 núm. 5, 939-1003. Son especialmente interesantes las páginas 953 a 965, que trazan la evolución del modelo desde el sistema previo a la Hepburn Act hasta su moderna configuración.

Schools,[72] donde había de resolverse acerca de si las previsiones de la *Individuals with Disabilities Education Act* (normativa específica que impone la necesidad de agotar el procedimiento administrativo en ella regulado cuando surgen conflictos al amparo de la aplicación del texto legal) exigía agotar la vía administrativa en ella regulada con carácter previo al inicio de acciones legales articuladas con base en otras leyes antidiscriminatorias, el Tribunal Supremo, de forma unánime, consideró que en este supuesto el tenor de la ley no imponía agotar esa vía.

Hay también una excepción a la competencia atribuida de los Tribunales de Apelaciones a la hora de controlar la legalidad de la actuación administrativa. Cuando en el seno de un procedimiento se cuestiona no la licitud de una actuación administrativa concreta, sino la propia constitucionalidad de la agencia o de aspectos relativos a su estructura y funcionamiento, la competencia la ostentan los juzgados de distrito en virtud de la cláusula general atributiva de competencias que recoge el 28 USC 1331. Así lo estableció en fechas recientes la sentencia *Axon Enterprise Inc v. Federal Trade Commission et al.*,[73] hecha pública el 14 de abril de 2023 y que contó, además, con la unanimidad de los jueces.

2.2.- *Control judicial de la interpretación normativa efectuada por las agencias*

A la hora de abordar este tema, es necesario tener muy presente una idea básica sobre la que incidió en su momento Julio V. González García en su análisis sobre el control judicial de la actividad administrativa, y no es otro que el sistema estadounidense desconoce la categoría jurídica de los «conceptos jurídicos indeterminados» como categoría distinta a la «discrecionalidad» propiamente dicha, con las consecuencias que ello conlleva a los efectos de interpretación de preceptos legales;[74] no obstante, en enero del año 2024, el letrado Paul Clement, en

[72] 598 U. S. 142 (2023).

[73] La sentencia, en realidad, resuelve dos casos acumulados: *Axon v. Federal Trade Commission* propiamente dicho (revisando un pronunciamiento del Tribunal de Apelaciones del Noveno Circuito que había negado la posibilidad de impugnación autónoma ante el juzgado de distrito) y *Securities and Exchange Commission et al. v. Michelle Cochran* (donde se revisaba una sentencia del Tribunal de Apelaciones del Quinto Circuito que consideraba competentes a los juzgados de distrito para resolver este tipo de impugnaciones).

[74] «El desconocimiento en EE. UU. de dichos conceptos jurídicos indeterminados se traduce necesariamente en que allí donde es preciso un proceso de interpretación de las normas para encontrar la solución exacta (que para ese problema concreto solamente es una) aparezca una potestad discrecional para la que la Administración tiene la competencia decisoria última»;

la vista oral del caso *Loper Bright*, sí percibió esa diferencia material, aunque sin referirse conceptualmente a tales categorías jurídicas por su nombre.[75] También es muy importante la distinción entre cuestiones de hecho y de derecho, pues la respuesta otorgada por los órganos judiciales a ambas ha sido distinta. Mientras que en las consideraciones fácticas desde fechas tempranas se consideraron definitivamente fijados los hechos constatados por las agencias siempre que viniesen avalados por el expediente restringiendo la revisión judicial al mínimo, las cuestiones de interpretación jurídica se consideraron en todo momento como mera interpretación legal, función que correspondía en exclusiva al poder judicial.

La aparición y desarrollo del *Administrative state* caracterizado por la existencia de numerosas agencias con poderes resolutorios y normativos planteó la cuestión de la fuerza que los órganos judiciales habrían de otorgar a la interpretación que dichas agencias efectuaran de los textos legales que estaban encargadas de aplicar. Es curioso que la sentencia *Chevron*, que articuló el principio de la deferencia judicial, no contuviese la más mínima referencia a la doctrina existente o a los pronunciamientos en la materia, en tanto que la sentencia *Loper Bright*, que deja sin efecto la anterior, sí que contiene en su fundamentación jurídica un recorrido histórico en el que se repasan los hitos principales.

2.2.1.- Del inicio del *Administrative State* hasta 1946

A raíz de las reformas legales introducidas en 1907 y 1910 a la *Commerce Act*, el Tribunal Supremo, a la hora enfrentarse al control judicial de la actuación

Julio V. González García, *El alcance del control judicial de las Administraciones públicas en Estados Unidos*, McGraw Hill, 1995, p. 75.

[75] En la vista oral del citado caso, la juez Sonia Sotomayor afirmó que «autoridad de interpretación implica discrecionalidad, como todo el mundo parece aceptar. Significa que hay múltiples interpretaciones que pueden darse, y alguien tiene que elegir entre esas interpretaciones». En respuesta a tal observación, Paul Clemens percibió claramente la distinción entre discrecionalidad y conceptos jurídicos indeterminados, aunque no se refiriera a tales categorías por su nombre, sino por su contenido: «Creo que existe una diferencia entre reconocer discrecionalidad y reconocer una delegación. Hay ciertos términos legales, como usted ha indicado, que, interpretados de forma adecuada por los tribunales, otorgarían a la agencia un amplio margen de discrecionalidad en que operar. Pero hay otros términos donde tan solo caben dos posibilidades, y el error fundamental de *Chevron* es que no logra distinguir ambos supuestos». Citas tomadas de las páginas 8 y 9 de la transcripción de la vista oral del asunto *Loper Bright v. Raimondo*, que es de acceso público y a la que puede accederse a través de internet en https://www.supremecourt.gov/oral_arguments/audio/2023/22-451.

llevada a cabo por las agencias efectuó una distinción. La sentencia *Interstate Commerce Commission v. Delaware, Lackawanna & Western Railroad*,[76] adoptada de forma unánime y de la que fue ponente el *chief justice* Edward White, revocó otra del Tribunal de Circuito de Nueva York que había anulado una resolución de la *I*nterestate Commerce Commission, al considerarla errónea por cuanto «se basaba en cuestiones de hecho sobre las cuales el juicio de la Comisión no es susceptible de revisión por los tribunales», pero sí consideró que podían analizarse los aspectos jurídicos de la cuestión. Al año siguiente, la sentencia *Interestate Commerce Commission v. Union Pacific Railroad* precisó aún más el principio al enfrentarse a la impugnación de un acto de la misma agencia, que había considerado excesivos los importes de las tarifas ferroviarias y los había reducido; dicha sentencia redactada por el juez Joseph Rucker Lamar y que se adoptó por unanimidad afirma:

> ... se ha establecido que los actos de la Comisión son definitivas excepto (1) que se hayan dictado excediéndose de las competencias que constitucionalmente puede ejercer; (2) haya sobrepasado sus competencias legales o (3) estén basados en errores jurídicos. Pero las cuestiones de hecho pueden influir también en la determinación de las cuestiones jurídicas, de tal forma que un acto, en principio correcto, puede ser anulado si se demuestra que (4) la tarifa es tan baja como para ser confiscatoria vulnerando la prohibición constitucional de expropiar bienes sin el debido proceso legal; (5) si la Comisión actuó de forma tan arbitraria o injusta como para fijar las tarifas contradiciendo las pruebas, o sin pruebas que apoyen su actuar; o (6) se han ejercido las competencias de forma tan poco razonable como para hacer aplicable el principio elemental que el contenido, no la sombra, determina la validez del ejercicio de esa competencia [...]

Al abordar estas cuestiones mixtas de hecho y derecho, el tribunal se confina a la cuestión última de si la Comisión actuó dentro de sus competencias. No juzgará la eficacia o corrección de la orden o si, con pruebas similares, habría llegado a la misma conclusión.

En otras palabras, se fija ya la separación entre cuestiones de hecho y de derecho. El Tribunal es quien tiene la última palabra sobre las segundas, mientras que las primeras en principio la decisión última y final corresponde a la agencia sin que pueda ser objeto de revisión en vía judicial, aunque se abre la posibilidad en casos muy limitados de entrar a resolverlas igualmente, si bien

[76] 220 US 255 (1911).

solo para verificar si esas conclusiones fácticas a las que llegó el organismo tienen su base probatoria en el expediente. Y en cuestiones mixtas de hecho y de derecho, es decir, las que implican subsumir las circunstancias fácticas en un concepto legal, los órganos judiciales tan solo se adentraban en la vertiente jurídica del asunto. El principio básico estaba, pues, asentado.

Poco a poco, entre los años 1910 y 1921, coincidiendo con el mandato de Edward White como *chief justice*, se va creando un corpus jurisprudencial que, como señala Alexander Bikel, «puede calificarse de derecho común de revisión judicial de actuaciones administrativas», si bien limitadas a verificar la delegación de autoridad legislativa en las agencias.[77] Restaba tan solo dilucidar en el caso de cuestiones jurídicas si los órganos judiciales debían ejercitar la labor interpretativa de forma independiente o si, por el contrario, estaban vinculados por la interpretación que de la normativa hubiesen efectuado las agencias.

En este sentido, pueden destacarse varios pronunciamientos en los cuales el Tribunal Supremo se atiene a su postura tradicional de otorgar deferencia a las cuestiones de hecho y a las mixtas (donde la fijación de los hechos y la interpretación jurídica están entrelazadas) reservando a los órganos judiciales la interpretación última en cuestiones jurídicas.

La primera de las sentencias es *Gray v. Powell*,[78] hecha pública en pleno fervor bélico, el 15 de diciembre de 1941, justo una semana después del ataque japonés a Pearl Harbor. Los hechos del caso eran bastante simples: se trataba de dilucidar si un ferrocarril de carbón podía considerarse «fabricante» a efectos de la *Bituminous Coal Act*. El director de la Bituminous Coal Division al resolver el asunto en vía administrativa consideró que no lo era, mas impugnada judicialmente su decisión, el Tribunal de Apelaciones del Cuarto Circuito anuló el acto al estimar que sí se englobaba dentro de tal definición.

El Tribunal Supremo revocó la sentencia de instancia afirmando:

> En asuntos que el Congreso encomienda de forma expresa la resolución a un órgano administrativo, como es el que aquí se nos plantea, la función revisora que corresponde a los órganos judiciales se cumple totalmente verificando que existió un trámite de audiencia, debidamente notificado y ofreciendo al interesado la posibilidad de presentar alegaciones ante el órgano

[77] Alexander Bikel y Benno C. Schmidt jr., *The judiciary and responsable government*, McMillan, Cambridge University Press, 1985, p. 664.

[78] 314 US 402 (1941). El ponente fue Stanley Reed, que contó con el apoyo de siete de sus colegas, con Owen Roberts como único juez discrepante.

> decisor, así como que este aplicó la ley de forma justa y razonable. *Shields v. Utah Idaho R. Co.*
>
> Una fijación como la que aquí se plantea pertenece a la función administrativa ordinaria. El Congreso, que pudo haber legislado específicamente al respecto, consideró más eficaz delegar esa función en quienes por sus conocimientos específicos en esta materia concreta prometían una mejor, más informada y equitativa ponderación de los intereses contrapuestos de la estabilización de los precios por un lado y del consumo de los productores de otro. Al encomendar la ejecución de sus políticas al personal especializado de la Bituminous Coal Division, el Congreso no hizo sino seguir una práctica habitual. Por supuesto, no existe diferencia entre la capacidad que poseen los empleados en una sección del Departamento y los de la Junta, Comisión o Administración.
>
> Cuando, como en este caso, se atribuyó la determinación a un órgano administrativo, esta delegación ha de respetarse y la conclusión a que llegó aquel mantenerse intacta.

La sentencia *Gray*, pues, apunta a la necesidad de respetar la interpretación legal efectuada por los órganos administrativos. No obstante, cabe realizar varias precisiones. La primera, que el objeto de control judicial no es una norma jurídica, pues no se está dilucidando si se valida o no el ejercicio de la potestad normativa de *rulemaking*, sino que se verifica la adecuación o no a derecho de un acto administrativo, es decir, el ejercicio de una función de *adjudication*. En segundo lugar, en el supuesto concreto enjuiciado el Congreso atribuyó de forma expresa la facultad de determinación a la Bituminous Coal Division, existiendo pues una norma expresa atributiva de competencias al ente público administrativo. Por último, no se trataba de una cuestión netamente jurídica, sino una en la que se entremezclaban cuestiones fácticas y jurídicas.[79]

La doctrina del caso *Gray* se reprodujo casi dos años y medio más tarde en *National Labour Relation Board v. Hearst*,[80] cuya sentencia se hizo pública el 24 de abril de 1944. En este caso, se trataba de decidir si los repartidores de periódicos (los famosos «*newsboys*») podían considerarse trabajadores a efectos

[79] Esta sentencia propició años después un extenso, crítico y durísimo artículo de Bernard SCHWARTZ, «Gray v. Powell and the scope or review», Michigan Law Review, vol. 54 núm. 1 (1955), pp. 1-70.

[80] 111 US 102 (1944). El ponente fue Willey Rutledge, que contó, al igual que en el caso *Gray*, con el apoyo de siete jueces, siendo de nuevo Owen Roberts el único discrepante.

de la normativa laboral, garantizándoles así la posibilidad de entablar negociaciones colectivas con la todopoderosa empresa Hearst. El National Labour Relation Board, organismo encargado de resolver el asunto en vía administrativa, concluyó que sí, mas impugnado el acto ante el Tribunal de Apelaciones del Noveno Circuito, este lo anuló por considerar que no lo eran. El Tribunal Supremo de nuevo revocó la sentencia de instancia. Ahora bien, lo hizo sobre la base de distinguir entre cuestiones fácticas y jurídicas, respetando el principio tradicional en los siguientes términos:

> Al convertir en definitiva la fijación de hechos realizada en estos casos por el organismo público, siempre que esté avalada por las pruebas, el Congreso le atribuyó fundamentalmente a dicho ente decidir si las pruebas avalan los hechos materiales. En este caso, al revisar la decisión de las conclusiones a que se llegó en vía administrativa, no es función del tribunal sustituir la relación de hechos fijada por la suya propia cuando aquella viene avalada por la documentación obrante en el expediente [...] Sin duda alguna, las cuestiones de interpretación legal, especialmente cuando surgen por vez primera en el proceso judicial, corresponde resolverlas a los tribunales, otorgando la importancia apropiada a la efectuada por aquellos cuya función especial es aplicar la ley en cuestión [...] Pero cuando el asunto conlleve la aplicación concreta de un concepto legal amplio en un procedimiento donde la agencia encargada de ejecutar la ley es quien debe efectuar la determinación inicial, la función del tribunal revisor es limitada.

Nada hay, por tanto, en *Hearst* que se aparte del principio tradicional, reafirmando expresamente el criterio según el cual las cuestiones de interpretación legal corresponden a los órganos judiciales, sin que estos deban aplicar deferencia alguna. Si en el caso concreto enjuiciado se revocó la sentencia reinstaurando el acto administrativo impugnado fue debido a que consideró se estaba ante una cuestión de hecho, y no jurídica.[81]

El caso quizá más conocido es *Skidmore v. Swift & Co.*,[82] resuelto el 4 de diciembre de 1944, pues terminó adjetivando un tipo de deferencia no tan ri-

[81] La propia sentencia así lo dejó claro en sus párrafos iniciales: «En el seno del procedimiento administrativo se dio la oportuna audiencia al interesado, tras la cual la Junta efectuó las determinaciones de hecho y concluyó que los repartidores a tiempo completo que vendían cada periódico eran trabajadores a efectos de la Ley...».

[82] 323 US 134 (1944). El ponente de la sentencia fue Robert H. Jackson, y en esta ocasión la sentencia se adoptó por unanimidad.

gurosa como la ulterior de *Chevron*. En esta ocasión, se estaba ante una acción incoada por siete trabajadores al amparo de la normativa laboral a fin de que se les abonaran las cantidades debidas en concepto de horas extraordinarias. La sentencia principia delimitando el marco jurídico en el que se ha de mover el Tribunal en este supuesto concreto y que le diferencia de los casos *Gray* y *Hearst*:

> El Congreso no ha utilizado los servicios de una agencia administrativa para efectuar determinaciones de hecho en primera instancia acerca de si casos concretos caen o no dentro del ámbito de aplicación de la Ley. En vez de ello, atribuyó tal responsabilidad a los tribunales. Pero creó el puesto de administrador, atribuyéndole una serie de funciones y otorgándole varias competencias [...] En cumplimiento de sus funciones acumuló una considerable experiencia...

Cuando la sentencia aborda la cuestión de hasta qué punto ha de valorarse la interpretación efectuada por el citado administrador, afirma:

> No existe previsión legal que determine hasta qué punto los tribunales han de otorgar deferencia (si es que han de otorgarla) a las conclusiones del administrador [...] Sus resoluciones no se adoptaron a consecuencia de un procedimiento contradictorio tras el cual se efectúe la determinación de hechos con base en las pruebas y aplique las conclusiones jurídicas a tales hechos [...]
> Consideramos que tales decisiones, interpretaciones y actos del administrador, aun cuando no vinculan a los tribunales por razón de su autoridad, constituyen un cuerpo de experiencia y razonamiento jurídico al que los órganos judiciales y las partes pueden acudir a modo de guía. El peso que deba otorgarse a tal razonamiento en un caso particular dependerá no de su fuerza vinculante, sino de la minuciosidad de su análisis, de lo válido de su motivación, de su coherencia con pronunciamientos anteriores y posteriores, y de todos aquellos factores que le otorguen poder de persuasión.

En definitiva, se mantiene el principio clásico según el cual son los órganos judiciales quienes ostentan la última palabra en cuestiones jurídicas, y que la interpretación y motivación que ofrezca el órgano administrativo carece de fuerza vinculante y no se impone de forma automática a los tribunales, si bien estos pueden valorarla adecuadamente en función de los criterios indicados. A partir de esta sentencia es frecuente referirse, a la hora de efectuar la revisión judicial de actuaciones administrativas, a la *deferencia Skidmore*, indicando con ello que las interpretaciones efectuadas por las distintas agencias serán merecedoras de «respeto» y especial consideración, pero sin que ello les otorgue fuerza vinculante ni los tribunales deban automáticamente ceder ante ellas.

El 4 de junio de 1945 se hizo pública la sentencia del caso *Bowles, Price Administrator v. Seminole Rock & Sand Co,*[83] donde se abordó a la interpretación que el Administrador de la *Office of Price Administration* había efectuado de una normativa reguladora aprobada por dicho órgano administrativo en ejecución de la *Emergency Price Control Act de 1942*. La sentencia afirma:

> Puesto que se trata de interpretar una regulación administrativa, en caso que el significado de alguna de sus palabras se cuestione, el tribunal necesariamente ha de acudir a la interpretación administrativa de esa regulación. La intención del Congreso o los principios de la Constitución pueden ser relevantes en principio para optar entre diversas interpretaciones. Pero el criterio último es la interpretación administrativa, que es vinculante salvo que sea manifiestamente errónea o inconsistente con la regulación. La legalidad del resultado que se alcance en este proceso, por supuesto, es cuestión distinta. Y puesto que en este caso la única cuestión radica en dilucidar el significado de ciertas partes de la Regulación de Precios Máximos número 188, nuestras únicas herramientas, por tanto, son el significado de las palabras de aquella y cualquier interpretación relevante efectuada por el administrador.

En este caso, por tanto, no se está ante una interpretación administrativa de la ley aplicada, sino ante la interpretación que un ente administrativo hace de las normas que él mismo aprobó. El Tribunal, lógicamente, otorga un carácter vinculante a la lectura el ente público hace de su propia normativa, si bien dejando abierta la posibilidad de rechazarla en caso de ser manifiestamente errónea. Y como el propio tribunal apunta, una cosa es el resultado que se alcance siguiendo esa interpretación administrativa y otra muy distinta es que ese resultado sea necesariamente lícito, pues lógicamente la interpretación que el ente público haga de su propia normativa reguladora en nada condiciona su adecuación a la ley o al texto constitucional.

El 25 de febrero de 1946, apenas cuatro meses antes de aprobarse la *Administrative Procedure Act*, el Tribunal Supremo tuvo la oportunidad de abordar nuevamente esta cuestión al resolver el caso *Social Security Board v. Nierotko*,[84] en el que

[83] 325 US 410 (1945). El ponente fue el juez Frank Murphy, que contó con el apoyo de siete jueces, de nuevo con Owen Roberts como único discrepante.

[84] 327 US 358 (1946). El ponente fue Stanley Reed y contó con el apoyo unánime de

había de dilucidar si los retrasos abonados a un trabajador constituían «salario» a efectos de la *Social Security Act.* El Tribunal Supremo efectuó una interpretación distinta a la realizada por la agencia encargada de ejecutar la normativa, hasta el punto que consideró necesario efectuar la siguiente precisión:

> Un argumento contrario a la interpretación que hemos efectuado del término *servicios prestados* es la motivación realizada por las agencias encargadas de administrar la *Social Security Act.* Sus conocimientos y experiencia en este campo nos exigen reflexionar antes de resolver de forma contraria a sus conclusiones.

Y acoge de nuevo la doctrina tradicional efectuada en sus pronunciamientos anteriores:

> La *Social Security Board* y el Tesoro son los encargados de decidir, en vía administrativa, si tratan o no los *retrasos* como salarios; y su experto juicio es acreedor, como hemos dicho, a gran consideración. El hecho mismo que se haya previsto la revisión judicial evidencia, no obstante, que tales decisiones son concluyentes tan solo si están adecuadamente sustentadas por consideraciones fácticas. Tanto *Hearst Publications* como *Gray v. Powell* señalan los límites de las interpretaciones administrativas. Las conclusiones a que llegue la Administración deben tener base jurídica y haberse adoptado dentro de sus competencias. Cuando la Administración interpreta una ley para aplicarla a unas circunstancias concretas, actúa como delegado del poder legislativo [...] Una agencia no puede tener la última palabra sobre los límites de sus competencias legales. Esa es una función judicial.

2.2.2.- La *Administrative Procedure Act* de 1946

La *Administrative Procedure Act* (APA) contaba con un apartado específico cuya rúbrica era «*judicial review*», integrado por una única sección, la décima, a su vez estructurada en cinco párrafos, cada uno de ellos abordando una materia relacionada con el control judicial de las agencias.[85]

sus otros siete colegas (el juez Robert H. Jackson se encontraba ausente en esos momentos al ejercer, en nombre de los Estados Unidos, la acusación frente a los dirigentes nazis en los juicios celebrados en Nüremberg). Felix Frankfurter formuló un breve voto particular concurrente.

[85] Las previsiones de la APA, junto con sus modificaciones ulteriores, se encuentran actualmente incorporadas en 5 USC 701 a 706. Un breve, pero ilustrativo comentario en cinco

En primer lugar, el dato clave es que las previsiones de la APA, aun pretendiendo constituir un marco o regulación general, se aplicaban únicamente «en supuestos donde la ley no precluya la revisión judicial, o la actuación de la agencia esté por ley atribuida a la discrecionalidad de la citada agencia». Es decir, que una ley especial puede excluir del control judicial determinado sector de la actividad administrativa.

En el supuesto que no estuviese vedado el control judicial, la ley reconocía legitimación activa para interponer las acciones judiciales frente a los entes administrativos a: «Toda persona que sufra un perjuicio jurídico debido a la actuación de una agencia o que se vea perjudicada por dicha actuación». Es decir, se precisa legitimación basada en un derecho subjetivo o un interés legítimo, concretado en el daño real o en un perjuicio en sus derechos a consecuencia de la actuación de una agencia.

Tras identificar a quiénes pueden incoar un proceso judicial frente a la actuación de un ente público, pasa a señalar las actuaciones que pueden ser objeto de revisión judicial:

> Está sujeta a revisión judicial toda actuación de la agencia que por ley sea judicialmente revisable y toda actuación final de la agencia para la cual no exista otro recurso adecuado ante cualquier tribunal. Todo acto o decisión previa, intermedia o procesal de la agencia que no sea directamente revisable será judicialmente revisable junto con la actuación final de la agencia.

páginas de estos preceptos legales redactado en fechas recientes por uno de los letrados del Congreso, en Jonathan M. GAFFNEY, *Judicial review under the Administrative Procedure Act* (APA), Congressional Research Service, 8 de diciembre de 2020. Sobre el control judicial de la actividad administrativa, véanse Bernard SCHWARTZ, *Administrative law*, pp. 623-715; Jerry L. MASHAW, Richard A. MERRILL y Peter M. SHANE, *Administrative law. The American public system*, pp. 784-1086; Stephen G. BREYER, Richard B. STEWART, Cass R. SUNSTEIN y Matthew L. SPITZER, *Administrative law and regulatory policy*, pp. 951-1116; Richard J. PIERCE, Sidney A. CHAPIRO y Paul R. VERKUIL, *Administrative Law and Process*, pp. 126-420. En nuestro país existen dos monografías sobre este particular, publicadas además en el mismo año: Julio V. GONZÁLEZ GARCÍA, *El alcance del control judicial de las Administraciones públicas en los Estados Unidos de América*, McGraw Hill, 1996, y Montserrat CUCHILLO FOIX, *Jueces y Administración en el federalismo norteamericano*, Civitas, 1996. En puridad, más que decir «existen», sería más adecuado decir «existían», pues se encuentran absolutamente descatalogadas, por lo que tan solo pueden consultarse los ejemplares que existan en bibliotecas públicas o universitarias. En mi caso, con un notable esfuerzo pude hacerme con un ejemplar del libro de González García; el de Cuchillo Foix ha sido absolutamente imposible encontrar uno, ni tan siquiera cuando, hace más de una década, me puse en contacto con la editorial, donde se me informó amablemente que el libro estaba descatalogado y no quedaba ni un solo ejemplar disponible.

Se recoge así, por tanto, la distinción entre actos definitivos (judicialmente revisables) y de trámite (no susceptibles de impugnación autónoma pero cuya legalidad se revisa conjuntamente con el acto final).

La normativa contempla que el demandante pueda solicitar la tutela cautelar (*interim relief*) «en la medida necesaria para evitar un daño irreparable», y la facultad del tribunal de «adoptar todas las medidas necesarias y adecuadas para suspender hasta la conclusión del procedimiento de revisión la efectividad de la actuación de cualquier agencia». En cuanto al alcance del control judicial, el texto de la APA disponía lo siguiente:

> En la medida en que sea necesario para la resolución y cuando se le presente, el tribunal resolverá todas las cuestiones jurídicas relevantes, interpretará las previsiones constitucionales y legales, y determinará el significado o la aplicabilidad de los términos de cualquier acción de la agencia.

Es decir, la APA recogía la tradición existente según la cual atribuye a los órganos judiciales la palabra final en lo que a la interpretación legal se refiere. El texto no deja margen alguno para la duda al equiparar, a efectos interpretativos, las previsiones legales a las constitucionales, siendo así que es algo incuestionado que el intérprete último de la constitución es el poder judicial, y así no solo desde *Marbury v. Madison*, sino desde mucho antes, pues en el periodo comprendido entre 1790 y 1800 el propio Tribunal Supremo se enfrentó en varias ocasiones a asuntos que implicaban la constitucionalidad de las leyes (el caso *Hayburn* en 1793 o el asunto *Hylton v. United States*, este último planteado artificialmente tan solo para que el Tribunal Supremo se pronunciase sobre la constitucionalidad de una ley tributaria que fijaba un impuesto a los carruajes).

Con posterioridad a la aprobación de la APA, y siete años antes de dictar la sentencia *Chevron*, el Tribunal Supremo se mantuvo fiel al principio jurisprudencial clásico refrendado a nivel legislativo según el cual la interpretación de cuestiones jurídicas correspondía a los órganos judiciales. Así, en la sentencia *Batterton v. Francis*,[86] que resolvió la impugnación de un precepto de la normativa reglamentaria aprobada por el secretario de Salud, Educación y Bienestar dictado en base a una delegación legislativa, se planteó como cuestión jurídica

[86] 432 US 416 (1977). El ponente fue Harry Blackmun, y se adoptó por mayoría de 8 jueces, con Byron White como único disidente. Pese a ello, conviene aclarar que la discrepancia de White no se debió a su disconformidad con el principio según el cual eran los órganos judiciales los que tenían la última palabra en materia de interpretación legal, sino porque a la hora de discernir el sentido último de la ley aplicable al caso llegó a una conclusión distinta que la de sus colegas.

a resolver si al ejercer esa potestad normativa el órgano ejecutivo se había mantenido dentro de los límites de la delegación. Al comienzo del apartado III de la sentencia, se afirmó: «Tradicionalmente se viene otorgando importancia, pero no fuerza vinculante, a la interpretación administrativa de preceptos legales». Es decir, el Tribunal mantiene su habitual tendencia de otorgar ciertas consideraciones a la interpretación administrativa, pero sin que ello suponga aceptar de forma acrítica dicha lectura ni mucho menos que esta se sobreponga a la interpretación judicial.

CAPÍTULO TRES

La sentencia *Chevron*: Antecedentes fácticos, procedimiento y sentencia

En las décadas de los sesenta y setenta del siglo XX el Tribunal Supremo de los Estados Unidos incrementó notablemente el número de asuntos admitidos a trámite, marcando un hito los años judiciales de 1963 y 1967, cuando resolvió 377 y 370 casos respectivamente, siendo así que, en la década de los sesenta, cuando el máximo órgano judicial estaba presidido por Earl Warren, el número de asuntos jamás se situó por debajo de los dos centenares. La sustitución de Warren por Burger en el año 1969 implicó un descenso del número de casos admitidos, regresando al volumen tradicional, que oscilaba entre ciento cincuenta y doscientos pleitos al año. Dicha tendencia regresiva se mantuvo, de tal forma que desde el año 1995 el Tribunal Supremo ya decreció a menos de cien casos anuales, con la única excepción del año 2008, que de forma excepcional repuntó hasta los 108. En los años de la tercera década del siglo XXI apenas superó los sesenta, e incluso en algún año específico, como el 2022, ni tan siquiera llegó a dicha cifra.[87] El Tribunal goza de una discrecionalidad absoluta a la hora de admitir o no a trámite las solicitudes de *certiorari*, y por ello, tan solo acepta fundamentalmente casos que impliquen interpretar normativa de reciente aprobación o asuntos sobre los cuales exista una división jurisprudencial entre los distintos Tribunales de Apelación.

[87] Tomo los datos de la página web del Tribunal Supremo (que permite acceder de forma directa a las sentencias de los últimos seis años judiciales, ordenadas cronológicamente en cada año desde las más recientes a las más antiguas) y de los United States Reports, accesibles a través de la página web de la Biblioteca del Congreso.

En ocasiones, un asunto accede al Tribunal Supremo gracias a las particularidades del supuesto concreto o de los condicionamientos personales, influyendo sobremanera la cuidadosa elección de la parte actora, de tal forma que el individuo o entidad concreta que ejercita la acción pueda despertar la simpatía del órgano judicial,[88] si bien ello no garantiza necesariamente el objetivo esperado;[89] lo normal en estos casos es que se fuerce en cierta medida artificialmente la situación con el objetivo de abrir la vía judicial.[90] Por el contrario, en determinadas circunstancias un hecho puede dar inicio a una cadena de acontecimientos que finalicen en un pronunciamiento judicial cuya resolución desborde las expectativas de las mismas partes que lo iniciaron.[91]

Otro aspecto que suele tenerse en cuenta a la hora de intentar que un asunto acceda al Tribunal Supremo es la composición interna de dicho órgano

[88] «Una bien cuidada selección del demandante puede ofrecer un contexto adecuado a conceptos legales abstractos y personalizar la disputa»; Cinthya Godsoe, *Perfect Plaintiffs*, Yale Law Journal Forum, 12 de octubre de 2015; puede consultarse en https://www.yalelawjournal.org/pdf/Godsoe_PDF_w3e8dk2x.pdf.

[89] Así, por ejemplo, cuando se intentó a finales del siglo xix poner fin a la discriminación racial que existía en el estado de Luisiana, se escogió a Homer Plessy como demandante debido a sus condiciones personales, es decir, era una persona de piel blanca pero que poseía una octava parte de sangre procedente de ancestros de color. El asunto logró acceder al Tribunal Supremo, pero este avaló el proceder estatal en su sentencia *Plessy v. Fergusson* (163 US 137 [1896]). No obstante, la adecuada elección de la parte actora sí que tuvo un papel determinante en asuntos como *Roe v. Wade* (410 US 113 [1973]).

[90] Un supuesto que acredita este aspecto lo ofrece la pareja homosexual que en 2012 denunció a la Comisión de Derechos Fundamentales de Colorado a Jack Phillips (como titular de la entidad Masterpiece Cakeshop LTD), a quien solicitaron la elaboración de un pastel de bodas siendo conscientes de que les sería negado por cuanto las creencias religiosas de titular del establecimiento le impedían efectuar dicho encargo concreto, aunque no otros, y aun siendo consciente la pareja denunciante que existían otros muchos locales en la ciudad que les suministrarían gustosamente el encargo. La sentencia *Masterpiece Cakeshop LTD v. Colorado Civil Rights Commission* (584 US 617 [2018]) anuló la sanción impuesta por la entidad estatal al establecimiento al considerar que el citado organismo público no había actuado de manera imparcial.

[91] Eso ocurrió, por ejemplo, cuando en 2008 la entidad Citizens United distribuyó la cinta *Hillary: The movie*, un documental muy crítico con la entonces aspirante a la nominación demócrata para concurrir a las elecciones presidenciales de ese año. Nadie podía suponer entonces que la sanción impuesta a la distribuidora por la Federal Election Commission acabaría dando lugar a la sentencia *Citizens United v. Federal Election Commission* (558 US 310 [2010]) que declaró la inconstitucionalidad de la *McCain-Feingold Act* de 2002, que regulaba determinados aspectos de financiación de las campañas electorales.

judicial. Hay momentos donde la orientación jurídica de sus integrantes no es propicia a la hora de plantear asuntos tendentes a lograr determinados objetivos, mientras que en otros la situación puede ser favorable a su consecución, si bien no siempre se da necesariamente la ecuación entre composición interna y resultado que se espera.[92] Es cierto que a la hora de elegir a los jueces que integran el Tribunal Supremo, tanto el mandatario que cursa la proposición como el Senado que ha de ratificarla tienen muy en cuenta el perfil no solo técnico (que rara vez se cuestiona) sino ideológico del candidato, de tal manera que pueda orientar la jurisprudencia del máximo órgano judicial estadounidense.[93] Desde George Washington a Donald Trump, las propuestas para la cobertura de vacantes en los distintos órganos que integran la jurisdicción federal tuvieron fundamentalmente ese objetivo, si bien más pronunciado en unos casos que en otros; así, Abraham Lincoln nombró como *chief justice* a su secretario del Tesoro, Salmon P. Chase, en la creencia que con ello lograría que el tribunal supremo avalara las políticas fiscales del presidente; el caso más acusado fue el de Franklin Roosevelt, quien nunca ocultó (más bien todo lo contrario) que su intención era colonizar el Tribunal Supremo con el objetivo que este avalase las normas legales y la actuación administrativa realizada al amparo del *New Deal*.[94]

[92] Tal ocurrió con la sentencia *Roe v. Wade*, adoptada por un Tribunal compuesto mayoritariamente por jueces que accedieron a dicho órgano a propuesta de mandatarios republicanos. En 1992 accedió al Tribunal un asunto que pretendía dejar sin efecto la doctrina Roe, pero aun cuando en ese momento eran igualmente mayoría los jueces que llegaron al puesto en periodos republicanos, la sentencia *Planned Parenthood v. Casey* (505 US 833 [1992]) se negó a dejar sin efecto el núcleo de Roe, aunque limó alguna de sus aristas. El asunto se planteó nuevamente en 2022 ante un tribunal con una mayoría de jueces también propuestos por presidentes republicanos, y en esta ocasión sí por una sólida mayoría de 6-3 la sentencia *Dobbs v. Jackson Women's Health Organization* (597 US 215 [2022]) dejó sin efecto el caso Roe.

[93] Sobre la influencia de los nombramientos en la orientación jurisprudencial del Tribunal Supremo, véase Charles M. CAMERON y Jonathan P. KASTELLEC, *Making the Supreme Court. The politics of appointments, 1930-2020*, Oxford University Press, 2023. La polarización social existente tiene su reflejo en las votaciones de ratificación. En los años ochenta y noventa del siglo XX, jueces con visiones tan dispares como Antonin Scalia o Ruth Bader Gisburn fueron ratificados por el Senado de forma casi unánime (98 votos a favor y ninguno en contra el primero, 96 a favor y 3 en contra la segunda), mientras que superada la primera década del siglo XXI los candidatos propuestos suelen recibir el inequívoco apoyo tan solo de los senadores de la formación a la que el presidente pertenece y el rechazo de los senadores del partido rival.

[94] En el caso de Roosevelt, «el presidente parecía contemplar el Tribunal Supremo como su sello personal en vez de como un poder independiente e imparcial», hasta el punto que Roosevelt llegó a dirigirse por carta a uno de los jueces, Felix Frankfurter, indicándole que debían redactar las sentencias «con un tono más dramático», ofreciendo a tal efecto el auxilio

Nada hacía suponer a finales de la década de los setenta del siglo XX que un asunto estrictamente técnico, limitado a verificar la interpretación que habría de darse a un concepto existente en una ley cuyo objetivo era la protección ambiental y que en ningún momento las partes, tanto en la fase escrita como en la vista oral lo plantearon como una cuestión relativa a la relación entre los órganos judiciales y las agencias en el seno de un proceso de revisión de la actuación administrativa,[95] iba a provocar una sentencia que se convertiría en uno de los puntales básicos del moderno derecho administrativo estadounidense.

I.- LOS ANTECEDENTES FÁCTICOS DEL CASO *CHEVRON*

Los antecedentes fácticos del caso, muy abstrusos debido a la naturaleza excesivamente técnica de las normas aplicables, son expuestos agotadoramente tanto por el Tribunal de Apelaciones que resolvió en instancia como por el Tribunal Supremo en la sentencia final.[96]

El 17 de diciembre de 1963 el presidente Lyndon B. Johnson sancionó como ley la *Act to improve, strengthen, an accelerate programs for the prevention and abatement of air pollution*, texto legal al que se conoce por su denominación abreviada de *Clean Air Act*. El objetivo de dicha norma, como su propia denominación explicitaba, no era otro que hacer frente a la contaminación ambiental. Dicho texto fue modificado ulteriormente en varias ocasiones.

Casi siete años después, el 9 de julio de 1970, el presidente Richard Nixon creó la Enviromental Protection Agency (EPA) como organismo ejecutivo que unificaría las competencias relativas a la lucha frente a la contaminación ambiental, por lo que sería el órgano encargado de ejecutar las previsiones de la *Clean Air Act*. En la cúspide de la agencia se situaba el administrador, designado por el presidente de los Estados Unidos con la necesaria ratificación del Senado.

del propio redactor de discursos presidenciales; Cliff SLOAN, *The Court at War: FDR, his Court and the world they made*, Publicaffairs, 2023, pp. 24 y 71

[95] Thomas MERRILL, *The Chevron Doctrine, Its rise, fall and future of the Administrative State*, Harvard University Press 2022, pp. 55 y 63.

[96] En lengua castellana ofrecen dos breves síntesis de los antecedentes fácticos José ESTEVE PARDO, *Loper Bright: una conmoción que se veía venir. La Supreme Court de EE. UU. revoca la doctrina Chevron,* en *Cuadernos de Derecho Regulatorio* vol. 2 (2024), p. 3 y en la citada obra de Miguel BELTRÁN DE FELIPE y Julio V. GONZÁLEZ GARCÍA, *Las sentencias básicas del Tribunal Supremo de los Estados Unidos de América*, p. 494.

La *Clean Air Act* fue objeto de dos modificaciones de importancia. La primera en 1970, cuyo objetivo declarado no era otro que reforzar la protección de la calidad ambiental, para lo cual estableció un programa de control federal al que debían someterse las nuevas instalaciones o las modificaciones efectuadas en las ya existentes. Para ello, impuso dos obligaciones. La primera a la EPA, a fin de que fijase unos objetivos o niveles de calidad del aire aplicables en todo el territorio estadounidense, criterios a los que se denominó NAAQS, y que debían alcanzarse en los plazos legalmente fijados. La segunda obligación tenía como destinatarios a los distintos estados, que deberían elaborar unos planes al efecto, conocidos como SIP, y someterlos a la EPA a fin de que la agencia los aprobara.[97]

Como en 1976 los estados no habían alcanzado aún los niveles establecidos por la EPA, dicha agencia elaboró una Circular Interpretativa el 21 de diciembre de 1976, y el propio Congreso estimó necesario dotarla de respaldo legal aprobando una nueva modificación de la *Clean Air Act* en 1977. En esta nueva reforma legal se ampliaba el plazo en el que deberían alcanzarse los niveles fijados en la NAAQS, obligando a los estados a elaborar los SIP antes del 1 de enero de 1979, imponiendo entre el contenido de los planes el acreditar que los objetivos de la NAAQS se alcanzarían en el menor tiempo posible, y en todo caso antes del 31 de diciembre de 1982. Entre los preceptos legales aplicables que regulaban tales aspectos, se incluía el concepto de *fuente estacionaria* (*stationary source*), pero el texto legal no lo definía.

Intentando suplir el vacío legal, la EPA aprobó el 7 de agosto de 1980 una regulación que definía el vocablo en términos muy estrictos, de tal forma que cualquier maquinaria o equipamiento susceptible de contaminar el aire debía ser considerase fuente estacionaria. Ahora bien, justo tres meses después, en las elecciones presidenciales de dicho año, el republicano Ronald Reagan se impuso al demócrata Jimmy Carter, y al tomar posesión del cargo el 20 de enero de 1981 la nueva administración impuso un drástico giro a la política existente. El 5 de mayo de 1981 Anne Gorsuch[98] fue nombrada como administradora de la EPA. Cuatro meses después, el 14 de octubre de 1981, dicha agencia aprobó una nueva regulación que modificó el concepto de fuente estacionaria sustituyendo el anterior por otro más amplio al optar por una *definición como planta*

[97] Las siglas se corresponden a la denominación jurídica de los citados instrumentos administrativos: los niveles de calidad ambiental se denominaban *National Ambient Air Quality Standars* (NAAQS), y los planes a aprobar por los estados *State Implementation Plan* (SIP).

[98] Anne Gorsuch era la madre de Neil Gorsuch, quien en 2024 fue uno de los jueces del Tribunal Supremo que resolvió el caso *Loper Bright*.

(*plantwide definition*), según la cual había de considerarse fuente estacionaria toda la existente en un mismo complejo industrial, lo que recibió la denominación de *burbuja*. Ello permitiría relajar en cierta medida las exigencias legales, pues así, un gran complejo industrial podría instalar maquinaria o equipos contaminantes en un lugar aun cuando se superasen los niveles establecidos por la ley siempre y cuando en otra zona del complejo se redujesen y, por tanto, existiese una «compensación».

II.- EL PLEITO EN EL TRIBUNAL DE APELACIONES: *NATIONAL RESOURCES DEFENSE COUNCIL v GORSUCH*

El 18 de noviembre de 1981, tres organizaciones que tenían como objetivo la defensa del medio ambiente, entre ellas National Resources Defense Council,[99] interpusieron una acción judicial frente a Anne Gorsuch (en su condición de Administradora de la EPA) impugnando la regulación aprobada por la EPA en octubre de 1981 y cuestionando la adecuación a la ley del concepto de *burbuja*. Dado que se trataba de la revisión judicial de la actuación de una agencia administrativa, el órgano competente para resolver la impugnación era el Tribunal de Apelaciones del Distrito de Columbia. A lo largo de la tramitación de la causa, intervinieron como codemandados varias empresas privadas que se alinearon jurídicamente con la EPA.[100]

La sección del Tribunal de Apelaciones encargada de resolver el asunto la integraban los jueces Abner Mirka, Ruth Bader Ginsburg (que fue la ponente) y William J. Jameson.[101] La vista oral del caso se celebró el 21 de mayo de 1982, y apenas tres meses más tarde, el 17 de agosto, dictó sentencia estimatoria anulando

[99] Las otras dos fueron Citizens for a Better Enviroment Inc y Northwestern Ohio Lung Association Inc.

[100] En concreto, American Petroleum Institute, American Iron and Steel Institute, Rubber Manufacturers Association, General Motors Corporation, Alabama Power Company y Chemical Manufacturers Association.

[101] Tanto Abner Mirka como Ruth Bader Ginsburg habían sido propuestos como jueces del Tribunal de Apelaciones a instancia del presidente Jimmy Carter. William J. Jameson no formaba parte de dicho órgano judicial, sino que fue asignado a la sección del Tribunal de conformidad con la previsión contemplada en el 28 USC 294 (d), que permite al presidente del Tribunal Supremo, designar a jueces retirados para cubrir temporalmente puestos en órganos judiciales.

la regulación aprobada por la EPA en octubre de 1981.[102] La resolución judicial, dictada por unanimidad y de la que fue ponente la juez Ginsburg delimitó acertadamente la cuestión apuntando al carácter jurídico de la controversia, quedando esta planteada de la siguiente forma:

> Si la EPA, de conformidad con las previsiones de la APA, posee un grado de discrecionalidad lo suficientemente amplio como para permitirle aplicar el concepto de burbuja a los programas en cuestión.

El Tribunal efectuó un profuso análisis del texto y de los antecedentes legislativos de las modificaciones a la *Clean Air Act*, llegando a la conclusión que no existía indicio alguno que apuntase a la intención del legislador acerca de qué debía entenderse por «fuente estacionaria». Ante el silencio del Congreso, el Tribunal resolvió aplicando su propia doctrina jurisprudencial:

> Al resolver la modificación normativa llevada a cabo por la EPA, no escribimos sobre un folio en blanco. Nuestro camino está marcado por dos sentencias anteriores en las cuales secciones de este Tribunal resolvieron sobre la aplicabilidad o no del concepto de burbuja a los programas de la *Clean Air Act*. En *Alabama Power Co v. Costle* (636 F.2d 323 [DC Cir. 1979]), este Tribunal resolvió que la EPA debe utilizar tal concepto en los supuestos de Prevención Significativa de Deterioro (PSD), una institución prevista para mantener la calidad del aire en determinadas zonas. *En ASARCO Inc v. EPA* (578 F.2nd 319 [DC Cir. 1978]) rechazó su aplicación en los supuestos de criterios nacionales relativos al comportamiento de nuevas fuentes (NSPS) que la ley exige a la EPA fijar en aras a mejorar la calidad del aire. En cada caso el tribunal se centró en el propósito que el Congreso tenía para cada programa específico. ASARCO sostuvo que el concepto de burbuja no era permisible cuando el objetivo del legislador era mejorar la calidad del aire en vez de preservarla [...] Alabama Power sostuvo que el concepto era «precisamente adecuado» a los objetivos del Congreso cuando la intención era «preservar la calidad (existente) del aire» en vez de mejorarla.

Por tanto, el Tribunal de Apelaciones anulaba la nueva regulación de la EPA basándose en su propia doctrina jurisprudencial que admitía o no el concepto de «*burbuja*» en función del tipo de instrumento jurídico en el que era utilizado: se avaló su uso en los planes cuyo objetivo era mantener los niveles de calidad del aire, pero se rechazó en los que tuvieran como finalidad mejorar dichos niveles.

[102] *National Resources Defense Council v. Gorsuch*, 685 F.2d 718 (DC Cir, 1982).

La parte vencida en la causa solicitó que el pleno Tribunal de Apelaciones (*en banc*) reconsiderase el pronunciamiento de la sección, algo que fue rechazado quedando así expedita la vía para que el Tribunal Supremo pudiese ofrecer la última palabra al respecto.

III.- EL PROCEDIMIENTO ANTE EL TRIBUNAL SUPREMO: *CHEVRON v. NATURAL RESOURCES DEFENSE COUNCIL*

3.1.- *Peculiaridades en la admisión y tramitación* [103]

En diciembre de 1982, fue nada menos que Chevron, el todopoderoso gigante de la industria petrolífera estadounidense, quien presentó un escrito ante el Tribunal Supremo solicitando admitiese el *certiorari* frente a la sentencia del Tribunal de Apelaciones, lo cual daba ya idea de la importancia que el sector empresarial otorgó a la normativa regulatoria aprobada en 1981.

Es interesante considerar la posición jurídica que sostuvieron las partes en sus respectivos escritos de interposición y de oposición. La defensa de la EPA no pivotó sobre la necesidad de otorgar deferencia a la interpretación que dicha agencia efectuó de la normativa legal, sino que, por el contrario, se centró en dos ideas básicas: en primer lugar, que la modificación aprobada en 1977 no tenía un único objetivo (lucha contra la contaminación ambiental) sino dos (combatir la contaminación, sí, pero también hacerlo de forma compatible con el crecimiento económico) por lo que habrían de ponderarse ambos intereses, aspecto este sobre el que descansaría gran pare del razonamiento final de la sentencia; en segundo lugar que a la hora de afrontar la interpretación que las agencias efectuasen de la normativa legal, las autorizaciones implícitas para interpretar por vía reglamentaria las omisiones legales o preceptos ambi-

[103] Sobre este punto es obligada la consulta de Thomas MERRILL, *The story of Chevron. The making of an accidental landmark*, publicado en *Administrative Law Review*, vol. 66, núm. 2 (2014), cuyas páginas 267 a 276 se dedican a las fases procesales de admisión y deliberación; también Thomas MERRILL, *The Chevron doctrine. Its rise, fall and the future of the Administrative state*, Harvard University Press, 2022, pp. 55-79. Merrill se apoya, sobre todo, en la documentación de Harry Blackmun, aunque debe completarse con las de otros jueces, como Lewis Powell, John Paul Stevens y Sandra Day O'Connor, siendo lógico que no dispusiese aún de estos dos últimos dado que cuando Merrill elaboró el primero de los trabajos ambos jueces aún vivían (Stevens falleció el 16 de julio de 2019 y O'Connor el 1 de diciembre de 2023) y la documentación de ambos aún no era de acceso público.

guos debían tratarse de la misma forma que las delegaciones explícitas, y en el supuesto concreto enjuiciado la defensa argumentaba que el Congreso otorgó una amplia discrecionalidad a la EPA en el desarrollo de la normativa.[104]

Por el contrario, la defensa del National Resources Defense Council tenía un margen de acción mucho más estrecho. No podía invocar como vinculantes los precedentes del Tribunal de Apelaciones en los que había descansado de forma exclusiva la sentencia de instancia, así que intentó trasladar la idea que tanto el lenguaje utilizado como los antecedentes legislativos apuntaban a que el término *fuente*, debía interpretarse claramente como *maquinaria* y no extenderla hasta englobar todo un complejo o instalación fabril.[105]

Una vez presentados los escritos de interposición y oposición, el Tribunal Supremo debía pronunciarse acerca de si dar curso al asunto o lo inadmitía. Y es aquí donde se produce la primera gran paradoja de *Chevron*: el caso sobre el que pivotaría el Derecho Administrativo norteamericano durante cuatro décadas estuvo punto de no superar la barrera de admisión.

En las fechas en que *Chevron* interpuso la solicitud de *certiorari*, el Tribunal Supremo de los Estados Unidos estaba presidido por Warren Burger, que había accedido al puesto de *chief justice* el verano de 1969 a propuesta de Richard Nixon, tras la dimisión de Earl Warren presentada el año anterior.[106] Junto a él, los restantes ocho jueces eran, por orden de antigüedad, William Brennan, Byron White, Thurgood Marshall, Harry Blackmun, Lewis Powell, William

[104] Thomas MERRILL, *The story of Chevron*, pp. 268-269; J. O. MCGUINNIS, «The rise and fall of Chevron», artículo publicado en *Law & Liberty*, 8 febrero de 2024, accesible en https://lawliberty.org/the-rise-and-fall-of-chevron, siendo este testimonio muy relevante porque su autor formó parte del equipo que defendió al ente público en el Tribunal Supremo en el caso *Chevron*.

[105] Thomas MERRILL, *The story of Chevron*, *op. cit.*, p. 270. Según este autor, el escrito de la parte recurrida «puede haber sido más significativo por lo que no dice».

[106] En realidad, Warren había presentado su dimisión en 1968 con el objetivo de permitir al demócrata Lyndon Johnson designar a su sucesor. Johnson remitió al senado la propuesta de Abe Fortas para cubrir el puesto de *chief justice*, pero el Senado dilató los trámites propiciando así que en el ínterin se celebraran los comicios presidenciales en noviembre de 1969 en los que fue elegido Richard Nixon, permitiendo así a este (a quien Warren odiaba por motivos personales, dado que Nixon le había desbancado de concurrir en la candidatura republicana a la vicepresidencia en las elecciones de 1952) proponer a Burger. No obstante, Abe Fortas se vio obligado a dimitir poco después al descubrirse que había estado percibiendo retribuciones de una empresa por tareas de asesoramiento. A este respecto, véase el primer capítulo de Bob WOODWARD y Scott ARMSTRONG, *The brethren, inside the secret world of the Supreme Court*, Simon and Shuster, 1979.

Rehnquist, John Paul Stevens y Sandra Day O'Connor. De esos ocho jueces, tan solo dos, White y Marshall, habían sido propuestos a instancias de mandatarios demócratas (John F. Kennedy en el caso de White y Lyndon B. Johnson en el de Marshall), aunque Brennan y Blackmun, que habían llegado al máximo órgano judicial propuestos por presidentes republicanos (Brennan llegó de la mano de Dwight D. Eisenhower y Blackmun de la de Richard Nixon) habían evolucionado hasta tal punto que Brennan era ya el líder indiscutido del sector «liberal», mientras que Blackmun fue el ponente de la sentencia *Roe v. Wade*, cuya doctrina era una especie de *bête noire* para los republicanos, quienes no ocultaban su deseo de rectificarla.

Para que una solicitud de *certiorari* sea admitida a trámite, el único criterio de admisión no es causal, sino estrictamente numérico: basta que cuatro jueces se pronuncien favorablemente a ello.[107] Aun cuando parece algo fácil de conseguir, en realidad no es tan sencillo como pudiera creerse, y los avatares del asunto *Chevron* permiten acreditar dicho extremo.[108]

Inicialmente, tan solo White y Rehnquist votaron favorablemente a admitir a trámite el asunto. Sandra Day O'Connor manifestó su intención de *unirse a tres*, es decir, incorporar su voto afirmativo tan solo en el supuesto en que se contase con otros tres para llegar al número mágico y admitir a trámite la causa; tan es así que en la documentación de Lewis Powell, la posición de O'Connor en el formulario donde se refleja el criterio de cada juez en aras de admitir o no a trámite el caso, aparece en la columna del «*sí*» pero no con un signo de afirmación, sino como «*J3*» («*join three*»). Tal actitud no dejaba de ser curiosa, por cuanto no se fundamentaba en criterios jurídicos relativos a la importancia del problema subyacente, sino tan solo suministrar incondicional y acríticamente su voto si existían tres jueces que así lo considerasen.

Lewis Powell inicialmente pensó en abstenerse debido a la eventual presencia en el caso de una empresa, Vepco, con la cual tenía cierta vinculación,

[107] Sobre el régimen jurídico del *certiorari*, es de consulta obligada el magnífico estudio debido a María Ángeles Ahumada Ruiz, «El certiorari. Ejercicio discrecional de la jurisdicción de apelación por el Tribunal Supremo de los Estados Unidos», *Revista Española de Derecho Constitucional,* núm. 41 (mayo-agosto 1994).

[108] En este sentido, es sumamente revelador el artículo que, con motivo del acceso al archivo de la juez Sandra Day O'Connor, elaboró Joan Biskupic, *What Sandra Day O'Connor's papers reveal about a landmark Supreme Court decision – and why it could be overturned soon*, publicado en CNN el día 9 de abril de 2024 (accesible en el enlace https://edition.cnn.com/2024/04/09/politics/sandra-day-oconnor-chevron-case/index.html), de donde se extrae lo relativo al trámite de admisión.

pero el 17 de mayo de 1983 Powell remitió una carta a sus colegas en la cual manifestó que no encontraba motivo alguno para abstenerse dado que la empresa ni aparecía en la causa ni iba a personarse en ella.[109] Y en el *informe preliminar* mecanografiado que elaboró a modo de apoyo para la conferencia del día 19 de mayo de 1983 en la que se abordaría la decisión de admitir o no a trámite el asunto, en la que Powell votaría favorablemente a su admisión, efectuó dos anotaciones manuscritas. En la primera indicaba que «este asunto implica una cuestión extremadamente importante de interpretación legal, pero la sentencia del CADC [Tribunal de Apelaciones del Distrito de Columbia] es razonable y el control legislativo parece suficiente en este campo»; la segunda, que consta en la parte superior izquierda, delimitada con bolígrafo rojo, constataba: «decisión: el asunto es importante, pero la sentencia del CADC probablemente será confirmada».[110] Así, a los votos de White, Rehnquist y Powell se unió el condicionado de O'Connor, alcanzando así los cuatro necesarios para admitir a trámite el asunto.

No sin dificultad, el Tribunal Supremo franqueó la entrada al asunto. No solo la parte recurrente y recurrida presentaron escritos de formalización, sino que varias entidades públicas y privadas intervinieron como *amicus curiae*, asumiendo diversas posiciones. Cabe destacar que las entidades industriales de naturaleza privada que comparecieron (American Gas Association, Mid-America Legal Foundation y Pacific Legal Foundation) se alinearon con *Chevron* solicitando la revocación de la sentencia impugnada y por ende confirmar la adecuación a derecho de la interpretación que la EPA efectuó del término *fuente estacionaria*, mientras que los estados que se personaron (Pennsylvania, Colorado. Connecticut, Maine, Nueva York, Nueva Jersey, Vermont y Wisconsin) se sumaron a las tesis de National Resources Defense Council solicitando la desestimación del recurso y la confirmación de la sentencia de instancia.

La vista oral del caso se celebró el día 29 de febrero de 1984, tras lo cual el asunto quedó visto para sentencia.

[109] Powell afirmaba en el escrito que había contactado con el asesor jurídico de Vepco para inquirir si la empresa iba a personarse en el proceso de ser admitido a trámite, a lo cual se le respondió que la citada entidad no tenía interés alguno en la causa y no iba a personarse.

[110] El archivo de Lewis Powell está depositado en la *Washington and Lee University School of Law*, y es accesible en abierto. La documentación relativa al caso Chevron se encuentra en https://scholarlycommons.law.wlu.edu/cgi/viewcontent.cgi?article=1763&context=casefiles

3.2.- *Posición de los jueces en la deliberación del caso*

Uno de los aspectos más fascinantes de los procesos seguidos ante el Tribunal Supremo es, sin duda alguna, la fase de votación, deliberación y redacción de la sentencia, donde el intercambio de pareceres entre los jueces tiene un alcance decisivo hasta el punto que asuntos donde inicialmente iba a resolverse en un sentido la sentencia tomó el camino opuesto,[111] e incluso en ocasiones aun cuando el resultado apuntaba a un fallo inequívoco, el argumentario jurídico final varió respecto al inicialmente adoptado. Tradicionalmente este momento procesal era muy opaco, pero desde finales de la década de los setenta comenzó a abrirse una brecha por la que se adentraron varios estudiosos,[112] apoyándose sobre todo en la documentación de los jueces, gran parte de la cual se encuentra depositada en la Biblioteca del Congreso. Y en pocas ocasiones el procedimiento de decisión ha sido tan relevante como en el caso *Chrevon*, pues las interioridades de la deliberación acreditan la profunda división interna del Tribunal (división que, además, no coincidía con las alineaciones ideológicas de los jueces) y la escasa convicción jurídica respecto a las posturas inicialmente sostenidas.

Preciso es tener en cuenta, para comprender en su integridad el proceso resolutivo, las diferencias que separan el proceso decisor en los tribunales estadounidenses y los españoles. En nuestro país, cada tribunal en la propia resolución que admite a trámite el asunto identifica ya al magistrado que

[111] Un ejemplo de esa mutación drástica del criterio inicial lo ofrece asunto *Clay v. United States* (403 US 698 [1971]) donde la inicial desestimación del recurso y confirmación de la sentencia condenatoria de instancia mutó en una resolución estimatoria por falta de motivación. Sobre este caso hay, además, un interesantísimo film, *Muhhamad Ali greatest fight*, dirigido en 2013 por Stephen Frears y que cuenta con las interpretaciones de Frank Langella (como Warren Burger), Christopher Plummer (como John Marshall Harlan II, personaje sobre el que pivota toda la película al narrarse los eventos desde su punto de vista), Fritz Weaver (en el papel de Hugo L. Black), Ed Begley jr. (como un atribulado Harry Blackmun) y una breve aparición de Danny Glover (encarnando a Thurgood Marshall); la cinta, rodada como si fuese un documental (de hecho, utiliza imágenes reales de Cassius Clay para los momentos en los que se insertan sus comparecencias y declaraciones ante la prensa) permite al espectador hacerse una idea bastante fiel del funcionamiento interno del Tribunal Supremo.

[112] El libro pionero fue el ya citado de Bob WOODWARD y Scott ARMSTRONG, *The brethren*, al cual siguieron otros muchos. Una magnífica exposición altamente ilustrativa del funcionamiento interno del Tribunal Supremo es la de Bernard SCHWZARTZ, *Decision. How Supreme Court decide cases*, Oxford University Press, 1996, donde el autor resume y sistematiza su trilogía de *Unpublished opinions*, cuyos tomos están dedicados respectivamente a las etapas de Earl Warren, Warren Burger y William Rehnquist.

asumirá la condición de ponente, siendo este el único encargado de estudiar íntegramente la causa y exponer el asunto a sus colegas en el momento de la deliberación; en otras palabras, que todo pivota en torno al ponente. En los tribunales estadounidenses la situación es radicalmente distinta, pues la ponencia no se designa en el momento de la admisión a trámite sino después de la votación, por lo que a la hora de reunirse para deliberar (*conference*) todos y cada uno de los integrantes del órgano judicial acuden con el asunto perfectamente estudiado.

El asunto *Chevron* se debatió en la reunión celebrada el día 2 de marzo de 1984, con un Tribunal Supremo reducido a siete miembros dado que ni Thurgood Marshall ni William Rehnquist participaron.[113] O'Connor constató que la posición mantenida por cada uno de los jueces era *poco firme*. La votación arrojó un resultado de cuatro favorables a estimar el recurso (Byron White, Harry Blackmun, Lewis Powell y John Paul Stevens) y tres inclinados a desestimarlo (el *chief justice* Warren Burger, William Brennan y Sandra Day O'Connor), mas el parecer de todos ellos era tan vacilante que incluso Lewis Powell, que formaba parte del sector mayoritario que abogaba por estimar el recurso, al constatar el resultado, describió en sus notas como «*tentative*» (provisional) no solo su propio voto, sino el de todos los jueces que integraban la mayoría. Harry Blackmun, por su parte, al lado de cada uno de los jueces disidentes incluyó un signo de interrogación, lo que indicaba igualmente que la posición de discrepantes tampoco era precisamente muy sólida.

Entre quienes se oponían a estimar el recurso y optaban por confirmar la sentencia del Tribunal de Apelaciones, Warren Burger sostuvo que el Congreso usualmente pretende otorgar a cada término un único significado, incidiendo también en que la interpretación efectuada por la EPA «iba demasiado lejos» en asuntos medioambientales, y que el Tribunal Supremo debía «resolver» la controversia siendo, a su entender, la mejor manera de hacerlo desestimar el recurso, aunque sin explicar de qué manera tal desestimación conllevaría zanjar jurídicamente la controversia. Brennan ratificó el análisis de Burger, y expuso que el fallo del asunto venía determinado por el «inconsistente tratamiento que la EPA otorgó al término fuente», siendo imposible que el Congreso facultara a la agencia a dar a un mismo término dos significados contrapuestos, y precisamente debido a que la agencia había mutado de cri-

[113] En la documentación de O'Connor, al lado de la posición de William Rehnquist en este asunto consta la siguiente anotación manuscrita: «Fuera del caso uno de los cuatro jueces que votaron por tramitarlo».

terio, no podía avalarse su interpretación. O'Connor, por su parte, consideró que ni el texto ni los antecedentes legislativos de la reforma legal permitían referendar la interpretación que la EPA otorgó al controvertido vocablo, y finalizó su intervención (según reflejó Blackmun en sus notas) afirmando que «la industria se resentía» y que el asunto «era muy doloroso para ella»; no obstante, pese a que el sentido de su voto era desestimatorio del recurso, en el impreso que cada juez poseía para reflejar las posiciones de cada uno en el caso, lo describió como «*tentative*»[114] (algo que, por cierto, no consta en lo que Powell reflejó en el suyo, donde O'Connor aparece claramente como «*affirm*»).

Entre quienes votaron por estimar el recurso, Byron White, según las notas de Blackmun, reconoció que su posición era «indecisa» y que no obstante consideraba convincente el análisis sentado en el precedente de Alabama Power; las notas de Powell constatan que White sostuvo que «Ala. Power afirma que la «burbuja» se aplica solo a la parte C, y no hay diferencia entre la C y la D», por lo que el tribunal inferior había malinterpretado su propio precedente y, por tanto, «se persistiría en el error si desestimamos el recurso». Powell en su intervención constató que el asunto era «complejo», pero en el informe redactado como guía, aun cuando sostuvo que la posición de la EPA se debilitaba por haber interpretado un término en dos sentidos diferentes, sostuvo que: «me opongo firmemente a anular la normativa de la EPA tan solo sobre la base de que interpretó el término *fuente* de dos maneras contrapuestas», así como que incluso admitiendo la validez del término *burbuja*, los estados «serían libres de exigir nuevos métodos de control de la contaminación», lo que contribuiría a que «retuviesen medios para mejorar la calidad del aire». Sobre Blackmun, ni sus notas ni las de Powell y O'Connor reflejan más que su posición favorable a estimar el recurso, descrita como «provisional».[115] En el caso de John Paul Stevens, las notas tomadas por Blackmun, Powell y O'Connor coinciden en reflejar su afirmación de que «la definición debe ser uniforme», que la sentencia «*Alabama* [*power*] es relevante, pero no nos vincula» y que, tras

[114] En la documentación de O'Connor, consta la palabra «*affirm*» sobrepuesta a lo que parece haber sido un «*reverse*», quizá debido a un error de transcripción.

[115] «Blackmun naturalmente no constató sus propias reflexiones, pero sus notas sobre el caso elaboradas poco antes de la conferencia revelan que tuvo problemas para decidirse. Aunque marcó con "-" la parte inferior de sus notas, lo que significaba estimar el recurso, uno puede ver claramente tras este signo que originalmente había marcado "+", lo que sugería que su posición inicial era favorable a desestimar el recurso, aunque con dudas»; Thomas MERRILL, *The story of* Chevron, *op. cit.*, p. 272.

adjetivar de «confuso» el informe de la Cámara de Representantes elaborado en el seno del procedimiento legislativo, concluyó realizando una afirmación que no tiene desperdicio: «cuando estoy confuso, voy con la agencia» (sic).

La posición de los jueces en la deliberación es muy reveladora por dos motivos. En primer lugar, por las enormes dudas jurídicas que todos ellos mostraron a la hora de exponer su posición sobre el caso, como acredita que prácticamente todos emitieron su voto con el carácter de «provisional». En segundo lugar, y lo que es más relevante, que ninguno aludió para nada a la necesidad de otorgar «deferencia» a la interpretación que las agencias efectuaban de la normativa legal, sino que la controversia se centró en la adecuación o no a derecho del uso del término *burbuja* y si podía considerarse que un mismo término pudiera tener dos significados distintos y contrapuestos. Pero ni una sola mención a cómo debía valorarse la interpretación administrativa de textos legales y si los órganos judiciales debían necesariamente aceptarla si fuese razonable.

3.3.- *Sentencia*

3.3.1.- Procedimiento de elaboración

Una de las potestades más importantes del *chief justice* es la elección del juez encargado de redactar la sentencia, para lo cual ostenta la discrecionalidad más absoluta. Se trata de una atribución que debe ejercerse con extrema prudencia, pues si bien una elección adecuada y una cuidadosa redacción del borrador inicial pueden en ocasiones reforzar la mayoría inicial atrayéndose a jueces inicialmente discrepantes, por el contrario una designación poco afortunada y una postura rígida a la hora de redactar la sentencia puede mutar la orientación inicial y enajenar apoyos, convirtiendo la mayoría inicial en una minoría. Ahora bien, el *chief justice* tan solo puede ejercer esta prerrogativa si se encuentra dentro de la mayoría, pues de estar entre los disidentes la competencia pasa a ejercerla de forma automática el juez con más antigüedad de los que forman parte de la mayoría.

En este caso, dado que el *chief justice* Burger estaba entre los tres jueces discrepantes, la potestad de designar la ponencia pasó automáticamente a Byron White como juez con más antigüedad de quienes integraron la mayoría, facultad que ejercitó el mismo día 2 de marzo de 1984 al atribuir la ponencia a John

Paul Stevens.[116] Por su parte, Burger encargó a William Brennan la redacción del voto particular disidente, aunque este no se mostró partidario de elaborarlo aún, optando por dilatar su redacción hasta analizar el borrador que Stevens elaborase, con la esperanza de que, a la vista de la poca firmeza manifestada en la deliberación, Stevens pudiese redactar un texto que aglutinase a los jueces en torno al pronunciamiento final. Es más, el propio Brennan dirigió una nota a Stevens en la que le inquiría acerca de si podría «resolver el asunto de forma más satisfactoria que cada una de las extremas posiciones adoptadas por las partes», a lo que Stevens respondió que «en este momento no tengo lo suficientemente estudiado el asunto para darte una respuesta definitiva, pero ciertamente haré lo imposible por redactar una sentencia que logre el consenso más amplio».[117]

Aun cuando no consta la existencia de observaciones formales dirigidas por escrito al ponente a lo largo de todo el proceso de redacción, Stevens elaboró hasta cinco borradores previos a la sentencia definitiva, no siendo hasta el último de ellos en el que incluyó el célebre párrafo sobre las dos fases a seguir en casos de interpretación administrativa que las agencias efectuasen de textos legales.[118]

El día 23 de mayo de 1984 Stevens manifestó a Brennan que ya había estudiado el asunto y comenzado a redactar el borrador de sentencia, al estar «plenamente convencido que el Gobierno acierta al sostener que la interpretación del término *fuente*, que adoptó la EPA es permisible». Dos días más tarde, el 25 de mayo de 1984, Stevens difundió un borrador de once páginas limitado a un análisis textual del precepto aplicable, concluyendo que el término *fuente estacionaria* era poco claro y que admitía dos interpretaciones. Una versión ampliada de ese borrador, fechado el día 29 de mayo, ya se adentraba en los ante-

[116] Como indica Thomas Merrill, quizá esa celeridad en la asignación se debió a un intento de evitar la nefasta costumbre del *chief justice* Burger de cambiar su voto (alegando que era *provisional*) con la finalidad de no perder la competencia de designar al ponente, facultad que incluso ejercitó en supuestos donde claramente estaba en minoría. Esa costumbre fue, precisamente, la que creó enorme malestar entre los jueces y la que llevó a uno de sus colegas, Potter Stewart, a convertirse en la «garganta profunda» de Bob Woodward y Scott Armstrong para elaborar su libro *The brethren*.

[117] Thomas Merrill, *The Chevron doctrine*, p. 77.

[118] Sobre la evolución de Stevens en el proceso de redacción de la sentencia, véase Isaiah McKinney, *The many heads of the Chevron hydra: Chevron's revolutionary evolution between 1984 and 2003*, North Dakota Law Review vol. 99, núm. 2 (2024), pp. 261 a 264. Dicho autor, que pudo redactar dicho artículo tras haber tenido la oportunidad de consultar el archivo del juez Stevens (algo que el gran estudioso del caso Chevron, Thomas Merrill, no pudo hacer al no estar aún accesibles) tituló el epígrafe en el que aborda el proceso decisorio como «revolución accidental».

cedentes históricos y legislativos de la normativa legal, pero a la hora de resolver no contenía pronunciamiento alguno acerca de los criterios a seguir en casos de revisión judicial de interpretación efectuada por las agencias. Es decir, en este segundo borrador incluía ya gran parte del contenido material de la sentencia (antecedentes fácticos, análisis textual y del procedimiento legislativo, que serían los apartados III a VII del texto definitivo) pero ninguna alusión al principio de deferencia judicial.

Un quinto borrador difundido el día 7 de junio de 1984 sí aludía ya de forma explícita al criterio de deferencia pero, y es lo importante, no en el texto, sino en nota a pie de página, y con una redacción ligeramente distinta, pues se limitaba a indicar que en supuestos de preceptos legales ambiguos donde el Congreso implícitamente hubiese otorgado a la agencia la potestad de cubrir el vacío o interpretar la normativa, un tribunal no podía imponer su propia interpretación a la agencia si esta era razonable. Ahora bien, la tarde de ese mismo día 7 de junio de 1984, Stevens modificó ese quinto borrador, trasladando la nota a pie al texto de la sentencia y variando su redacción conteniendo ya formalmente el procedimiento en dos fases que insertó en el texto como apartado II de la sentencia definitiva. Los motivos de tal proceder no están claros, aunque es posible que la explicación más ajustada sea precisamente la más sencilla: dada la complejidad técnica de la normativa aplicable, Stevens quizá tan solo articuló un criterio que expresase en términos jurídicos lo que en lenguaje mucho más coloquial había expresado en la deliberación: en caso de duda, inclinarse hacia la Administración.

El día 14 de junio de 1984 tuvieron lugar dos acontecimientos que sellaron decisivamente la unanimidad final. William Brennan distribuyó un escrito indicando que se incorporaba a la posición mayoritaria, aunque paradójicamente sin explicitar los motivos que le llevaron a tal cambio, por lo que no cabe en modo alguno descartar la irónica afirmación de Thomas Merrill, según la cual: «la cascada hacia el consenso quizá pueda explicarse en parte debido a la cercanía del final del periodo de sesiones, y borradores de sentencias circulaban a gran velocidad con todos ansiosos de comenzar el receso vacacional»,[119] aunque también como indica el mismo autor, es posible que se considerara la versión final de la sentencia «convincente, sin que nadie percibiese en ella nada que pudiese causar

[119] El periodo ordinario de sesiones del Tribunal Supremo de los Estados Unidos es el que transcurre entre los meses de octubre y junio, ambos inclusive. Julio, agosto y septiembre son hábiles a efectos de presentación de escritos, pero el Tribunal Supremo no desarrolla su actividad ordinaria.

alarma».[120] En todo caso, la mutación de criterio operada por Brennan implicó acrecentar el sector mayoritario a cinco votos con dos disidentes.

No obstante, el mismo día 14 de junio, Sandra Day O'Connor distribuyó un escrito en el que manifestaba su decisión de apartarse del caso, debido al fallecimiento de su padre acaecido en fechas posteriores a la deliberación, y que entre los bienes integrantes de la masa hereditaria aún sin repartir se encontraban paquetes accionariales de algunas empresas intervinientes en la causa.[121] Tras la abstención de O'Connor, el Tribunal Supremo quedaba reducido en dicho caso a seis jueces, con el *chief justice* como el único en contra de estimar el recurso. A diferencia de William Rehnquist, a quien no preocupaba lo más mínimo ser la única voz disidente (por eso llegó a ser conocido en el Tribunal como el *lone disenter*, algo que llevaba perfectamente con su habitual bonhomía y sentido del humor), Burger no deseaba figurar como único juez en posición discrepante, de ahí que en este, como en otros casos en que se encontró en la misma situación, mutó de parecer, incorporándose a la mayoría a través de un simple escrito dirigido a Stevens en el que afirmaba: «Como el resto, ahora estoy convencido que has ofrecido la respuesta correcta a este asunto».

3.3.2.- Sentencia final

La sentencia final del caso se hizo pública el día 25 de junio de 1984, y ocupa veintiséis páginas[122] de los *United States Reports*, que engloban tanto el texto como las cuarenta y un notas a pie de página.

La lectura de la resolución judicial traslada al lector una cierta sensación de extrañeza, que se despeja si en vez de afrontar la lectura de forma aislada se efectúa teniendo en cuenta el proceso de elaboración. Y ello porque la doctrina

[120] Thomas MERRILL, *The Chevron doctrine*, *op. cit.*, pp. 64-65.

[121] El texto del escrito remitido, cuyo original fotografiado se reproduce en el citado artículo de Joan BISKUPIC era el siguiente: «He repasado las peticiones de *certiorari* en estos casos y descubrí que debo recusarme. Con posterioridad a las deliberaciones, falleció mi padre. Su herencia está aún sin repartir, y por ello tengo interés directo en un fideicomiso a establecer en el futuro. Su masa hereditaria cuenta con acciones de al menos una de las partes en esta causa y, por tanto, hasta que se reparta la herencia, considero mejor no participar en su resolución».

[122] En realidad, el número de páginas se elevaría a treinta si se tiene en cuenta el denominado *syllabus* o breve resumen fáctico y jurídico que, aunque antepuesto al texto de la sentencia, no forma parte de ella.

fundamental de la sentencia, la tesis de la «deferencia», se ubica en el apartado II de la resolución, es decir, antes de la propia fijación de antecedentes fácticos (que se abordan en el apartado III) y de la exposición del criterio jurídico que conllevó a tal doctrina, expuesta casi al final del apartado VI. Su estructura interna, por tanto, no es quizá la más adecuada.

En todo caso, son dos los aspectos claves de la sentencia. Una es la fijación del criterio a seguir en el supuesto de revisión judicial de interpretaciones que las agencias efectúan de los preceptos legales cuya ejecución tienen encomendada, lo que hace en los siguientes términos:

> Cuando un tribunal revisa la interpretación que una agencia efectúa de la normativa que administra, se enfrenta a dos cuestiones. La primera, que se plantea siempre, es si el Congreso aborda directamente la cuestión precisa en disputa. Si la intención del Congreso es clara, ello implica el fin del asunto, puesto que tanto el tribunal como la agencia deben llevar a efecto la voluntad del Congreso expresada de forma clara. Sin embargo, en el supuesto que el tribunal entienda que el Congreso no abordó directamente la cuestión precisa en disputa, no debe limitarse a imponer su propia interpretación de la ley, como sería obligatorio en ausencia de interpretación administrativa. En vez de ello, si la ley guarda silencio o no es clara respecto al asunto, la cuestión para el tribunal consistirá en decidir si la respuesta de la agencia se basa en una interpretación permisible de la ley.

Es decir, que eleva a rango jurisprudencial el denominado sistema de «dos fases»: la primera, verificar si el Congreso ha regulado directamente la materia en términos indubitados. La segunda, en el supuesto que no lo haya hecho y que existan lagunas o términos ambiguos, el Tribunal deberá limitarse a verificar si la interpretación de la agencia es «razonable». En otras palabras, debe otorgarse deferencia judicial a la interpretación que los entes públicos hagan de la normativa, salvo que no supere el test de razonabilidad, único supuesto en que podría anularse. La precisión no es baladí: no se trata ya que los órganos judiciales sean los encargados de interpretar los textos legales y para ello prioricen la interpretación de los entes públicos sobre otras posibles, sino que se reduce el papel del órgano judicial tan solo a verificar si la interpretación de la agencia es razonable.

A continuación, incorporaba otro párrafo explicativo:

> La potestad de una agencia administrativa de administrar un... programa creado por el legislativo necesariamente requiere la formulación de políticas y la elaboración de normas para cubrir cualquier vacío, explícito o implícito,

que el Congreso haya dejado» (*Morton v. Ruiz*, 415 US 199, 231 [1974]). Si el Congreso dejó explícitamente un vacío para que la agencia lo cubriese, existe una delegación expresa de competencias en favor de la agencia para que esta aclare, a través de normativa reglamentaria, una previsión específica de la ley. Tales disposiciones reglamentarias tienen fuerza vinculante salvo que sean arbitrarias, no razonables o manifiestamente contrarias a la ley En algunos supuestos, la delegación legislativa en la agencia sobre un asunto particular es implícita en vez de explícita. En tal caso, el tribunal no puede imponer su propia interpretación de un término legal sobre la efectuada razonablemente por el administrador de una agencia.

Para Thomas Merrill, este párrafo no ha recibido la misma atención que el anterior donde se establece el sistema en dos fases, no obstante ser «potencialmente más radical». Según el citado autor, las tres primeras frases no ofrecen duda acerca de su alcance: si el Congreso delega expresamente en la agencia la facultad de cubrir reglamentariamente los vacíos o imprecisiones del texto legal, ello vincula a los tribunales. Ahora bien, si no hay una delegación expresa sino implícita, el régimen jurídico es distinto, aunque los órganos judiciales ulteriormente no lo hayan considerado así.[123] Esta tesis expuesta por Merrill fue recogida y esgrimida por la defensa de la entidad TechFreedom en el escrito que, como *amicus curiae*, presentó en el Tribunal Supremo el día 20 de junio de 2023 al intervenir en el asunto *Loper Bright*. En el citado escrito, TechFreedom distinguía entre «sentencia *Chevron*» y «doctrina *Chevron*», lo que le permitió, sin caer en la incoherencia, solicitar se dejase sin efecto la *doctrina* a la vez que requería el mantenimiento de la *sentencia*:

[123] «Decir que los órganos judiciales no pueden imponer su criterio sobre interpretaciones "razonables" de la agencia no es lo mismo que decir que los tribunales deban validar la normativa reglamentaria salvo que sea arbitraria, no razonable o contraria a la ley. Pero muchos tribunales y juristas han interpretado la última sentencia en el sentido que impone a los órganos judiciales aplicar el mismo criterio deferencial para las delegaciones "implícitas" que las explícitas»; Thomas MERRILL, *The Chevron doctrine*, *op. cit.*, p. 74. El citado autor sostiene un par de páginas después que: «Aunque esto es necesariamente una conjetura, lo más probable es que el juez Stevens redactara el apartado II de la sentencia después de tener completo el resto de la sentencia»; los acontecimientos posteriores acreditaron tal hipótesis, como ha podido comprobarse: Merrill concluyó su obra en 2022 y no tuvo acceso a la documentación del juez Stevens, que sí manejó Isaiah McKinney en 2024 y que, como ha podido verse, acreditan que, en efecto, esa parte de la sentencia, donde se incluyen los párrafos relativos a la deferencia, se incluyeron en el último borrador de la sentencia con los restantes apartados ya definitivamente redactados con anterioridad.

> hemos de distinguir entre la doctrina *Chevron* y la sentencia *Chevron*. La doctrina *Chevron* «permite que las burocracias ejecutivas se apropien de gran parte de funciones básicas de los poderes judicial y legislativo». *Gutiérrez-Brizuela v. Lynch*, 834 F.3d 1142, 1149 (10th Cir. 2016) (voto particular concurrente del juez Gorsuch). Con razón ha sido objeto de amplias críticas, y debe ser rechazada. Sin embargo, la sentencia *Chevron* es correcta. En esencia, dicha resolución judicial afirma (1) que el Congreso y las agencias administrativas (no los tribunales) son los expertos en la formulación de políticas, y (2) el Congreso puede, por ley, atribuir a una agencia el ejercicio de su experiencia en la formulación de políticas, pero (3) antes de asumir que el Congreso atribuyó dicha formulación de política a una agencia, el tribunal ha de desplegar todas las herramientas pertinentes de interpretación legal, en un esfuerzo por determinar por sí mismo el significado de la ley. La sentencia Chevron establece el adecuado equilibrio entre el respeto a la experiencia de la agencia, el respeto por el juicio del Congreso y el respeto por el papel del poder judicial como árbitro final del significado de la ley.

La sentencia *Chevron*, tras analizar la ley desde el punto de vista textual, sumergirse en el devenir del procedimiento legislativo y concluir que el Congreso no había dejado clara su intención u objetivo último a la hora de aplicar el precepto controvertido, intentó ofrecer una fundamentación teórica para avalar el principio jurídico articulado *ex novo*. Paradójicamente, la sentencia no se ampara en las previsiones de la APA (texto legal que no se cita) sino en dos principios, uno de naturaleza fáctica y otro de carácter jurídico, en los que se apoyarán en el futuro quienes defiendan la doctrina *Chevron*. Se afirmó, en primer lugar, que los jueces no son «expertos» mientras que los miembros de las agencias sí. Dicha idea se vinculó al principio constitucional de división de poderes, pues en muchos casos la interpretación de un término legal implica adoptar una opción de naturaleza política, algo que corresponde a los dos poderes de tal naturaleza (es decir, al legislativo y al ejecutivo) que son quienes responden directamente ante el electorado. Los jueces no poseen esa «responsabilidad» (*accountability*) por lo que en estos supuestos debe forzosamente respetarse.

La sentencia era importante por un motivo: en supuestos de delegación expresa, en caso de existir una laguna legal o en el supuesto de que algún precepto de la ley no tuviese un sentido claro sino que, por el contrario, fuese ambiguo, los órganos judiciales necesariamente debían limitar su rol a verificar si la interpretación efectuada por la agencia era «razonable» en cuyo caso estaban obligados a aceptar dicho criterio incluso aunque fuese opuesto al que hubieran llevado a cabo interpretando la ley de forma independiente. El problema es que, como se ha indicado, aunque la resolución judicial no establecía idéntica previsión en el caso de delegaciones implícitas, la jurisprudencia equiparó ambos supuestos, extendiendo la deferencia igualmente a estas.

Aunque mucho se ha escrito sobre *Chevron*, a la vista tanto del contenido material de la sentencia, como de su procedimiento de elaboración, no cabe sino suscribir en su totalidad la afirmación de Isaiah McKinney:

> La afirmación relativa a la deferencia incluso en el supuesto que la interpretación no fuese la más adecuada era irrelevante en este caso, y uno podría sostener incluso que se trata de un *obiter dicta*. Sin embargo, no puede interpretarse como tal dado que se trata de parte del criterio de revisión que el lector cree el Tribunal está a punto de aplicar. Lo que el lector no sabe es que este párrafo se redactó cuando el resto de la sentencia ya estaba elaborada. El juez Stevens ya tenía decidido que la interpretación de la EPA era «una interpretación permisible de la ley» antes de articular la doctrina de la deferencia [...]

Nunca se sabrá lo que llevó al juez Stevens a la modificación realizada la tarde del 7 de junio.

> Pero lo que sabemos es que ese procedimiento escrito en una tarde se convertiría en la más firme doctrina del derecho administrativo en los siguientes cuarenta años. ¡Qué humildes comienzos para tal gigante! [124]

A modo de conclusión para cerrar este capítulo, hay que incidir en que el núcleo de lo que sería la doctrina *Chevron*, es decir, la obligación de los jueces de otorgar deferencia a la interpretación que las agencias administrativas efectúan de la normativa reguladora ni lo introdujeron las partes en las diversas instancias procesales ni se contempló en el borrador inicial de sentencia, fue un añadido de última hora sin que consten los motivos que llevaron al ponente, John Paul Stevens, a hacerlo, pues no consta que ninguno de los jueces se le hubiera trasladado sugerencia alguna al respecto, ni existían motivos de peso para tal añadido.

[124] Isaiah McKenney, *The many heads of the hydra*, *op. cit.*, pp. 263-264.

CAPÍTULO CUATRO

Deferencia judicial: de *Chevron* a *Loper Bright*

I.- CRECIMIENTO Y ESPLENDOR DE LA DOCTRINA *CHEVRON*

Nada hacía presagiar que la sentencia *Chevron* implicaría un vuelco absoluto en el mundo del Derecho administrativo estadounidense, ni el equipo jurídico que defendió a la EPA en el pleito[125] ni el propio juez John Paul Stevens.[126] No obstante, los Tribunales de Apelación, en especial el del Distrito de Columbia (que era el competente para resolver la mayoría de las impugnaciones de actos de las agencias federales) comenzaron pronto a aplicar la citada doctrina.[127]

[125] «Creo que ni yo ni nadie de la entidad tuvo la más mínima inclinación a pensar que este caso tendría importancia extramuros de la Clean Air Act, la norma legal interpretada»; John O. McGuinnis, *The rise and fall of Chevron*, *op. cit.*

[126] Al ser preguntado un cuarto de siglo después si consideró que al redactar la sentencia Chevron estaba iniciando una *revolución*, un ya retirado John Paul Stevens respondió: «No, no, realmente no, y no soy un experto en todo lo que ocurrió después de Chevron, pienso que tan solo se aplicó el principio bien asentado que debíamos otorgar deferencia a la agencia en un caso como ese». A continuación, incidió en dos hechos relevantes, el primero que «no fue unánime» (se refería al momento de la deliberación) y el segundo que «Lo más frecuentemente citado de la sentencia son tan solo dos o tres páginas en la mitad, y hay treinta o cuarenta páginas antes y después…», aunque en este último aspecto la memoria traicionaba algo al ya nonagenario Stevens, dado que la sentencia tan solo ocupaba veintiséis páginas; *vid.* John Paul Stevens y Linda Greenhouse, *A conversation with justice Stevens*, Yale Law & Public Policy, vol. 30 (2012), p. 315.

[127] Thomas Merrill, *The Chevron doctrine*, pp. 83-87; Isaiah McKenney, *The may heads of the Chevron hydra*, pp. 264-268.

El Tribunal Supremo, aun cuando empezó a invocarla en fechas tempranas, lo hizo tan solo de manera ocasional durante los años inmediatamente posteriores, y tratando de marcar distancias con lo que sería la interpretación canónica ulterior. Así, por ejemplo, en el asunto *Chemical Manufacturers Association v. Natural Resources Defense Council*,[128] enfrentado igualmente a la interpretación de un precepto de la *Clean Air Act*, citó la sentencia *Chevron*,[129] pero sin aplicar el procedimiento en dos fases; no obstante, quizá sea de más interés la afirmación que contiene el voto particular de Thurgood Marshall (uno de los tres jueces que no había participado en aquella), que aun cuando no cuestionó la doctrina *Chevron*, que expresamente afirma compartir, sin embargo apuntó a que la última palabra en cuestiones de interpretación legal permanecía en la órbita del poder judicial:

> La deferencia *Chevron*, sin embargo, se ciñe explícitamente solo a los asuntos donde no puede discernirse la intención del legislativo utilizando las técnicas tradicionales de interpretación legal. Así, *Chevron* confirma el principio según el cual: «el poder judicial es quien tiene la última palabra en asuntos de interpretación legal y debe rechazar las interpretaciones administrativas que sean contrarias a la manifiesta intención del legislativo».

El 17 de junio de 1986, la sentencia *Young, Commissioner of Food and Drug Administration v. Communnity Nutrition Institute*[130], de la que fue ponente Sandra Day O'Connor, aplicó de forma expresa el procedimiento en dos fases de *Chevron*, revocando la sentencia del Tribunal de Apelaciones porque, a diferencia de este (que había negado ambigüedad en el texto legal aplicable al caso), el Tribunal Supremo consideró que la redacción legal era lo bastante amplia como para permitir «tanto la interpretación del recurrente como la del recurrido», por lo que, aplicando el marco establecido en *Chevron*, «consideramos que la interpretación de la FDA [Food and Drug Administration] es lo suficientemente

[128] 470 US 116 (1985).

[129] La sentencia, de la que fue ponente Byron White, afirma que: «Esta interpretación de la agencia encargada de aplicar la ley es acreedora a considerable deferencia, y para validarla no necesitamos verificar que es la única interpretación permisible que la EPA podía haber adoptado, tan solo que su interpretación en esta "muy compleja" ley es lo suficientemente racional como para impedir al tribunal imponer su juicio al de la EPA. Por supuesto, si el Congreso ha manifestado claramente una intención contraria a la de la Agencia, nuestro deber es hacer cumplir la voluntad del Congreso».

[130] 476 US 974 (1986).

racional como para impedir al tribunal imponer su propio criterio». No deja de ser curioso que el único discrepante en esta sentencia fuese precisamente John Paul Stevens, quien realizó unas afirmaciones a tener muy en cuenta sobre todo a raíz del ulterior devenir jurisprudencial:

> La tarea de interpretar una ley requiere algo más que inventar una ambigüedad y esgrimir la deferencia. Una ley no puede considerarse poco clara a menos que pensemos que hay argumentos válidos para cada una de las dos interpretaciones que se ofrecen [...] Por tanto, decir que la ley es susceptible de tener dos significados, como hace el Tribunal, no quiere decir que ambos sean aceptables. Más aún, decir que la interpretación de la ley realizada por el Comisionado es acreedora a la deferencia, como hace el Tribunal, no implica decir que con ello finalice la singularidad de la función judicial de trazar las fronteras del razonamiento efectuado por la agencia.

La sentencia *Inmigration and Naturalization Service v. Cardoza-Fonseca,*[131] fechada el 9 de marzo de 1987 y de la que fue ponente John Paul Stevens, cuenta con un voto particular de Antonin Scalia (prácticamente un recién llegado[132]) en el que polemizó con Stevens acerca de la interpretación que debía realizarse de la propia sentencia *Chevron*, ofreciendo su particular lectura, según la cual: «Este Tribunal ha interpretado de forma constante que *Chevron* –sentencia de extrema importancia y frecuentemente citada no solo en este Tribunal, sino en los Tribunales de Apelación– sostiene que los tribunales han de avalar la interpretación razonable de la agencia salvo que sea contraria a la clara intención del legislador». Constataba así no solo la reiterada invocación de la doctrina por los distintos órganos judiciales, sino el principio general que la sostenía, principio que reafirmó el 24 de enero de 1989 en la célebre conferencia que pronunció en sobre la deferencia judicial que merecen las interpretaciones efectuadas por las agencias administrativas y que ulteriormente publicó como artículo monográfico,[133] donde efectuaba un par de afirmaciones interesantes. En primer lugar, que los propios jueces del Tribunal Supremo se encontraban divididos acerca de si el principio *Chevron* se aplicaba «en toda su extensión», a supuestos «de mera interpretación legal», es decir, puramente jurídicos, algo que Scalia

[131] 480 US 421 (1987).

[132] Se incorporó al Tribunal Supremo el 26 de septiembre de 1986, para cubrir la vacante que dejó William Rehnquist al ser elevado este al puesto de *chief justice*.

[133] Antonin SCALIA, *Judicial deference to administrative interpretations of Law*, Duke Law Journal, vol. 1989 núm. 3, pp. 511-521.

defendía apasionadamente. En segundo lugar, la fundamentación teórica que, a su juicio, tenía la doctrina, que no consideraba fuese el principio de división de poderes, sino la delegación implícita. Así:

> La ambigüedad en un texto legal cuya ejecución se encarga a una agencia, puede atribuirse a una de estas dos posibilidades: (1) el Congreso pretendió alcanzar un resultado concreto, pero no fue claro al expresarlo; (2) el Congreso no buscó un resultado en la materia, sino que pretendió dejar la resolución a la agencia. En el primer caso, nos encontramos ante una cuestión puramente jurídica cuya resolución corresponde a los tribunales. En el segundo, lo que tenemos es el otorgamiento de discrecionalidad a la agencia, y la única cuestión jurídica a la que se enfrentan los tribunales radica en determinar si la agencia operó dentro de los límites de su discrecionalidad, es decir, si la resolución de la ambigüedad ha sido razonable.[134]

Poco antes, en su voto particular concurrente a la sentencia *National Labor Relation Board v. Commercial Workers Union*,[135] Scalia afirmó que el único motivo de su concurrencia no era otro que: «hacer constar que nuestra sentencia demuestra la continua y constante vitalidad del test fijado en *Chevron* para la revisión judicial de interpretaciones jurídicas efectuadas por las agencias». Desde entonces, especialmente desde 1992, prácticamente todos los jueces habían sido ponentes de alguna sentencia en la que se invocaba el marco jurídico asentado en *Chevron*, y al hacerlo, se trasladó a los órganos inferiores que la doctrina era la correcta, así que su aplicación creció exponencialmente.[136]

Un ejemplo de la aplicación incluso en circunstancias en las que la agencia modificó su criterio de actuación se encuentra en el asunto *National Cable & Telecommunications Association v Brand X Internet Services*. En el centro de la controversia se encontraba una normativa aprobada por la Federal Communications Commission (al amparo de la Communication Act de 1934[137]), según la cual las empresas que suministran servicios de internet de banda ancha no ofrecían «servicios de telecomunicación» a los efectos de la *Communication Act*. El Tribunal de Apelaciones del Noveno Circuito, aplicó su jurisprudencia anterior, que por

[134] Antonin SCALIA, *op. cit.*, p. 516.

[135] 484 US 112 (1987).

[136] Thomas MERRILL, *The Chevron doctrine*, pp. 92-94.

[137] La denominación íntegra de la ley era *Act to provide the regulations of interstate and foreign communication by wire or radio, and for other purposes*, aprobada el 19 de junio de 1934.

tanto impuso sobre la interpretación que de la ley había efectuado la agencia. En la sentencia, hecha pública el 27 de junio de 2005,[138] el Tribunal Supremo revocó el pronunciamiento del Tribunal de Apelaciones. Tras exponer en líneas generales el marco de *Chevron* y reconocer que el Congreso había delegado en la Comisión la potestad de «ejecutar y hacer cumplir la ley» así como «aprobar las normas y regulaciones que considere necesarias para el interés público», concluye que la aplicación de la deferencia era obligada a la vista de tal delegación. No obstante, introduce una interesante precisión a la hora de rechazar uno de los argumentos esgrimidos por las empresas que habían impugnado la regulación:

> Algunos de los recurridos no comparten tal razonamiento, al argumentar que la interpretación realizada por la Comisión es inconsistente con su anterior posicionamiento. Rechazamos este argumento. La inconsistencia de la agencia no constituye una base para que dejemos de analizar la interpretación administrativa sobre la base de la deferencia *Chevron*. Un cambio de actuación no motivado sería, como mucho, y al amparo de la *Administrative Procedure Act*, un motivo para defender el carácter arbitrario e injustificado de la nueva interpretación efectuada por la agencia [...] Pero si esta motiva adecuadamente las razones por las que cambia su preceder, «esa modificación no sería invalidante, puesto que todo el marco de Chevron radica en dejar la discrecionalidad que ofrecen las ambigüedades de un texto legal al desarrollo de la agencia».

II.- EL PROGRESIVO DECLIVE: LAS EXCEPCIONES A SU APLICACIÓN

Ya a finales de los años noventa del siglo XX, el Tribunal Supremo había rehusado en ciertas ocasiones extender *Chevron* a ciertas actuaciones administrativas, pero sin ofrecer a los órganos judiciales inferiores un marco jurídico estable y coherente que les permitiese discernir cuándo se aplicaba la deferencia y cuando no.[139] Así, a título de ejemplo, en la breve sentencia *Adams Fruit Co v. Barret et al.*,[140] hecha pública el 21 de marzo de 1990, el Tribunal Supremo rehusó aplicar la deferencia *Chevron* a la interpretación que de la *Migrant and Seasonal Agricultural*

[138] 545 U. S. 967 (2005).

[139] Jim Rossi, *Respecting deference: conceptualizing Skidmore within the architecture of Chevron*, William and Mary Law Review, vol. 42, núm. 4 (2001), p. 1118.

[140] 494 US 938 (1990). La sentencia, de la que fue ponente el juez Clarence Thomas, se dictó por unanimidad.

Worker Protection Act había efectuado el Departamento de Trabajo, y lo hizo no solo rechazando la idea de que el silencio legislativo deba asimilarse a un «vacío» a cubrir por el ejecutivo, sino porque en ese supuesto particular «el Congreso de forma expresa indicó que sería el Poder Judicial, y no del Departamento de Trabajo, quien resolviese las controversias surgidas en la aplicación de dicha ley», ofreciendo, además, un listado de sentencias en las que no se había aplicado la deferencia *Chevron*.

No obstante, a partir de 1999 va a tener lugar un progresivo alejamiento de la doctrina mediante la delimitación jurisprudencial de un conjunto de supuestos en los cuales *Chevron* no sería aplicable.[141]

2.1.- *Christensen v. Harris County*

La primera vez en que se introduce una matización jurisprudencial acerca de la aplicación de *Chevron* tuvo lugar en el año 2000, cuando el Tribunal Supremo resolvió el caso *Christensen v. Harris County*.

El asunto tuvo su origen en una controversia laboral, que enfrentó al *sheriff* del condado de Harris y a sus ciento veintisiete ayudantes con la Administración a la que servían, en relación al modo del abono de horas extraordinarias. Al principio, tanto los empleados públicos como el ente para el que prestaban sus servicios acordaron que el abono de dicho exceso de jornada no se abonaría en metálico, sino en descansos compensatorios. No obstante, el condado intentó reducirlos ante el temor de las consecuencias económicas que conllevaría para las arcas públicas el hecho de que algunos de los empleados públicos superaban con creces el tope legal de horas extraordinarias, mientras que otros cesaron en su trabajo acumulando una enorme bolsa de horas extraordinarias que debían abonarse con el finiquito. Tras evacuar una consulta al órgano administrativo competente en la materia (el United States Department of Labor's Wage and Hour Division), y en base a la respuesta ofrecida, el condado de Harris adoptó un criterio en base al cual si un trabajador se aproximaba al tope máximo de horas extraordinarias, debía informársele expresamente de tal circunstancia a fin de que tomase las medidas necesarias para reducir los descansos compensatorios. Los trabajadores impugnaron judicialmente tal proceder considerando que ello vulneraba la *Fair Labor Standard Act*, y si bien obtuvieron una victoria en el juzgado

[141] Jim Rossi, *op. cit.*, p. 1112.

de distrito, el Tribunal de Apelaciones del Quinto Circuito revocó la sentencia de instancia y resolvió en favor del ente público al considerar que la normativa legal no proscribía tal modo de actuar.

El 1 de mayo de 2000 el Tribunal Supremo hizo pública la sentencia.[142] Uno de los motivos esgrimidos por el ente público para sostener la legalidad de su actuación era precisamente la deferencia *Chevron*. En el apartado III de la sentencia, se negó su aplicación en los siguientes términos:

> En el presente caso, afrontamos la interpretación ofrecida en un dictamen, no en un acto al que se llegara tras un procedimiento formal de resolución o en una norma jurídica aprobada con posterioridad a los preceptivos trámites de información pública y alegaciones. A la hora de interpretar tales dictámenes (por ejemplo, los obrantes en declaraciones políticas, manuales de la agencia e instrucciones para su aplicación, todas las cuales carecen de fuerza de ley) no se aplica la deferencia *Chevron* [...] En su lugar, la interpretación de actos como el presente dictamen «merecen respeto» con base en nuestra decisión *Skidmore v. Swift & Co*, pero únicamente hasta el punto que tales interpretaciones tengan «poder de convicción».

La fundamentación jurídica de la sentencia *Christensen* no fue totalmente suscrita por dos de los jueces que, además, eran especialistas en Derecho administrativo. Antonin Scalia formuló un voto particular concurrente en cuanto al fallo y parte de la fundamentación jurídica, pero rechazando el argumentario contenido en el apartado III, pues consideró que incluso aun no encontrándose ante un acto formal dictado en un procedimiento de *adjudication* o *rulemaking*, debía aplicarse la deferencia *Chevron*, pues la doctrina contenida en dicha sentencia había puesto fin a la anterior de *Skidmore*, describiendo esta última como un *anacronismo*.[143] Stephen Breyer, en su voto particular discrepante coincide con Scalia

[142] 529 US 576 (1999). El ponente fue Clarence Thomas, y contó con el apoyo de William Rehnquist, Sandra Day O'Connor, Antonin Scalia (aunque con matices), Anthony Kennedy y David Souter. John Paul Stevens y Stephen Breyer formularon votos particulares discrepantes, a los que se adhirió Ruth Bader Ginsburg.

[143] Scalia realizó, además una curiosa afirmación: «El hecho que [el criterio del Departamento de Trabajo] aparezca en un mero dictamen firmado por el administrador de la Wage and Hour Division no me convence de que constituya por sí mismo esa posición. Pero el *Solicitor General*, al intervenir como *amicus curiae* en este pleito, presentó un escrito, firmado por el Letrado de dicho Departamento, en el que afirma que el criterio expuesto en el dictamen representa la posición del Secretario del Trabajo. Esta sola circunstancia, incluso sin la existencia del dictamen, en mi criterio es merecedora de la deferencia *Chevron*».

en que debía aplicarse la doctrina *Chevron*, pero matizó que esta en modo alguno había supuesto una mutación jurisprudencial que implicase dejar sin efecto la doctrina *Skidmore.*[144] Un dato muy curioso: en su voto particular discrepante, el juez John Paul Stevens, ponente de la sentencia *Chevron*, no la cita, pero sí invoca de manera expresa *Skidmore*.

Christensen, revitalizaba, pues, los criterios defendidos sesenta años atrás por Robert H. Jackson en el caso *Skidmore*, que ciertamente suponía un grado de deferencia hacia la Administración, pero bastante menor que *Chevron*. Aun así, la sentencia no establecía el modo en que debían aplicarse los criterios de la benemérita sentencia que el Tribunal Supremo acababa poner de nuevo en primera línea.[145]

2.2.- *United States v. Mead Corp*

Tan solo un año después de resolver el asunto *Christensen*, el Tribunal Supremo abordó de nuevo la aplicabilidad de la deferencia Chevron a la hora de resolver el caso *Mead Corp*.

Los hechos del caso tenían su origen en una controversia fiscal, en concreto relativa al impuesto que grava las importaciones en aduanas. El organismo pú-

[144] «El juez Scalia puede tener razón al sostener que la posición del Departamento de Trabajo expresada tanto en el escrito como en el dictamen "explicitando" la posición de la agencia merece la deferencia *Chevron* [...] Pero no cuestiono la cita que la sentencia efectúa de *Skidmore v. Swift Co.* Y discrepo de la afirmación del juez Scalia cuando define la "deferencia *Skidmore*" como "anacronismo". *Skidmore* dejó bien claro que los tribunales deben prestar particular atención a las interpretaciones de la agencia cuando representen una "experiencia concreta", incluso aun cuando no constituyen un ejercicio de autoridad delegada. El Tribunal sostuvo que las "normas, interpretaciones y criterios" de una agencia, "aun cuando no vinculan por razón de su autoridad a los tribunales, constituyen un cuerpo de experiencia al que las partes y los tribunales pueden acudir adecuadamente como guía"».

[145] «*Christensen* no logra, sin embargo, concretar en qué supuestos se aplica la deferencia *Skidmore*. En realidad, tanto la sentencia como los votos particulares discrepantes reflejan tres posiciones distintas: (1) que la deferencia *Skidmore* se aplica tan solo si un tribunal, tras realizar su propia interpretación, considera persuasiva la realizada por la agencia; (2) que *Skidmore* es siempre un tipo de deferencia variable, cuyo grado se basa en criterios institucionales y (3) que *Skidmore* opera a la sombra del análisis *Chevron*»; Jim Rossi, *Respecting deference: conceptualizing Skidmore within the architecture of Chevron*, p. 1130. Según dicho autor, la primera de las interpretaciones, es decir, la mayoritaria, es contraria al *case law*, mientras que, paradójicamente, las que mejor se adecuan a los precedentes judiciales son las efectuadas por los magistrados disidentes en sus votos particulares.

blico encargado de la gestión, el United States Custom Service, venía aplicando pacíficamente a la entidad Mead Corporation (empresa importadora de agendas) un determinado epígrafe del arancel durante el periodo comprendido entre 1989 y 1992. No obstante, el 1 de enero de 1993 el ente público mudó su criterio y pasó a aplicar un epígrafe distinto, modificándole el régimen fiscal, lo que efectuó a través de una instrucción (*ruling letter*). Mead impugnó tal proceder ante el Tribunal de Comercio Internacional,[146] quien rechazó la demanda. Apelada esta, el Tribunal de Apelaciones del Distrito Federal estimó el recurso de Mead y anuló la actuación del ente público, negando de forma expresa la aplicación de la doctrina *Chevron* pues, a diferencia de lo que ocurría con las normas del Internal Revenue Service (el organismo encargado de la gestión, investigación y recaudación tributaria), la normativa del Custom Service tenía procedencias diversas y se encontraba además exenta de publicación.[147]

El Tribunal Supremo admitió a trámite el *writ of certiorari* interpuesto por Mead Corporation tan solo a los efectos de clarificar si la deferencia *Chevron* se aplicaba en supuestos en los cuales, a la hora de aplicar una determinada ley, la Administración venía siguiendo una determinada línea de actuación y ulteriormente la modificaba.

El 18 de junio de 2001 se hizo pública la sentencia *United States v. Mead Corp*,[148] de la que fue ponente el juez David Souter y que contó con el apoyo casi unánime, pues tan solo Antonin Scalia discrepó del parecer mayoritario. La sentencia resume su argumentario jurídico en el siguiente párrafo:

> Afirmamos que la aplicación administrativa de un precepto legal concreto merece la deferencia *Chevron* cuando se acredite que el Congreso delegó con carácter general en la agencia la potestad de aprobar normas que tengan fuerza de ley, y que la interpretación de la agencia que pretende ser beneficiaria de la deferencia se haya realizado en el ejercicio de tal autoridad. La delegación puede acreditarse por diferentes formas, como por ejemplo, dictar actos

[146] Se trata de un tribunal con competencia en todo el territorio nacional cuyas competencias se limitan, como su propia denominación indica, a asuntos relativos a comercio internacional, lo que incluye también asuntos relativos a conflictos aduaneros.

[147] Encontrándose en trámite el procedimiento ante el Tribunal de Apelaciones, el Tribunal Supremo hizo pública su sentencia *United States v. Haggar Apparel Co* (526 US 380 [1999]) según la cual la normativa del Custom Service era acreedora a la deferencia Chevron. Ante ello el Tribunal de Apelaciones hubo de dar audiencia a las partes a efectos que se pronunciaran sobre la aplicación o no de dicha sentencia al caso *Mead*.

[148] 533 U. S. 218 (2001).

administrativos y normas tras el preceptivo trámite de información pública y alegaciones, o por cualquier otra prueba acreditativa de la intención del legislativo. Las normas aprobadas por el Custom Services de aplicación a este caso no logran superar el umbral probatorio,[149] aunque existe la posibilidad de que merezca cierta deferencia bajo *Skidmore*,[150] razón por la cual estimamos el recurso y devolvemos el asunto al órgano de instancia para su tramitación de conformidad con lo dispuesto en esta sentencia.

En definitiva, la sentencia elevó a rango jurisprudencial la existencia de dos criterios deferenciales: uno muy rígido (*Chevron*) y otro más flexible (*Skidmore*). Quizá lo más destacado de la sentencia sea la enorme prudencia con la que David Souter procedió a la hora de establecer los factores determinantes a la hora de aplicar Chevron, pero sin inclinarse por ninguno de ellos como decisivo.[151]

[149] «Comenzando por el texto de la ley, los términos en que está redactada no ofrecen prueba alguna que el Congreso tuviese la intención de delegar en el Custom Service la competencia para dictar normas con fuerza de ley [...] En resumen, que las normas aprobadas deben tratarse mejor como «interpretaciones obrantes en declaraciones políticas, manuales de la agencia e instrucciones para su aplicación (*Christensen*). Están fuera del campo de aplicación de *Chevron*».

[150] «El que coincidamos con el Tribunal de Apelaciones que la normativa del Custom Service no entre dentro del campo de aplicación de *Chevron* no significa, sin embargo, situarla fuera de cualquier órbita deferencial. *Chevron* no pretendió suprimir la doctrina *Skidmore* según la cual la interpretación de una agencia merece sin embargo cierta deferencia, cualquiera que sea la forma en que se haya emitido, dada la experiencia concreta, las amplias investigaciones llevadas a cabo por la agencia [...] creemos que las respuestas judiciales a la hora de enjuiciar la legalidad de una actuación administrativa deben continuar diferenciando entre *Chevron* y *Skidmore*, y que es necesario reconocer la vigencia de este por las razones que el juez Jackson expuso a la hora de resolverlo».

[151] Jack Beerman, «End the failed *Chevron* experiment now: How *Chevron* has failed and why it can and should be overruled», *Connecticut Law Review*, vol. 42, núm. 3 (2010), pp. 779-851. En concreto, la sentencia afirma: «Hemos reconocido como un muy decisivo criterio indicativo de la delegación merecedora de la deferencia *Chevron* en la autorización legislativa expresa en la agencia para dictar normas jurídicas y actos administrativos para los cuales se reclama la deferencia. Es justo asumir generalmente que el Congreso contempla regula un procedimiento administrativo formal tendente a promover la deliberación e imparcialidad que deben preceder a una norma de tal naturaleza. Por tanto, el abrumador número de sentencias en las que hemos aplicado la deferencia *Chevron* han analizado las consecuencias de la aprobación de normas (tras la debida publicidad y alegaciones) y de actos administrativos. Dicho lo cual, y por muy significativos que sean tales requisitos procedimentales a la hora de apuntar a la aplicación de *Chevron*, la necesidad de un procedimiento no resuelve por sí sola este caso particular, por cuanto en ocasiones hemos considerado aplicable la deferencia *Chevron* aun cuando no se exijan formalidades administrativas».

2.3.- *Situación existente tras las sentencias Christensen y Mead*

La doctrina *Chevron* poseía una serie de vicios intrínsecos, como su inconsistencia con el texto de la *Administrative Procedure Act* y la carencia de base doctrinal que la sustentase. La aplicación práctica y la jurisprudencia que aplicaba o matizaba *Chevron*, implicó añadir una serie de disfunciones:

1.- *Propia aplicabilidad de la deferencia.* La sentencia *Chevron* establecía un procedimiento articulado en dos fases, limitado, en primer lugar, a verificar la intención del legislador y, de no existir o ser ambigua, valorar si la interpretación de la agencia era permisible. Pese a la aparente claridad y sencillez de tal marco jurídico, tras las sentencias *Christensen* y *Mead*, fue preciso añadir un factor previo, que era determinar la propia aplicación de la deferencia al caso particular enjuiciado. Eso llevó a cierto sector doctrinal a hablar de una nueva fase, a la que se denominó *fase cero*,[152] por lo que ya no estaba claro si se estaba ante un procedimiento en dos fases o en tres.[153]

2.- *Múltiples versiones de la doctrina.* Sobre todo, a la hora de verificar la aplicación de la primera fase, se abrían varias posibilidades o criterios que conducirían a diferentes resultados. En función de que se adopte una u otra versión el grado de deferencia varía, porque no es lo mismo acogerse a la primera de las acepciones (donde se exige que el Congreso haya ofrecido una respuesta explícita a la cuestión a resolver, supuesto hartamente difícil y que amplía notablemente el ámbito de aplicación deferencial respecto a la interpretación de las agencias) que a la segunda (donde se faculta a los tribunales, haciendo uso de los criterios

[152] «¿A qué agencias se aplica *Chevron*? *¿Cuál es el ámbito de Chevron? ¿Se aplica a normas interpretativas? [...] Si Chevron implica un procedimiento en dos fases a la hora de verificar la legalidad de la interpretación administrativa, la búsqueda de su ámbito de aplicación puede llevar a una «fase cero», en forma de búsqueda relativa a si «los tribunales deben aplicar el marco de Chevron»*; Stephen Breyer, Richard B. Stewart, Cass R. Sunstein, Matthew L Spitzer, *Administrative Law and Regulatory Policy*, p. 304. *Vid.* igualmente Cass Sunstein, *Chevron step zero*, Virginia Law Review vol. 92, núm. 2 (2006), pp. 187-249.

[153] Pueden consultarse, al respecto, las opiniones de Matthew C. Stevenson y Adrian Vermeule, *Chevron has only one step*, *Virginia Law Review*, vol. 95, núm. 3, pp. 597-609, y las de Kenneth A. Bamberger y Peter L. Strauss, *Chevron's two steps*, publicado en las pp. 611-625 del mismo número de la revista. Algún autor llega a hablar de la posible existencia de hasta cuatro fases en función de cómo se aplique en el caso concreto el paso dos; *vid.* Jack Beerman, *End the failed* Chevron *experiment now*, p. 835.
(Beermann, 2010: 835).

tradicionales de interpretación –fundamentalmente el texto legal, historia y antecedentes legislativos–, a verificar si el legislador tuvo intención de regular explícitamente la cuestión y de delegar tal facultad en las agencias, con lo cual se restringe notablemente el ámbito deferencial).

3.- *Incremento de deferencia hacia las agencias*. En este punto, la situación variaba en función del órgano judicial, pues, como ocurre en todos los países, hay órganos más *sensibles* hacia las posiciones de la Administración y otros no tanto. Los Tribunales de Apelación aplicaron *Chevron* para incrementar el nivel de deferencia hacia la interpretación legal efectuada por las agencias administrativas,[154] lo que a su vez ocasionó en la práctica que estas fueran perdiendo progresivamente el temor ante fallos adversos y se aventurasen a realizar interpretaciones mucho más creativas en su propio beneficio. Pero tal situación no se dio en el Tribunal Supremo, donde la aplicación de *Chevron* fue mucho más inestable.[155]

III.- LA AGONÍA FINAL: SUSTITUCIÓN POR LA DOCTRINA DE LAS *MAJOR QUESTIONS*

El 29 de marzo de 2015 el Tribunal Supremo hizo pública su sentencia en el caso *Perez, Secretary of Labor v. Mortgage Bankers Association*.[156] En la instancia, el Tribunal de Apelaciones del Distrito de Columbia consideró que cuando una agencia elaboraba una norma exclusivamente interpretativa de un texto legal en la que variase la sostenida hasta entonces, estaba obligada a realizar un

[154] En concreto, el porcentaje de asuntos resueltos en favor de las agencias se incrementó en un diez por ciento. Thomas Merrill, *The Chevron case*, p. 2.

[155] «Es interesante comprobar que los Tribunales de Apelación parecen haber tomado *Chevron* más seriamente que el Tribunal Supremo. Estudios analíticos de las sentencias dictadas por los Tribunales de Apelación han demostrado un grado razonablemente alto en la aplicación de *Chevron*. Por el contrario, los análisis efectuados de sentencias del Tribunal Supremo demuestran cierto grado de inconsistencia»; Richard J. Pierce, Sidney A. Shapiro, Sidney A, y Paul R. Verkuil, Paul R (2009): *Administrative law and Process, op. cit.*, p. 835; idea compartida por Jack Beerman, *End the failed* Chevron *experiment now*, p. 829. Que *Chevron* se convirtiera en lo que es se debió fundamentalmente a los Tribunales de Apelación, en especial al del Distrito de Columbia; Thomas Merrill, *The Chevron doctrine*, pp. 83-87 y 94-95.

[156] 575 us 92 (2015).

trámite de información pública y alegaciones. No obstante, el Tribunal Supremo, en una sentencia de la que fue ponente Sonia Sotomayor y que contó con el aval unánime de los jueces, revocó la sentencia de instancia al argumentar que la doctrina seguida por el Tribunal de Apelaciones «es contraria a la clara redacción» de la *Administrative Procedure Act*, texto que no exigía dicho trámite para ese tipo concreto de normas.[157] Más interesante que la sentencia es la reflexión que efectuó Antonin Scalia en su voto particular concurrente, al reconocer (en una afirmación que se recogería ulteriormente como cita en la sentencia *Loper Bright*) que la doctrina de la deferencia *Chevron* se creó al margen de la APA:

> Desligada del diseño original de la APA, creamos una elaborada doctrina de deferencia hacia la interpretación que las agencias efectúan de leyes y reglamentos. Sin mencionar nunca la sección 706 [5 US], según el cual: «el tribunal revisor... interpretará... cuestiones jurídicas», hemos sostenido que las agencias pueden resolver con autoridad las ambigüedades de las leyes. *Chevron USA Inc v. Natural Resources Defense Council*, 467 US 837, 842-843 (1984). Y sin mencionar tampoco el principio de la sección 706 según el cual «el tribunal revisor...determinará el significado o aplicabilidad de los términos de una actuación de la agencia», hemos afirmado (basándonos en un caso resuelto antes de aprobarse la APA, *Bowles v. Seminole Rock & Sand* Co, 325 US 410 [1945]) que las agencias pueden resolver igualmente las ambigüedades en las reglamentaciones. *Auer v. Robbins*, 519 US 452, 461 (1997).

Así pues, uno de los más firmes defensores de la deferencia *Chevron* se veía obligado a reconocer que la citada doctrina se formuló y desarrolló al margen del diseño legal fijado en la APA, que era una de las principales objeciones que se habían esgrimido en contra de la polémica sentencia.

[157] El voto particular concurrente de Samuel Alito es altamente ilustrativo de la situación. Por una parte, manifestaba su comprensión hacia los principios articulados en esa jurisprudencia menor por razones de fondo, en los que la doctrina de la deferencia tenía un rol fundamental: «La aparición de esa doctrina puede haberse debido a la lógica preocupación ante el aumento del poder de las agencias administrativas como resultado del efecto combinado de (1) que el Congreso delegue en las agencias una gran parte de la función legislativa (2) que las agencias se aprovechen de la difusa línea fronteriza entre normas legislativas e interpretativas y (3) la jurisprudencia de este Tribunal que impone a los tribunales otorgar deferencia a la interpretación que las agencias efectúan de preceptos ambiguos de sus propias normas». Pero aun compartiendo esa preocupación, no considera que la vía adecuada sea la que siguió el Tribunal de Apelaciones. Alito apuntaba, pues, a que el Tribunal Supremo rectificase su jurisprudencia al respecto.

Unos meses más tarde, el 25 de junio de 2015, se hacía pública la sentencia del caso *King v. Burwell,*[158] en la que el Tribunal Supremo se enfrentó a una regulación aprobada por el Internal Revenue Service desarrollando las previsiones de la *Patient Affordable and Care Act* (ley popularmente conocida como *Obamacare*), regulación que fue impugnada judicialmente por varias personas que no deseaban contratar un seguro médico, tal y como imponía la controvertida norma legal. La sentencia es importante pues, aunque invoca de forma expresa *Chevron*, lo hace para rehusar su aplicación en asuntos «de profunda importancia política y económica», en los cuales niega equiparar ambigüedad legal a delegación implícita. En otras palabras, el propio Tribunal Supremo cuestionaba abiertamente la premisa básica sobre la que descansaba *Chevron*, lo que hizo en estos términos:

> Al analizar la interpretación que una agencia efectúa de la ley, con frecuencia aplicamos el procedimiento en dos fases articulado en *Chevron*, 467 US 837. Bajo dicho marco, nos preguntamos si la ley es ambigua y, de serlo, si la interpretación de la agencia es razonable. Este principio «tiene como premisa la tesis que la ambigüedad de una ley constituye una delegación implícita del Congreso en la agencia para solventar ambigüedades legales»; FDA *v. Brown & Williamson Tobacco Corp*, 529 US 120, 159 (2000). «Sin embargo, en casos extraordinarios puede haber razones para dudar antes de concluir que el Congreso ha pretendido otorgar esa delegación implícita».
>
> Este es uno de esos casos. Los créditos fiscales son una de las principales reformas introducidas por la ley, afectan a millones de dólares que se gastan cada año y afectan al precio de los seguros de salud de millones de personas. Que tales créditos estén disponibles a través de intercambios federales es, por tanto, una cuestión de profunda «importancia política y económica» central para el marco legal; si el Congreso hubiera deseado atribuir tal cuestión a la agencia lo hubiera hecho de forma expresa [...] Es altamente improbable que el Congreso hubiese delegado esta decisión en el IRS [Internal Revenue Service], que no posee experiencia en la elaboración de políticas de seguros de este tipo. Este no es un asunto para el IRS.

[158] 576 U. S. 473 (2015). El ponente de la sentencia fue el *chief justice* Roberts, y contó con el apoyo de Anthony Kennedy, Ruth Bader Ginsburg, Stephen Breyer, Sonia Sotomayor, y Elena Kagan. Antonin Scalia formuló un voto particular discrepante al que se adhirieron Clarence Thomas y Samuel Alito.

Antonin Scalia formuló un voto particular disidente, pero es significativo que no cuestionara orillar la deferencia *Chevron* ni los motivos de tal proceder, sino tan solo difería de la interpretación del texto legal aplicado.

Scalia falleció súbitamente ocho meses más tarde, el 13 de febrero de 2016, y no deja de ser curioso que la muerte física de quien fuera uno de los más firmes defensores de la deferencia judicial hacia el ejecutivo coincidiese con la liquidación práctica de tal doctrina, pues la sentencia *Cuozzo Speed Technologies* LLC *v. Lee*,[159] hecha pública el 20 de junio de 2016, fue la última ocasión que el Tribunal Supremo se apoyó en *Chevron*, doctrina que dejó de aparecer en las sentencias aunque ocasionalmente se asomase en algún voto particular, y no siempre para defenderla. Desde entonces, cotizó al alza la excepción de los asuntos de «profunda importancia política y económica», principio que doctrinalmente recibió la denominación de *major questions*[160] y que adquiriría carta de naturaleza en 2022 cuando el Tribunal Supremo la enunció formalmente al resolver el asunto *West Virginia v.* EPA.

Curiosamente, los hechos del caso *West Virginia* afectaban a la misma normativa legal y agencia que habían propiciado el asunto *Chevron*, pues tenían por objeto una regulación aprobada en 2015 por la Enviromental Protection Agency. Hasta tal fecha, la agencia había ejercitado sus competencias aprobando criterios basados en medidas tendentes a que las instalaciones operasen emitiendo menos sustancias contaminantes y, en consecuencia, se alcanzase el objetivo de reducir los niveles de contaminación ambiental. No obstante, en la normativa aprobada en 2015 se introdujo como requisito que las instalaciones redujesen su producción de electricidad o lograse una mayor generación a partir de fuentes de gas natural, eólicas o solares. La cuestión, por tanto, radicaba en verificar si la EPA actuó dentro de sus competencias legales a la hora de incorporar esta nueva exigencia.

La sentencia *West Virginia v. EPA*, hecha pública el 30 de junio de 2022,[161] efectuó una interpretación muy restrictiva considerando que para que la agencia

[159] 579 US 261 (2016).

[160] Para una visión analítica sobre este tema, véase el reciente estudio de Daniel T. Deacon y Leah M. Litman, *The new major questions doctrine*, Virginia Law Review, vol. 109, núm. 5 (septiembre 2023), pp. 1009-1094.

[161] 597 US 697 (2022). Al *chief justice* Roberts (que fue el ponente) se unieron los jueces Clarence Thomas, Samuel Alito, Neil Gorsuch, Brett Kavanaugh y Amy Coney Barrett; los disidentes fueron Stephen Breyer, Sonia Sotomayor y Elena Kagan, siendo esta última la autora del voto particular al que se adhirieron los discrepantes

pudiese ostentar facultades regulatorias en materias de tanta importancia e impacto en la economía, no podía fundar sus competencias en una interpretación amplia de un texto legal, sino que el Congreso a la hora de apoderar a las agencias debía efectuarlo de forma expresa y con lenguaje inequívoco. En primer lugar, se enunció tanto el principio general de interpretación normativa como la excepción en la que tiene su anclaje la nueva doctrina:

> Es un principio fundamental en la interpretación de textos legales que las palabras de una norma deben situarse en su contexto y teniendo en cuenta su ubicación en el conjunto de la ley. Allí donde la ley a aplicar otorga autoridad a una agencia administrativa, esa interpretación debe «realizarse, cuando menos en cierta medida, por la naturaleza de la cuestión planteada», es decir, si el Congreso de hecho pretendió otorgar a la agencia la competencia que reivindica. En un caso normal, el contexto no tendría un efecto importante a la hora de realizar el análisis apropiado. Sin embargo, nuestros precedentes nos enseñan que hay «casos excepcionales» que llaman a una distinta aproximación, casos donde la «historia y la amplitud de la autoridad que la agencia reivindica» así como la «significación política y económica» de la reivindicación, ofrecen motivos para dudar antes de concluir que el Congreso pretendió otorgarles dicha autoridad. Tales casos han surgido en todas las áreas del Derecho administrativo.

Expuesta la doctrina, se pasa a justificar su aplicabilidad, introduciendo en el argumentario la propia denominación:

> El otorgamiento de amplias competencias reguladoras rara vez se otorgan mediante «palabras vagas» o «términos sutiles». Como tampoco el Congreso suele utilizar un lenguaje ambiguo o elíptico a la hora de facultar a una agencia para introducir «cambios radicales o fundamentales» en un régimen legal [...] Por tanto, en determinados casos extraordinarios, tanto el principio de separación de poderes como una comprensión práctica de la voluntad del legislador nos hacen ser «reacios a interpretar un precepto legal ambiguo» en el sentido de entender otorgada la competencia. Para persuadirnos se necesita algo más que el mero carácter plausible de la interpretación. La agencia debe apuntar a una «clara autorización legal» para entender que goza de la competencia que reivindica [...] En lo relativo a la doctrina de las *major questions*, se refiere a un cuerpo identificado del derecho que se ha desarrollado a lo largo de una serie de casos importantes que afrontan todos ellos un problema concreto y recurrente: agencias que afirman ostentar

> competencias de gran importancia más allá de las que puede interpretarse que el Congreso razonablemente les ha otorgado. Estudiosos y juristas han reconocido los puntos en común entre tales casos. Lo mismo hemos hecho nosotros.

En definitiva, se apuntaba claramente al origen casuístico de la doctrina a través de la resolución de casos puntuales que tienen un elemento común: la reivindicación administrativa de competencias regulatorias en materias de gran importancia cuando la normativa aplicable no permite interpretar con total certeza que el Congreso pretendiera atribuir dicha competencia a la agencia administrativa. Ahora bien, ni se indica en la sentencia cuáles son esas materias de gran significación económica o política que permiten la entrada en juego de la doctrina de las *major questions* ni si esta nueva teoría jurídica complementa o desplaza a *Chevron*. Lo que sí estaba claro es que el nuevo principio no era algo ocasional, sino que venía para quedarse, como demuestra el hecho de que, poco tiempo después, al dictarse la sentencia *Biden v. Nebraska*,[162] la juez Amy Coney Barrett formuló un voto particular concurrente a los únicos efectos de aclarar la relación entre la doctrina de las *major questions* y el textualismo.

En lo relativo a la eventual compatibilidad de la deferencia *Chevron* con la doctrina de las *major questions*, es interesante apuntar a los curiosos avatares experimentados en un informe elaborado por los letrados del Congreso de los Estados Unidos. Con posterioridad a hacerse pública la sentencia *West Virginia*, el Servicio de Investigación del Congreso redactó el 17 de mayo de 2022 un breve análisis jurídico sobre la materia, titulado *The Supreme Court's «major questions» doctrine: background and recent developments*,[163] del que el 2 de noviembre de 2022 publicó una versión actualizada reduciendo el título al más sintético *The major questions doctrine*.[164] Si bien la versión inicial analizaba con mayor profundidad los antecedentes jurisprudenciales que culminaron en *West Virginia v. Enviromental Protection Agency*, la versión revisada redujo de forma notable el comentario de los precedentes (que se limitó tan solo a enumerar y sintetizar) y ciñó a un simple párrafo el resumen del caso *West Virginia*.

[162] 600 US 477 (2023).

[163] https://crsreports.congress.gov/product/pdf/LSB/LSB10745. El documento aparece firmado por Kate R. Bowers y Daniel J Shefnett.

[164] https://crsreports.congress.gov/product/pdf/IF/IF12077. Esta nueva versión aparece firmada exclusivamente por Kate R. Bowers.

No obstante, esta segunda versión tiene como punto fuerte un nuevo epígrafe de tres párrafos titulado «relación con la doctrina *Chevron*», en la que afirma que el vínculo entre la doctrina de las *major questions* y Chevron «no está clara», pues si bien en algunos supuestos «el Tribunal consideró la doctrina como una excepción a *Chevron*», en otros casos «la consideró como paso uno de ella, al concluir que el Congreso no autorizaba a la agencia a regular la importante cuestión abordada». La conclusión a la que llega el informe es que el Tribunal más que aplicar una nueva doctrina general de forma coherente, fue resolviendo caso por caso sin cuestionar el marco jurídico de *Chevron*, aunque esta última afirmación debe matizarse a la vista de los dos casos a los que se aludió con anterioridad y que se encuentran pendientes de resolución en los cuales el Tribunal Supremo deberá pronunciarse expresamente sobre la vigencia de *Chevron*. En todo caso, lo que sí parece claro y así aconseja el informe a la luz de la jurisprudencia del Tribunal, es que «si el Congreso desea que una agencia pueda resolver casos en materias que los tribunales puedan considerar ser de amplia importancia económica y política, el Congreso debería fijar claramente esa intención en el texto de la ley en vez de descansar en una redacción vaga o imprecisa».[165]

Todo apuntaba, pues, a que la doctrina *Chevron* estaba con respiración asistida y solo faltaba desconectarla del respirador artificial y declarar oficialmente su fallecimiento. Además, algunos de los jueces no habían ocultado no ya en artículos publicados en revistas jurídicas, sino incluso en votos particulares a sentencias que la deferencia *Chevron* debía pasar a mejor vida. Así, por ejemplo, en la citada sentencia *Perez v. Mortgage Bankers Association*, el juez Clarence Thomas afirmó que formulaba un voto particular concurrente tan solo para constatar que «cuestionaba la legitimidad de nuestros precedentes que exigen deferencia hacia las interpretaciones administrativas de normas reglamentarias», pues con ello se realizaba la «transferencia de funciones judiciales a las agencias administrativas, lo que plantea una controversia constitucional. Esta línea de precedentes mina nuestra obligación de ofrecer un control judicial sobre los otros poderes, y somete a las partes reguladas precisamente a los abusos que los padres fundadores pretendían evitar». No fue el único, el 7 de noviembre de 2022, el juez Neil Gorsuch hizo público un voto particular discrepante en el

[165] La doctrina de las *major questions* dista mucho de ser pacífica. Véanse, por ejemplo, Kevin O. Leske, «Major Questions Hypocrisy», y Michael D. Ramesy, «An originalist defense of the major questions doctrine», aparecidos ambos en el volumen 76, núm. 4 de la *Administrative Law Review*.

que cuestionaba la negativa del Tribunal Supremo a admitir a trámite el asunto *Buffington v. McDonough*, disidencia que suponía un cuestionamiento en toda línea de la deferencia *Chevron*:

> En este país, ensalzamos el hecho que las personas que acuden a los tribunales tienen derecho a que sean jueces independientes, y no personas políticamente orientadas, quienes resuelvan lo relativo a sus derechos y obligaciones legales. Prometemos que aquí las personas pueden acudir a jueces neutrales que resuelvan sus disputas interpretando la ley [...] Sin embargo, interpretando de forma amplia la sentencia *Chevron*, los tribunales han fracasado a la hora de cumplir tal promesa. En vez de ofrecer a los individuos la mejor interpretación de sus derechos y obligaciones legales a través de un juez neutral, abdicamos de nuestras responsabilidades a la hora de interpretar la normativa. En vez de interpretar el derecho, manifestamos a quienes acuden a nosotros que pregunten a un burócrata. En el camino, introducimos en el proceso judicial una «sistemática parcialidad hacia una de las partes [...] Inclinamos la balanza de la justicia en favor del más de poderoso de los litigantes, el gobierno federal, contra todos los demás [...] A estas alturas, todo el asunto merece una lápida que nadie lamentará. Deberíamos reconocer sin tapujos que *Chevron* ni suprimió, ni podría haber suprimido, el deber judicial de emitir un juicio independiente acerca del significado de la ley en los casos que se presentan ante los tribunales del país. Espero que algún día podamos hacerlo.

Tal era la situación existente cuando en el año 2023 llegaron al Tribunal Supremo dos solicitudes de *certiorari* en sendos asuntos de idéntica naturaleza, *Loper Bright Enterprises v. Raimondo* (el 1 de mayo de 2023) y *Relentless Inc v. Department of Comerce* (planteado cinco meses más tarde, el 13 de octubre de 2023), en los que de forma expresa se le solicitaba dejar sin efecto *Chevron* o, subsidiariamente, aclararla. El Tribunal Supremo no desaprovechó la ocasión.

CAPÍTULO CINCO

Loper Bright y la rectificación de la doctrina *Chevron*

En el año judicial 2023-2024 llegaron al Tribunal Supremo dos asuntos que plantearon de forma expresa la rectificación de la doctrina *Chevron*. Si en 1984 fue una normativa medioambiental la que dio pie a una sentencia que terminaría siendo verdaderamente revolucionaria para el Derecho Administrativo, en 2024 fue una discrepancia sobre la interpretación de una normativa legal reguladora del sector pesquero la permitió al máximo órgano judicial estadounidense desautorizar de expresamente la doctrina enunciada justo cuatro décadas atrás.

I.- LOS ANTECEDENTES DE HECHO

Los antecedentes fácticos se exponen igualmente de forma clara tanto en las dos sentencias de los Tribunales de Apelación como en la del Tribunal Supremo.[166]

[166] En realidad, como se indicó al inicio del capítulo, fueron sino dos los asuntos que llegaron al Tribunal Supremo cuestionando la doctrina *Chevron*. El primero, *Loper Bright v. Raimondo*, cuya petición de *certiorari* llegó al Tribunal Supremo el 10 de noviembre de 2022; el segundo, *Relentless v. Department of Commerce*, se interpuso formalmente el 14 de junio de 2023. No obstante, dado que ambos casos eran objetivamente idénticos, plantearon la misma cuestión jurídica y el Tribunal Supremo los acumuló, en este capítulo se analiza tan solo el primero de los asuntos, en cuanto sus consideraciones son aplicables al segundo.

El 13 de abril de 1976 se aprobó la conocida como *Magnuson-Stevens Fishery Conservation and Management Act*,[167] ley cuyo objeto no era otro que regular el sector pesquero a fin de compatibilizar los intereses de los pescadores con una gestión adecuada de la pesca evitando excesos de capturas. El citado texto legal autoriza al Secretario de Comercio, y al National Marine Fisheries Service (NMFS) por delegación de aquel, a llevar a efecto un programa íntegro de gestión pesquera. Para ello, se dividió el territorio costero estadounidense en ocho zonas pesqueras, situando al frente de cada una de ellas un Consejo Regional de Gestión Pesquera.[168] Cada uno de los Consejos estaba obligado por ley a «elaborar un plan de conservación y gestión» y «remitirlo al Secretario [de Comercio]» para su aprobación. El 16 USC 1853 regulaba el contenido de los planes, distinguiendo entre dos tipos de previsiones, las obligatorias (las contenidas en el apartado a) del precepto) y las facultativas (las del apartado b). Dentro de las previsiones facultativas se contiene una en especial que generó la controversia, y es la identificada en el apartado ocho en los siguientes términos:

> exigir el embarque de uno o más vigilantes a bordo de un buque de los Estados Unidos que se dedique a la pesca de especies sujetas al plan, con el objetivo de recopilar los datos necesarios para la conservación y gestión de la pesca; sin embargo, no se exigirá la presencia de vigilantes a bordo si las instalaciones del buque para el acuartelamiento de un vigilante, o para llevar a cabo sus funciones, son tan inadecuadas o inseguras que puedan comprometer la salud o integridad del vigilante.

En otras palabras, los planes de gestión elaborados por los Consejos *pueden* incluir entre sus previsiones la necesidad de llevar vigilantes federales a bordo con los objetivos indicados.

[167] Norma cuya denominación íntegra es *An Act to provide for the conservation and management of the fisheries and for other purposes*. Su denominación abreviada toma como referencia los apellidos de los dos Senadores que la promovieron, Warren G. Magnuson y Ted Stevens. En la actualidad se encuentran incorporadas al 16 USC en el capítulo 38 «gestión y conservación pesquera».

[168] En concreto, según el 16 USC 1852(a) los Consejos son los siguientes: Nueva Inglaterra (que integra Maine, Nueva Hampshire, Massachussets, Rhode Island y Connecticut), Atlántico Medio (Nueva York, Nueva Jersey, Delaware, Pennsylvania, Maryland, Virginia y Carolina del Norte), Atlántico Sur (Carolina del Norte, Carolina del Sur, Georgia y Florida), Caribe (Islas Virginia y Puerto Rico), Golfo (Texas, Louisiana, Mississippi, Alabama y Florida), Pacífico (California, Oregón, Washington e Idaho), Pacífico Norte (Alaska, Washington y Oregón) y Pacífico Oeste (Hawaii, Samoa, Guam e Islas Marianas); en algunos casos los estados aparecen en dos consejos, porque en uno tan solo figuran a efectos de delimitación territorial, sin embargo se integran en otro a efectos administrativos.

El Consejo Regional de Nueva Inglaterra, una vez publicado oficialmente el proyecto, y evacuado el trámite de información pública y alegaciones, aprobó la denominada *modificación ómnibus*, que estableció un procedimiento normalizado tendente a aplicar y revisar los programas de seguimiento en las zonas marítimas situadas dentro del ámbito de competencias territoriales del organismo gestor.

En lo que respecta a la pesquería de arenque en el Atlántico, la norma creó un programa financiado por el sector cuyo objetivo era garantizar la existencia de vigilantes que monitorizaran el 50 % de los viajes realizados por pesqueros que tuviesen ciertas autorizaciones. Los buques debían efectuar una declaración antes de iniciar la faena, poniendo en conocimiento del NMFS el tipo de especies que pretendía capturar. En el supuesto que el NMFS considerase necesaria la presencia a bordo de un vigilante, pero no facilitase uno retribuido por el gobierno, era el patrón del buque quien debía retribuir de su bolsillo uno que contase con la debida autorización pública, siendo el coste diario estimado del citado observador de 710 dólares diarios.

Loper Bright Enterprises es una empresa pesquera cuyos buques faenaban en la costa Atlántica y que, considerándose perjudicados por la normativa reglamentaria que les imponía retribuir los vigilantes, la impugnó judicialmente. El juzgado de distrito rechazó la demanda y el pronunciamiento de instancia fue impugnado ante el Tribunal de Apelaciones del Distrito de Columbia.

II.- EL PLEITO EN EL TRIBUNAL DE APELACIONES

La Sección del Tribunal de Apelaciones del Distrito de Columbia encargada de resolver el recurso la integraban Ketanji Brown Jackson (quien accedió al cargo propuesta por Joseph Biden), Judith Ann Wilson Rogers (a instancia de Bill Clinton) y Justin R. Walker (a iniciativa de Donald Trump). No obstante, tras celebrarse la vista oral en la causa Jackson fue propuesta para cubrir la vacante que en el Tribunal Supremo se produjo a raíz de la renuncia de Stephen Breyer, por lo que su puesto en el Tribunal del Distrito de Columbia fue cubierto por el *chief judge* Sri Srinivasan (nombrado a instancias de Barack Obama).

El Tribunal de Apelaciones hizo pública la sentencia *Loper Bright Enterprises v. Raimondo*[169] el día 12 de agosto de 2022, confirmando la sentencia de instancia. A diferencia de lo que ocurrió en con *Chevron*, en este caso el órgano

[169] 45 F.4th 359 (D. C. Cir. 2022).

judicial no dictó sentencia de forma unánime, pues Justin Walker formuló un voto particular discrepante.

La sentencia constató la mutación doctrinal introducida por el Tribunal Supremo con su doctrina de las *major questions*, pero no consideró que fuese aplicable al supuesto concreto enjuiciado al no tratarse la regulación de la pesca una materia que debiera considerarse de significativa importancia política y económica. En su fundamentación jurídica constató que:

> El Congreso delegó amplias competencias en una agencia con conocimientos y experiencia dentro de un sector industrial específico, y la actuación administrativa se limitó a ella, sin que reclame mayores competencias para regular la economía nacional. Por tanto, las facultades de revisión del tribunal se ciñen a la tradicional cuestión relativa a si el Congreso abordó de forma expresa el asunto concreto y, de no hacerlo, si la interpretación llevada a cabo por la agencia al aplicar la ley es razonable. *Vid. Chevron U.S.A., Inc. v. Nat. Res. Def. Council*, 467 U. S. 837, 842-43, 104 S. Ct. 2778, 81 L.Ed.2d 694 (1984). Aun cuando la ley no resuelve de forma clara si el Servicio puede exigir vigilancia retribuida de la forma en que el plan establece, es razonable la interpretación que el Servicio efectuó de la ley considerando que sí lo permite.

Es decir, que el órgano judicial, tras llevar a cabo un análisis de los preceptos legales, tras aplicar la primera fase de *Chevron* consideró que la ley no era clara al respecto, y, por tanto, al superar la primera fase, en la segunda consideró que la interpretación llevada a cabo por el Servicio apelado se encontraba dentro de lo permisible.

La discrepancia del juez Walker se resumió en el breve párrafo inicial que antepuso a su más extenso análisis jurídico del caso:

> ¿Autorizó el Congreso al NMFS para obligar a los pescadores que faenan en el Atlántico a pagar el salario de los vigilantes federales que han de inspeccionarles? La respuesta indubitada es que no.

Walker no cuestionó que debiese prescindirse del marco creado por *Chevron*, pues de forma expresa lo aplicó. Lo que ocurre es que el discrepante se detuvo en la primera fase al considerar que no puede equipararse el silencio a una autorización implícita:

> Revisamos la interpretación efectuada según el sistema de dos fases articulado en *Chevron*. En primer lugar, debe verificarse «si el Congreso ha abordado directamente la cuestión específica planteada» o «dejó un vacío para que la

agencia lo cubriese». En esta fase, a la hora de buscar una guía que nos ofreciese el Congreso, hemos vaciado nuestra caja de herramientas interpretativas. Y si está claro que el texto de la ley no autoriza la actuación de la agencia, el análisis concluye y la agencia pierde. Tan solo si la ley es ambigua, y solo si «el Congreso explícita o implícitamente delega la competencia para cubrir el vacío» se aplica la segunda fase y por tanto se otorga deferencia a la interpretación efectuada por la agencia.

El problema radicaba en que, la doctrina *Chevron* se aplicaba no solo a textos legales ambiguos, sino en supuestos de vacío legal, dado que en tales supuestos el silencio se interpretó jurisprudencialmente como una delegación implícita.

III.- EL PLEITO EN EL TRIBUNAL SUPREMO

Si a la hora de analizar el asunto *Chevron* actualmente se conocen las interioridades de la fase de admisión y deliberación consultando el archivo de todos los jueces que integraban el Tribunal Supremo a la hora de resolverlo (al no quedar ya con vida ninguno de quienes integraban dicho órgano judicial en 1984, ya no hay restricciones a la consulta de la documentación oficial de esos jueces), tal circunstancia no se da en el caso *Loper Bright*. No es posible, por tanto, saber la postura tomada por cada juez en la fase de admisión, y tan solo puede conocerse la postura final de los jueces a la vista de su integración en la postura mayoritaria o minoritaria.

Sí es posible conocer la historia procesal de la causa porque los autos son de acceso público.

3.1.- *Breve referencia a la composición del Tribunal Supremo a la hora de resolver el caso Loper Bright*

En el año 2024, el Tribunal Supremo de los Estados Unidos lo presidía el *chief justice* John Roberts (que llegó propuesto por George W. Bush) y por los jueces Clarence Thomas (propuesto por George H. W. Bush), Samuel Alito (propuesto por George W. Bush), Sonia Sotomayor, Elena Kagan (ambas a propuesta de Barack Obama), Neil Gorsuch, Brett Kavanaugh, Amy Coney Barrett (los tres últimos a propuesta de Donald Trump) y Ketanji Brown Jackson (a propuesta de Joseph Biden). No obstante, en el caso *Loper Bright* la juez Jackson se abstuvo al haber formado parte del Tribunal de Apelaciones del Distrito de Columbia en la fase inicial del caso, pues, aunque hubiese tomado parte en la resolución sí que había participado activamente en la vista oral. Existía, por tanto, una mayoría de jueces conservadores, lo cual no era de por sí relevante, sino que lo decisivo era que por primera vez desde los años treinta esa mayoría podía imponer activamente su visión jurídica.

En el periodo comprendido entre los años 1937 y 1943, Franklin Roosevelt logró reorientar la jurisprudencia del Tribunal Supremo al haber tenido la posibilidad de nombrar nada menos que a ocho de sus integrantes. A lo largo del siglo XX, sucesivos presidentes republicanos intentaron revertir la situación de la misma forma que lo hizo Roosevelt, es decir, ejerciendo la facultad constitucional de proponer nombramientos[170], pero nunca lograron un éxito total porque alguno de los jueces terminó reorientando su filosofía judicial. Así, por ejemplo, fue el republicano Eisenhower quien elevó al Tribunal Supremo a Earl Warren y a William Brennan, quienes terminaron por acaudillar el ala liberal y protagonizando una auténtica revolución jurídica con sentencias que no solo abrogaron precedentes consolidados, sino que pasaron a convertirse en nueva línea jurisprudencial. Nixon fracasó igualmente, pues si bien tuvo la posibilidad de nombrar cuatro jueces, tan solo William Rehnquist se mantuvo fiel a su ideario, dado que otros dos (Harry Blackmun y Lewis Powell) se alinearon también con el ala liberal, y el *chief justice* Burger carecía de la convicción y fuerza precisas para imponerse.[171] Lo mismo le ocurrió a Gerald Ford con John Paul Stevens y otro tanto a Ronald Reagan, que, si bien logró que una voz tan autorizada como la de Antonin Scalia se incorporase al Tribunal Supremo, sus otros dos nombramientos, Sandra Day O'Connor y Anthony Kennedy se convirtieron en swing votes, sumándose no pocas veces al sector liberal. Y la experiencia de Reagan se repitió

[170] A ninguno de los republicanos se le ocurrió emular a Roosevelt y proponer lo que se denominó *Court Packing Plan*, es decir, alterar la composición del Tribunal Supremo aumentando el número de miembros con la finalidad de permitir a un mandatario concreto efectuar nombramientos adicionales que alterasen una determinada orientación al margen del procedimiento constitucional ordinario. En el mandato del presidente Biden se creó una Comisión tendente a explorar esa posibilidad, así como verificar si era posible introducir un límite máximo de años de mandato de cada uno de los jueces. La iniciativa, hasta el momento, no pasó del mero estudio.

[171] Sobre este particular, véanse tanto Bob Woodward y Scott Armstrong, *The brethren*; y Laura Kalman, *The long reach of the sixties: LBJ, Nixon and the making of the contemporary Supreme Court*, Oxford University Press, 2017.

con George H. W. Bush, pues sus dos nombramientos corrieron suerte opuesta: Clarence Thomas se mantuvo en la línea conservadora, mientras que David Souter nada más tomar posesión de su cargo se alineó con el sector liberal.

El Tribunal Supremo entró en el siglo XXI con una situación de equilibrio interno. Por un lado, el bloque conservador (William Rehnquist, Antonin Scalia, Clarence Thomas), por otro el sector liberal (John Paul Stevens, David Souter, Ruth Bader Ginsburg y Stephen Breyer) con dos magistrados conservadores pero que unían su voto a los jueces del sector liberal (Sandra Day O'Connor y Anthony Kennedy). Esa situación de equilibrio cambió sobremanera con los nombramientos efectuados durante la presidencia de Donald Trump.

William Rehnquist falleció en septiembre de 2005 y fue sustituido por su antiguo *law clerk* John Roberts, mientras que en 2006 la renuncia de O'Connor fue cubierta por Samuel Alito. La situación de equilibrio no mutaba, pero se sustituía un voto ocasionalmente liberal (O'Connor) por uno inequívocamente conservador (Alito). Barack Obama pudo situar a Sonia Sotomayor como sustituta de David Souter en 2009, y un año más tarde a Elena Kagan como reemplazo de John Paul Stevens, con lo cual se mantuvo el precario equilibrio interno dado que dos jueces liberales sustituían a otros dos liberales, lo que hizo de Anthony Kennedy el juez más influyente en décadas, pues se constituía en el elemento decisivo a la hora de inclinar la balanza en cada caso, y si bien a Kennedy se debieron muchas de las sentencias más avanzadas, era una persona mucho más conservadora que O'Connor.[172]

La situación pudo cambiar cuando en febrero de 2016 el juez Antonin Scalia falleció de forma inesperada. Barack Obama propuso a Merrick Garland para sustituirlo, lo cual hubiera alterado el equilibrio en beneficio de una mayoría liberal (aunque por la mínima), pero el Senado, dominado por los republicanos, en una maniobra de difícil comprensión, rehusó tramitar el nombramiento con la excusa que, al estar en año de elecciones presidenciales y estar cercanas, debería esperarse al resultado de los comicios.[173] Ello dio la oportunidad a Donald Trump de efectuar el primero de los nombramientos, el de Neil Gorsuch.

En 2018 Anthony Kennedy anunció su decisión de retirarse, lo que ofreció a Donald Trump la misma posibilidad que Franklin Roosevelt tuvo ochenta años atrás. Trump propuso a Brett Kavanaugh para cubrir la vacante, sien-

[172] Una crónica de esta evolución en los nombramientos en Jeffrey TOOBIN, *The oath: The Obama White House and the Supreme Court*, Doubleday, 2012.

[173] Hubiera sido más lógico dar curso al nombramiento y, en su caso, rechazarlo o bloquearlo, como sucedió en 1968 con la candidatura de Abe Fortas para sustituir al *chief justice* Warren.

do finalmente confirmado tras uno de los procedimientos senatoriales más desafortunados y lamentables, en el que no faltaron incluso las últimamente omnipresentes denuncias de comportamiento sexual inapropiado, que en la mayoría de los casos se revelaron falsas, y la única denunciante que mantuvo la acusación incurrió en varias contradicciones.[174]

El hecho decisivo acaeció cuando en septiembre de 2020, Ruth Bader Ginsburg falleció a escasas semanas de las elecciones presidenciales. Los republicanos, actuando de forma absolutamente opuesta a como lo habían hecho en 2016, tramitaron en un tiempo record la candidatura de Amy Coney Barrett, que fue confirmada por el Senado el 26 de octubre de 2020, justo ocho días antes de las elecciones presidenciales que dieron la victoria a Joseph Biden.

Por tanto, en 2024 la situación de equilibrio había mutado en una sólida mayoría de seis jueces conservadores. Desde entonces el Tribunal viene sufriendo una progresiva campaña política y mediática de ataques a su legitimidad que llegaron al paroxismo cuando el 24 de junio de 2023 se hizo pública la controvertida sentencia *Dobbs v. Jackson*, que dejaba sin efecto la no menos controvertida doctrina *Roe v. Wade*. El año 2024, además, el Tribunal Supremo había de enfrentarse igualmente a otro polémico asunto, cuál era el alcance de la inmunidad presidencial, lo que le situó igualmente en el ojo del huracán.[175]

En esa situación de mayoría conservadora acompañada de una constante impugnación (en la mayoría de los casos, injusta) de su legitimidad, el Tribunal Supremo debía afrontar la resolución del asunto *Loper Bright*, que afectaba nada menos que a uno de los pilares del *Administrative state*.

[174] Una crónica donde se revela todo el bochornoso *affaire* que rodeó la confirmación Kavanaugh, en Mollie Hemingway y Carrie Severino, *Justice on trial. The Kavanaugh confirmation and the future of the Supreme Court*, Regnery Publishing, 2019. Por cierto, la cobertura mediática, por lo menos la española, no se caracterizó precisamente por su ecuanimidad a la hora de suministrar la información. Los mismos medios y corresponsales que, por supuesto, airearon a los cuatro vientos las denuncias contra el juez, se cuidaron muy mucho en silenciar las retractaciones posteriores y, por supuesto, no consideraron adecuado decir ni una sola palabra sobre todas las cartas remitidas al Senado (que eran de acceso público a través de la web del Comité Judicial) en las que antiguas trabajadoras y estudiantes negaban todo atisbo de conducta inapropiada y defendían que Kavanaugh siempre había mantenido un comportamiento exquisito.

[175] El Tribunal Supremo resolvió el asunto en la sentencia *Trump v. United States*, hecha pública el 1 de julio de 2024, justo tres días después de la sentencia *Loper Bright*.

3.2.- *Fase de admisión*

El día 10 de noviembre de 2022 la entidad Loper Bright Enterprises presentó escrito de interposición de *certiorari*, en el que delimita las dos cuestiones jurídicas a resolver por el Tribunal Supremo en los siguientes términos:

> 1.- Si de conforme a una correcta interpretación de *Chevron*, la MSA otorga implícitamente al NMFS la competencia para obligar a buques nacionales a retribuir los vigilantes que están obligados a llevar.
>
> 2.- Si el Tribunal debe dejar sin efecto *Chevron* o al menos clarificar si constituye o no ambigüedad que requiera aplicar deferencia el silencio legal relativo a competencias disputadas que son reconocidas de forma expresa, pero restringida en la ley.

Tras exponer los antecedentes fácticos y la historia procesal del caso, dentro del apartado «razones para admitir a trámite el asunto», incide en dos ideas básicas que, a su entender, aconsejan franquear la entrada del caso: la indefensión del ciudadano ante el exceso de regulación administrativa y el carácter erróneo de *Chevron* que, por tanto, debe rectificarse. En lo que respecta a la primera de las cuestiones, afirma:

> Uno de los pocos baluartes de la ciudadanía contra el exceso de regulación consiste en que las agencias federales deben limitar sus regulaciones a las que puedan llevar a efecto con los recursos expresamente autorizados por el Congreso. La sentencia de instancia diluye ese límite práctico al dar luz verde a que sean los ciudadanos quienes abonen directamente el coste del cumplimiento sin que el Congreso haya autorizado tal medida.

Y a continuación vincula tal estado con la doctrina *Chevron*:

> Que la sentencia de instancia alcance el resultado aplicando *Chevron* tan solo refuerza la necesidad de que este Tribunal revise plenamente el caso. Este Tribunal se apartó en los últimos años de la deferencia *Chevron* por muy buenas razones. Aun cuando la doctrina puede haber tenido sentido en la teoría bajo la presunción que una correcta aplicación de los principios de interpretación legal convertiría la primera fase en el principio general y la segunda en la excepción, *Chevron* ha sido un desastre en la práctica. Los tri-

> bunales inferiores ven ambigüedades por todas prácticas y han abdicado en las agencias ejecutivas su principal responsabilidad de interpretar la ley. El resultado directo no es otro que el crecimiento exponencial del Código de Regulaciones Federales y el exceso de regulación emanado de agencias que carecen de responsabilidad.

Lo cual, aplicado al supuesto concreto, conlleva a concluir:

> El silencio no constituye ambigüedad [...] Si *Chevron* realmente exige deferencia en estas circunstancias, entonces no debe ser más ignorado, sino dejarse sin efecto de manera que los tribunales inferiores dejen de abdicar sus responsabilidades de interpretar leyes cada vez que afrontan una dificultad pasando a considerarla como ambigüedad.

Puede comprobarse que la parte recurrente planteó el asunto de tal forma que ofrecía al Tribunal Supremo dos posibilidades. La primera, tramitar el asunto solo respecto a la primera de las cuestiones, lo que permitiría que la sentencia resolutoria no efectuase un pronunciamiento general, sino ceñido al caso concreto enjuiciado.[176] Pero también le abría la opción, a través de la segunda de las posibilidades, de reconsiderar la doctrina Chevron, bien dejándola sin efecto o bien restringiéndola a través de una sentencia que clarificase en qué supuestos había de considerarse ambiguo un texto legal.

A continuación, se entró en una fase procesal de presentación de escritos y solicitudes de ampliación de plazos (estimadas por el Tribunal Supremo) donde entre el 6 y el 15 de diciembre de 2022 presentan sus escritos hasta ocho entidades como *amicus curiae*.

La *solicitor general*, Elisabeth Prelogar, actuando en representación de la Secretaria de Comercio, dejó transcurrir casi tres meses antes de presentar su escrito impugnando la solicitud de admisión a trámite, pues no lo hizo hasta el 16 de febrero de 2024. *Ad cautelam*, y para el supuesto que el Tribunal franquease la entrada del caso, planteó la cuestión a resolver en los siguientes términos:

[176] De hecho, en el desarrollo argumental del escrito de interposición, el recurrente imputa al Tribunal de Apelaciones el haber aplicado de forma errónea *Chevron* debido a que no existía ambigüedad alguna en el texto legal. En este punto el escrito, que en ocasiones se manifiesta con bastante crudeza, afirma que: «La resolución el Tribunal de Apelaciones interpretando la MSA es erróneo de principio a fin, y tal equivocada aplicación de *Chevron* llama a gritos para una revisión por este Tribunal». Unas páginas atrás, acusaba al organismo administrativo de, citamos textualmente, «añadir al escarnio el insulto» cuando se imponía al navío la obligación de llevar un vigilante federal y, además, abonar su coste.

> Si el Tribunal de Apelaciones erró al sostener que el National Marine Fisheries Service actuó dentro del ámbito de sus competencias legales delegadas al amparo de la *Magnuson-Stevens Fishery Conservation and Management Act*, 16 USC 1801, cuando la agencia adoptó en 2020 una normativa según la cual a ciertos buques pesqueros que pescan arenque en la costa del Atlántico se les puede exigir que contraten vigilantes y que los lleven a bordo para recoger datos a los efectos de conservación y gestión.

La parte recurrida afirmó que el asunto ni tan siquiera debía admitirse a trámite, pues el tribunal de instancia, aplicando las herramientas interpretativas, consideró que el NFMS, cuando adoptó la norma exigiendo la presencia de vigilantes a bordo de los buques pesqueros, actuó dentro de los límites de las competencias que ostentaba en virtud de la MSA; y, además, los recurrentes no habían logrado acreditar la existencia de motivos que justificasen la intervención del Tribunal Supremo. El análisis de dicho aspecto ocupó gran parte de las treinta páginas de su escrito, de tal forma que no fue hasta la página veintiséis cuando entró a abordar directamente la cuestión de si ha de mantenerse o no *Chevron*, cuestión a la que apenas dedicó tres páginas.

En primer lugar, apeló a la adhesión al precedente y justificó el mantenimiento de *Chevron* ofreciendo los argumentos que tradicionalmente se esgrimían en su favor:

> El Tribunal describió *Chevron* no como una innovación, sino como la aplicación de «principios bien asentados» relativos al papel de las agencias al resolver ambigüedades legales [...] Los tribunales federales han aplicado *Chevron* en miles de sentencias [...]. Las entidades reguladas constantemente actúan con base en interpretaciones de las agencias que los Tribunales han avalado aplicando el marco de *Chevron*. Al centralizar las funciones interpretativas en las agencias supervisadas por el presidente, *Chevron* promueve igualmente la responsabilidad política, la uniformidad nacional, y la predictibilidad, y respeta los conocimientos especializados que las agencias pueden aportar a la hora de llevar a efecto un complejo marco legal [...]
> Los recurrentes alegan principalmente que *Chevron* supone una transferencia impropia de la facultad de interpretación legal desde los tribunales al poder ejecutivo. Pero este Tribunal explicó que el marco de *Chevron* descansa en la presunción que «la ambigüedad legal constituye una delegación implícita del Congreso en las agencias para cubrir los vacíos legales; *FDA v. Brown & Williamson Tobacco Corp*, 529 US 120, 159 (2000).

> [...] Los recurrentes también afirman que *Chevron* promueve la excesiva regulación, dificulta legislar y daña «la ciudadanía». Pero no invocan ni una sola prueba para avalar dicha s afirmaciones ni realizan ningún esfuerzo para contrastar tales especulaciones con los beneficios concretos de *Chevron* que este Tribunal identificó.

No obstante, la *solicitor general* no debía tenerlas todas consigo, por cuanto en el último párrafo del escrito ofrecía un argumento para mantener *Chevron* incluso en el supuesto en que se aceptasen como válidas las premisas y los argumentos del recurrente. Se trataba de un «comodín» que vinculaba la doctrina al asunto particular, al entender que la supresión o modificación de la deferencia no implicaría alteración del fallo:

> De cualquier forma, este caso sería inadecuado para modificar o dejar sin efecto *Chevron*, porque hacerlo no supondría diferencia alguna en la correcta solución ofrecida a este asunto en particular. Los recurrentes han mantenido en las instancias inferiores que su interpretación de la ley prevalecería incluso aplicando la doctrina Chevron. Los órganos judiciales no lo entendieron así, y ahora los recurrentes pretenden impugnar la doctrina misma, pero sin ofrecer motivo alguno que lleve a pensar que su interpretación hubiera prevalecido en ausencia de Chevron.

El 1 de mayo de 2023 el Tribunal Supremo admitió a trámite el recurso, pero limitado a la segunda de las cuestiones planteadas por la defensa de *Loper Bright*.[177] Ello implicaba que el Tribunal Supremo no iba a limitarse a un pronunciamiento de eficacia limitada al caso, sino que iba a coger el toro por los cuernos y abordar directamente la propia vigencia de la doctrina Chevron.

3.3.- *Escritos de formalización y vista oral.*

Una vez se admitió a trámite el procedimiento, las partes en disputa habrían de presentar sus escritos de formalización del recurso ceñidos ya a la cuestión planteada. No obstante, también podían presentar escritos, en su condición de *amicus curiae*, aquellas personas físicas y entidades de naturaleza pública o privada que justificasen un interés legítimo en la causa.

[177] Ketanji Brown Jackson se apartó de la causa dado que había formado parte de la sección del Tribunal de Apelaciones que había dictado la sentencia recurrida. Y si bien no había tomado parte en la deliberación y fallo, sí que había estado presente durante la vista oral en la instancia.

Entre el 13 de julio y el 22 de septiembre de 2023 se presentaron los escritos de todos los intervinientes. La defensa del recurrente Loper Bright presentó el suyo en fecha muy temprana, el 17 de julio, mientras que la *solicitor general* optó por demorar la presentación del suyo hasta el 15 de septiembre. Además, una pléyade de personas y entidades de naturaleza más diversa (desde miembros de la Cámara de Representantes y del Senado hasta asociaciones contra el cáncer) comparecieron inclinándose por una y otra opción. Los intervinientes que se sumaron a las tesis de la parte recurrente exigiendo dejar sin efecto *Chevron* sobrepasaron con creces a quienes defendieron mantenerlo, e incluso dentro de este último grupo hubo un sector que consideró necesario introducir clarificaciones en determinados aspectos.

A continuación, se inserta un cuadro con la posición jurídica que mantuvieron tanto las partes como los intervinientes:

Repudiar *Chevron*	**Mantener *Chevron* pero con matices**	**Mantener *Chevron* intacto**
LOPER BRIGHT		GINA RAIMONDO
Pacific Legal Foundation	Atlantic Legal Foundation	DRI Center for Public Law & Policy
Lonang Institute	Patent and Trademark Attorneys, Agents, Applicants for Restoration and Maintenance of Integrity in Government (PTAAARMIGAN)	Kent Barnett y Christopher J Walker
Goldwater Institute	TechFreedom	Shelton Whitehouse
America First Legal Foundation	New England Legal Foundation	Enviromental Defense Fund
Manhattan Institute	Mountain States Legal Foundation	Public Citizen Org.
American Center for Law and Justice	Thomas Merrill	American Association for the Advancement of Science American Society for Pharmacology and Experimental Therapeutics Ecological Society of America
Foundation for Government Acountability	National Taxpayers Union Foundation	Scholars of Administrative Law and Administrative Procedure
Liberty Justice Center	Cámara de Representantes de los Estados Unidos	Natural Resources Defense Council

Center for Constitutional Jurisprudence	Aditya Banzai	Administrative and Federal Regulatory Law Professors
Landmark Legal Foundation	Electronic Nicotine Delivery System Industry Stakeholders	Committee for Civil Rights under Law
Cato Institute		Conservation Law Foundation
Competitive Enterprise Institute		American Cancer Society
Christian Employers Alliance		Small Business Associations
David Goethel y John Haran		District of Columbia
America First Policy Institute		American Federation of Labor Congress of Industrial Organization
National Right to Work Legal Defense Foundation		
Chamber of Commerce of the United States		
Ted Cruz, Mike Johnson y otros 34 miembros del Congreso		
Little Sisters of the Poor Saints Peter and Paul Home		
West Virginia y otros 26 estados		
Action Foundation and Firearms Policy Coalition		
Third Party Payment Processors Association		
Strive Asset Management		
Advance Colorado Institute		
New Civil Liberties Alliance		
Brian Kemp (gobernador de Georgia)		
Eight Nacional Business Organization		
American Cornerstone Institute		
Southestern Legal Foundation		
Ohio Chamber of Commerce		
American Free Enterprise Chamber of Commerce		
National Sports Shooting Foundation		
Advancing American Freedom		

Buckeye Institute National Federation of Independent Business Small Business Legal Center		
Women's Law Center Washington Legal Foundation		
Gun Owners of America		

El día 13 de octubre de 2023, el Tribunal Supremo resolvió acumular al caso *Loper Bright* el asunto *Relentless Inc v. Department of Commerce*, y un mes más tarde, el 17 de noviembre de 2023, fijó el miércoles día 17 de enero de 2024 como fecha de celebración de la vista oral.

Antonín Scalia manifestó irónicamente en alguna ocasión que, si bien la vista oral no ayuda en nada a ganar un caso, sí puede ayudar a perderlo. Y, en todo caso, suele ser ilustrativa por cuanto las preguntas y observaciones de los jueces constituyen un indicador de su postura. *Loper Bright* no fue una excepción. Justo al inicio de la vista oral, el letrado Paul Clement, en su breve resumen, intentó deshacer la idea de que dejar sin efecto *Chevron* beneficiase solo a las grandes empresas.[178] Por su parte, la *Solicitor General*, Elisabeth Prelogar incidió en la corrección de la doctrina afirmando, respecto a una de las grandes debilidades doctrinales, que: «si el Congreso puede otorgar de forma expresa a la agencia la facultad de interpretar la ley, entonces puede hacerlo de forma implícita, especialmente en un mundo donde el Congreso debe otorgar a la agencia la autoridad expresa para llevar a cumplimiento la ley».

Elena Kagan, fue muy activa a la hora de asumir la defensa de *Chevron*. En cierto momento, minimizando incluso la doctrina Skidmore.[179] Pero es intere-

[178] «Este caso ilustra sobre los costes reales de *Chevron*, que no recaen exclusivamente en los "Chevrons" del mundo, sino que dañan igualmente a las pequeñas empresas y a las personas [...] La doctrina es inviable por cuanto su centro de gravedad radica en que su umbral de ambigüedad es irremediablemente ambiguo. Es igualmente una doctrina que mina la confianza porque avala los cambios de postura de las agencias. Así pues, la realidad es que el procedimiento en dos fases de *Chevron* debe reemplazarse por una única cuestión: ¿Cuál es la mejor interpretación de la ley?».

[179] «*Skidmore*, ¿Qué significa *Skidmore*? *Skidmore* significa que si pensamos que lo que dices es correcto, le decimos que es correcto. Así que la idea que Skidmore va a ser un apoyo una vez se deshaga de Chevron, que Skidmore signifique algo más que la nada, Skidmore nunca ha significado nada [...] Skidmore no es una doctrina de humildad, Chevron lo es».

sante el diálogo que mantuvo con el letrado Clement a la hora de afrontar el núcleo básico de la doctrina Chevron, cual es equiparar la ambigüedad a una delegación implícita al ser lo que el Congreso realmente quiere.[180] Ello dio lugar a un interesante e ilustrativo diálogo relativo a uno de los fundamentos básicos de la doctrina.

> Sr. Clement: [...] le diré lo siguiente: si creyese eso, le diría que en ese punto inclinaría la balanza hacia el ciudadano, no hacia la agencia. Y creo es importante...
>
> Juez Kagan: Verá, no pienso que sea lo que podríamos hacer; usted se inclinaría hacia el ciudadano y yo me inclinaría por la agencia. *Chevron* trata de lo que el Congreso desea.
>
> Y puede describirlo como ficción todas las veces que quiera, pero tenemos muchas presunciones que operan respecto a la interpretación legal, y esta es solo una de ellas. Implica únicamente que el Congreso comprende tan bien como cualquiera los diferentes atributos institucionales y las virtudes comparativas, y no desea que los tribunales hagan... puedan... quiero decir, es derecho, pero son juicios cargados de política una vez... una vez que la orientación del Congreso no pudo encontrarse.
>
> Mr. Clement: Entonces, juez Kagan, si vamos a hablar de lo que el Congreso desea, probablemente deberíamos al menos incidir en el hecho que poseemos un escrito en este caso donde la Cámara de Representantes, actuando en su capacidad institucional, no desea *Chevron*. Está de nuestro lado en este caso, y ciertamente...
>
> Juez Kagan: Si no desea Chevron, posee un control total sobre ello. Puede dejarlo mañana sin efecto en relación con cualquier ley particular y con respecto a las leyes en general, y no lo ha hecho. Durante cuarenta años, ha avalado *Chevron*. Excepto en casos sumamente excepcionales, ha dicho

[180] «Lo que Chevron dice es que hay dos posibles entes que puedan decidir, está la agencia y está el tribunal, y pensamos que el Congreso hubiese preferido que la agencia resolviese esta cuestión cuando la intención del Congreso no puede determinarse, dado que la agencia posee expertos, experiencia y conoce cómo adecuar la cuestión al marco legal. No es, por tanto, que el Tribunal no pueda hacerlo. Se trata de que, una vez acreditado que la orientación del Congreso no puede verificarse, quién desea el Congreso que sea el que resuelva».

básicamente que este es el marco legal, y nos ofrece un principio estable para interpretar textos legales, y lo hemos aceptado.[181]

Amy Coney Barrett dejó entrever la posibilidad de que su voto se inclinase a dejar sin efecto *Chevron*, toda vez que preguntó a Clement acerca de las potenciales consecuencias de un pronunciamiento anulatorio sobre todas las sentencias que hubiesen aplicado la doctrina anulada. Samuel Alito, por su parte, requirió a Clement para que le indicase el motivo que Chevron gozase inicialmente de popularidad. La respuesta ciertamente explica los motivos por los que muchos se fuesen alejando progresivamente de la sentencia:

> CLEMENT: Creo que tenían parcialmente razón entonces. Así que permítame explicar qué es lo que ha cambiado y lo que no, es decir, lo que el Tribunal echó de menos en *Chevron*.
>
> Lo que ha cambiado es que hemos recorrido un largo camino en materia de interpretación legal. Como saben, *Chevron* fue una respuesta a algunos de los excesos del Tribunal de Apelaciones del Distrito de Columbia en aquella desenfrenada época de finales de los setenta y el uso de historia legislativa y, oh, por cierto, el texto de la ley aparece al margen de la sentencia, y no voy a hablar sobre ello nuevamente porque el tiempo apremia, y creo que ahora todos somos textualistas.[182]

Neil Gorsuch, cuya postura al respecto era conocida, afirmó dirigiéndose a Clement, pero en respuesta explícita a su colega de estrado Kagan que «una lección de humildad consiste en admitir que estás equivocado». Por su parte, Kavanaugh realizó su particular interpretación de *Skidmore* (a quien rehusó anteponer el sustantivo *deferencia*) según la cual merecen respeto las interpretaciones administrativas que se emitiesen en fechas coetáneas a la ley y se mantuviesen de forma constante, marcando la diferencia entre ambas doctrinas:

> Una gran diferencia entre *Skidmore* y *Chevron* (hay otras) consiste en que cuando la agencia cambia de posición cada cuatro años, aun así, es acree-

[181] En su larga respuesta, Clement respondió que «Eso es solo una ficción, particularmente por cuanto asume que la ambigüedad es siempre una delegación, pero no siempre lo es. Y la ambigüedad, con más frecuencia, se debe a que en el Congreso no hay suficientes votos para clarificar un punto, así que lo deja ambiguo».

[182] Esta opinión la asume igualmente John O. MCGUINNIS, *The rise and fall of Chevron*, *op. cit.*

dora a la deferencia *Chevron*, pero con *Skidmore*, en lo que a la interpretación se refiere, decaería porque no ha sido constante ni coetánea a la ley.

Fue igualmente de interés la pregunta del juez Clarence Thomas a la *solicitor general* Prelogar («cómo diferencia la delegación legislativa del silencio legislativo»), como interesante y hábil fue la respuesta ofrecida:

> Nunca habrá un silencio total en la ley. En última instancia, la agencia va a poder acogerse a la delegación expresa de facultades normativas, la directiva del Congreso para que lleve a cumplimiento la norma con toda la fuerza de la ley.

Por último, uno de los momentos más extraños fue la respuesta de la *solicitor general* a la pregunta de la juez Sonia Sotomayor relativa a otra de las críticas más fundadas, que es la inadecuación de *Chevron* a las previsiones de la *Administrative Procedure Act*:

> Mi teoría de por qué *Chevron* no citó la sección 706 se debió a que esta nunca se interpretó, ni en el momento de aprobarse ni en las ocho décadas posteriores, en el sentido de haber fijado un nuevo criterio de revisión en asuntos de interpretación legal.
> Así que no había tensión material entre la Sección 706.

Por su parte, el *chief justice* Roberts inquirió acerca de si la doctrina *Chevron* se aplicaba a cuestiones relativas a interpretación de textos constitucionales, y aquí la *solicitor general* afirmó de manera rotunda que no, la deferencia se aplica estrictamente a asuntos de interpretación legal.

Al declararse el pleito visto para sentencia, parecía claro que los días de *Chevron* estaban contados.

3.3.- *La sentencia*

La sentencia, que resolvió de forma acumulada el caso *Loper Bright* junto con *Rentless v. Department of Commerce*, se hizo pública el día 28 de junio de 2024, justo al final del periodo ordinario de sesiones del Tribunal Supremo, como suele ser habitual en asuntos que generen controversia. En este caso, el máximo órgano judicial de los Estados Unidos la adoptó por una mayoría de seis jueces frente a dos discrepantes, con el *chief justice* Roberts como ponente.[183]

[183] Al *chief justice* Roberts se unieron Clarence Thomas, Samuel Alito, Neil Gorsuch, Brett Kavanaugh y Amy Coney Barrett; Thomas y Gorsuch formularon dos votos particulares

La sentencia tiene dos partes claramente diferenciadas. La primera efectúa un amplio recorrido por la jurisprudencia del Tribunal Supremo en torno a la interpretación de textos legales y la segunda afronta de plano la doctrina *Chevron*, a la que somete a una dura crítica y que de forma expresa rectifica.

3.3.1.- Repaso a la jurisprudencia anterior a *Chevron*

Se distinguen dos etapas claramente diferenciadas con el año 1933 a modo de línea divisoria entre ambas.

En lo que respecta a la situación anterior a 1933, tras remontarse a los propios debates constituyentes y citar jurisprudencia emanada del Tribunal Supremo en sus primeras décadas, se concluye que la función de interpretar las normas legales es competencia exclusiva de los órganos judiciales. Así, reconoce que tanto los constituyentes como la propia jurisprudencia del Tribunal Supremo eran muy claros: los jueces eran quienes tenían la última palabra en relación a la interpretación de preceptos legales dudosos.[184] Ahora bien, ello no

concurrentes. Por el contrario, las dos juezas disidentes fueron Sonia Sotomayor y Elena Kagan. Ketanji Brown Jackson no participó en el asunto *Loper Bright*, pero sí intervino en el acumulado *Rentless v. Department of Commerce*, donde se unió a las discrepantes del caso *Loper Bright*, adhiriéndose al voto particular discrepante de Elena Kagan.

[184] «El Artículo III de la Constitución atribuye al poder judicial federal la responsabilidad y poder de resolver "casos" y "controversias" (disputas concretas con consecuencias para las partes afectadas). Los redactores de la Constitución observaron que las leyes que los jueces necesariamente habrían de aplicar a la hora de resolver tales disputas no siempre serían claras. Conscientes de los límites del lenguaje humano, anticiparon que "todas las nuevas leyes, aun cuando redactadas con la mayor competencia técnica y aprobadas tras la más completa y madura deliberación, serían "más o menos oscuras y equívocas hasta que su significado" se fijase "por una serie de resoluciones concretas"; *El federalista*, núm. 33 (J. Madison), ed. J. Cooke, 1961.

Los constituyentes también consideraron que la "interpretación final de las leyes" sería "tarea concreta y adecuada de los tribunales" (*Id.* n.º *78, A. Hamilton). A diferencia de los poderes de naturaleza política, los tribunales por su creación* "no ejercerían la fuerza ni la voluntad, sino meramente el juicio"; *id.* Para asegurar la "firme, recta e imparcial administración de las leyes", los constituyentes redactaron la Constitución para permitir a los jueces ejercer tal juicio independiente de la influencia de los poderes de naturaleza política. *Id.* en 522; Stern v. Marshall 564 US 462, 484 (2011).

Este tribunal acogió de forma temprana la interpretación que los constituyentes efectuaron de la función judicial. En la sentencia básica Marbury v. Madison, el *chief justice Marshall* efectuó la famosa declaración según la cual: "es claramente competencia y deber del poder judicial interpretar las leyes". Y en las décadas siguientes, el Tribunal entendió que "interpretar las leyes, en última instancia" era un "deber solemne" del poder judicial. United States v. Dickson 15

era incompatible con que los órganos judiciales pudiesen tener muy en cuenta e incluso ofrecer un *prius* a la interpretación efectuada por los entes administrativos, pero sin que esta condicionase en modo alguno la que debían efectuar los órganos judiciales en la función que constitucionalmente tienen encomendada:

> El Tribunal reconoció igualmente desde el principio que ejercer su función de forma independiente con frecuencia implicaba otorgar el debido respeto a las interpretaciones que el poder ejecutivo realizaba de las leyes federales. [...]
>
> Tal respeto se consideró especialmente justificado cuando la interpretación realizada por el poder ejecutivo se efectuó en un tiempo más o menos cercano a la aprobación de la ley y permaneció constante en el tiempo [...]. Ello fue así porque «el constante actuar administrativo», como cualquier otro elemento en la interpretación, «puede ayudar al tribunal a determinar el significado del texto legal» [...] El Tribunal otorgó igualmente «la más respetuosa consideración» a las interpretaciones realizadas por el ejecutivo simplemente porque «los empleados públicos que la hacían eran con frecuencia hombres capaces y autoridades en la materia» y «en no pocas ocasiones... los redactores de las leyes que con posterioridad estaban llamados a interpretar». [...]
>
> Sin embargo, «respeto» era solo eso. La interpretación llevada a cabo por el Ejecutivo podía servir de base al juicio del tribunal, pero no sobreponerse a él. Cualquiera que sea el respeto debido a tales interpretaciones, un juez «ciertamente no está obligado a aceptar la interpretación realizada por el titular de un departamento»; *Decatur*, 14 Pet en 515, ver igualmente *Burnet v. Chicago Prtrait Co*, 285 US 1, 16 (1932). En otro caso, la decisión judicial no sería en modo alguno independiente. Como señaló el juez Story «en supuestos donde el criterio del tribunal difiere del de otros altos funcionarios» el tribunal «ni está obligado a someterse ni a orillarlo», *vid. Dickson* 15 Pet en 162.

La segunda gran etapa se extiende durante el casi medio siglo que separa la puesta en marcha del *New Deal* (1933) y la sentencia *Chevron* (1984). La situación no experimentó cambio alguno, sino que se ratificó el principio tradicional de atribuir a los órganos judiciales la facultad de interpretar en última instancia las

Pet. 141, 162 (1841) (Story, J. por el Tribunal). Cuando estuviese en disputa el significado de un precepto legal, el rol del poder judicial era "interpretar la ley del Congreso en orden a verificar los derechos de las partes"; Decatur v. Paulding 14 Pet 497, 515 (1840)».

normas,[185] que obtuvo además expreso respaldo legal con la aprobación de la *Administrative Procedure Act* (APA), consagrándose en el derecho positivo la circunstancia que los órganos judiciales debían resolver, cuando se les encomendase la revisión judicial de la actuación administrativa, todas las cuestiones jurídicas que se les plantearan.[186] Es precisamente en este momento, al analizar el marco legal de la APA, cuando la sentencia incluye un párrafo que ha permitido a algunos autores sostener que el Tribunal en modo alguno desautoriza que el legislativo pueda depositar ocasionalmente en las agencias funciones de interpretación legal:

> Por supuesto que, en casos donde intervenga una agencia, la interpretación de la ley puede muy bien ser que la agencia esté autorizada a ejercer un grado de discrecionalidad. El Congreso con frecuencia aprueba tales leyes. Por ejemplo, algunas de ellas «delegan de forma expresa» en la agencia la autoridad para fijar el significado de algún término legal [...] Otras facultan a la agencia para aprobar normas que «completen los detalles» del marco legal [...] o para regular, sujeto a los límites impuestos, un vocablo o frase que «permita flexibilidad a las agencias» [...] tales como *apropiado* o *razonable*.
>
> Cuando la interpretación más adecuada de una ley sea que esta delega en una agencia potestades discrecionales, de conformidad con la APA el papel del tribunal revisor será, como siempre, interpretar de forma independiente la ley y

[185] «Nada en la época del *New Deal* o anterior se asemeja al principio de deferencia que el Tribunal comenzó a aplicar décadas después a todo tipo de interpretaciones legales que efectuaron las agencias. En vez de ello, tan solo cinco años después de *Gray* y dos después de *Hearst*, el Congreso fijó a nivel legal la solución opuesta: el principio tradicional que los tribunales deben "resolver todas las cuestiones jurídicas relevantes"».

[186] «En una norma destinada a servir "como ley fundamental del estado administrativo" [...] el Congreso habría recogido con total seguridad un principio similar de deferencia a cuestiones jurídicas si su intención hubiera sido apartarse del consolidado principio que existía con anterioridad a la promulgación de la APA, según el cual resolver tales cuestiones era "competencia exclusivamente judicial" [...]. Pero nada en la APA apunta a tan dramático giro. Al contrario, al exigir a los tribunales que "interpreten las previsiones constitucionales y legales" sin diferenciar entre ambas, la sección 706 deja claro que la interpretación administrativa de textos legales (al igual que la interpretación administrativa de la Constitución) no es acreedora a deferencia judicial. Bajo la APA, por tanto "continúa siendo responsabilidad del tribunal decidir si la interpretación de la ley es la que realizó la agencia" [...]. El texto de la APA significa lo que dice.Y un vistazo a su historia si algo muestra es su claro significado. De conformidad tanto con los Informes de la Cámara de Representantes como del Senado sobre dicha ley, la Sección 706 "establece que las cuestiones jurídicas han de ser resueltas en última instancia por los tribunales y no por las agencias"».

> cumplir la voluntad del Congreso dentro de sus límites constitucionales. El tribunal cumplirá tal misión reconociendo la constitucionalidad de la delegación, «fijando los límites de las competencias delegadas» [...] y asegurarse de que la agencia ha tomado una «decisión razonable» dentro de esos límites; [...]. Al hacerlo, el tribunal cumple con el principio tradicional de la función judicial que la APA acogió...

No obstante, lo que importa es que hasta el momento de dictarse *Chevron*, el marco general era que la última palabra en materia de interpretación legal correspondía a los órganos judiciales, sin que para realizar esta función estuviesen condicionados jurídicamente por la lectura que de las normas controvertidas efectuasen los entes públicos, aunque nada impedía tomarla en consideración e incluso asumirla, pero sin que ella fuese vinculante en modo alguno.

3.3.2.- Crítica jurídica a *Chevron*

El párrafo que inicia la crítica jurídica es ya demoledor, «*Chevron*, resuelto en 1984 por una simple mayoría de seis jueces, provocó una notable desviación respecto al principio tradicional».[187]

En primer lugar, considera que esa deferencia administrativa hacia las interpretaciones efectuadas por las agencias se desvía de las previsiones normativas y jurisprudenciales, al orillar los preceptos aplicables y abdicar del deber de interpretación, algo que como se ha expuesto, era función inherente al poder judicial.[188] La sentencia llega al punto de concluir que «ni *Chevron* ni ninguna

[187] En este punto los jueces no comparten el criterio sostenido en vida por Scalia: «No debe pensarse que la doctrina *Chevron* (salvo en la claridad y en la aparentemente categórica naturaleza de su expresión) es algo enteramente nuevo. Al contrario, los tribunales han venido aceptando durante algún tiempo interpretaciones "razonables" efectuadas por el ejecutivo»; Antonin SCALIA, *Judicial deference to administrative interpretations of law*, p. 512.

[188] «Sin citar la APA ni reconocer ninguna modificación doctrinal, el Tribunal estableció una segunda fase aplicable cuando "el Congreso no hubiese abordado directamente la materia en cuestión" [...]. En tal caso (esto es, en supuestos en los cuales "la ley guardase silencio o no fuese clara" sobre el objeto del pleito) el tribunal revisor no podía "simplemente imponer su propia interpretación de la ley, como sería necesario en ausencia de interpretación administrativa" [...]. En vez de ello, el tribunal debía orillar todos los instrumentos tradicionales de interpretación y aceptar la realizada a por la agencia si constituía "una interpretación permisible de la ley", incluso si "no fuese la que el tribunal hubiese alcanzado si la cuestión se hubiese planteado por vez primera en el seno del proceso"».

sentencia posterior de este Tribunal intentó adecuar su marco a la APA», e incluso que su «ficticia presunción relativa a la intencionalidad del Congreso se encontraba siempre desligada de la exigencia de la APA, que exige a los tribunales ejercitar su juicio independiente a la hora de interpretar los textos legales que las agencias han de ejecutar».

En segundo lugar, rechaza que una ambigüedad normativa o el silencio sobre un asunto deba tomarse como una presunción *iuris tantum* de que el legislador pretendió atribuir a las agencias la facultad de completar por vía interpretativa la oscuridad del precepto legal.[189] También refuta la defensa de *Chevron* basada en la pericia técnica de los integrantes de la agencia con una frase demoledora: «Quizá lo más importante, la presunción de *Chevron* es errónea porque las agencias no poseen competencias específicas para resolver cuestiones de interpretación legal. Los tribunales sí». Es más, niega que pueda afirmarse que la interpretación de preceptos legales dudosos conlleve necesariamente el ejercicio de funciones políticas, dado que ello conlleva tan solo funciones atribuidas a la competencia exclusiva del poder judicial.[190]

La sentencia concluye de forma tajante con un párrafo que sintetiza todo el razonamiento anterior:

> Se deja sin efecto *Chevron*. Como exige la APA, los jueces deben ejercitar su juicio independiente a la hora de decidir si una agencia actuó dentro de

[189] «Las presunciones tienen su importancia a la hora de interpretar las normas, pero tan solo hasta donde se aproximen a la realidad. La presunción de *Chevron* no lo hace, porque "una ambigüedad no es simplemente una delegación de la facultad de interpretar las leyes. Chevron confunde ambas" [...]. Como la propia sentencia *Chevron* reconoció, las ambigüedades pueden deberse a la incapacidad del Congreso de ofrecer una respuesta adecuada al asunto, o incluso por un fracaso al no "abordar la materia" con la precisión exigida. En ningún caso una ambigüedad refleja necesariamente la intención del legislativo de que sea una agencia, y no un tribunal, quien tenga la última palabra en la interpretación legal. Muchas, quizá la mayoría de ambigüedades legales, pueden ser no intencionadas. Como los constituyentes reconocieron, las ambigüedades siguen inevitablemente a "la complejidad de los asuntos... y a la imperfección de las facultades humanas" y del simple hecho que "ningún idioma es tan completo como para ofrecer palabras y frases para cada idea compleja"».

[190] «La afirmación relativa a que la interpretación de preceptos legales ambiguos implica la formulación de políticas y, por tanto, debe atribuirse a actores políticos en vez de a los tribunales está especialmente equivocada, pues descansa en una visión profundamente errónea de la función judicial. Es razonable asumir que el Congreso pretende dejar la formulación de la política a los políticos. Pero la resolución de ambigüedades legales implica interpretación legal. Y un asunto no se convierte súbitamente en político tan solo porque una de las partes sea una agencia administrativa».

su autoridad legal. Un cuidadoso análisis de la interpretación efectuada por el Poder Ejecutivo puede servir de ayuda. Y cuando una ley concreta delega, dentro de los límites constitucionales, competencias en una agencia, los tribunales deben respetar esa delegación asegurándose que la agencia actúa dentro de esos límites. Pero los tribunales no necesitan, y aplicando la APA no pueden, otorgar deferencia a la interpretación legal efectuada por una agencia simplemente porque la ley sea ambigua.

3.4.- *Los votos particulares*

3.4.1.- Concurrentes

A la sentencia se incorporaron dos votos particulares concurrentes, de muy diferente extensión y contenido, que apuntan cada uno a motivos adicionales que justificarían la conclusión alcanzada en la sentencia.

Clarence Thomas expuso en apenas cuatro páginas su idea básica, ya anticipada en votos particulares anteriores, que la doctrina Chevron conculcaba el principio de división de poderes que la constitución articuló como mecanismo de garantía de la libertad individual. El núcleo del argumentario lo sintetiza en un breve y sencillo párrafo:

> Con la finalidad de ofrecer una protección real y efectiva para las libertades individuales, los constituyentes elaboraron una Constitución que dividió los poderes legislativo, ejecutivo y judicial entre tres órganos del estado. La deferencia *Chevron* comprometía esta separación de poderes por dos motivos. Reducía la función judicial atribuida a los tribunales, y simultáneamente expandía el poder ejecutivo de las agencias más allá de sus límites constitucionales.

Por su parte, Neil Gorsuch, en su extenso voto particular concurrente,[191] aunque alude fugazmente al argumento esgrimido por Thomas, se dedica casi en exclusiva a refutar otro de los argumentos esgrimidos en defensa de mantener *Chevron*, el respeto al precedente. Tras un largo *excursus* dedicado a la evolución histórica del principio, en primer lugar, lanza un dardo envenenado a las disidentes al recordarles un hecho objetivo que atañe a esta cuestión:

[191] La discrepancia de Gorsuch ocupa treinta y cuatro páginas, es decir, exactamente las mismas que la sentencia.

> En las etapas de los *chief justices* Warren y Burger, parece que este Tribunal dejó sin efecto la cantidad de tres casos por año judicial, incluyendo de forma aproximada cerca de 50 precedentes tan solo entre los 60 y los 80 [...] Muchas de esas resoluciones se produjeron en contextos no menos consecuentes que los actuales. En los últimos años, no hemos alcanzado el ritmo marcado por nuestros predecesores, pues hemos anulado una media de solo una o dos decisiones anteriores en cada mandato. Mas hay algo que permanece: los pronunciamientos incompatibles con el derecho escrito no vinculan de forma inexorable.

El precedente, por tanto, debe ser tomado en consideración, pero no como dogma de fe, pues han de ponderarse igualmente otras circunstancias a la hora de decidir si ha de mantenerse o rectificarse.[192] Enunciadas, pues, las líneas generales, si se aplican al caso particular, conducen a un único resultado:

> Dirigiendo ya directamente nuestra consideración a los efectos que merece el principio *stare decisis* aplicado a *Chevron*, creo que cada uno de los tres principios enunciados apunta claramente en la dirección que el Tribunal alcanzó hoy. Primero, porque la deferencia *Chevron* contraviene lo aprobado por el Congreso en la *Administrarive Procedure Act*. Segundo, porque la deferencia Chevron contraviene los principios generales de nuestro ordenamiento relativos a la separación de poderes, proceso debido y centenarios principios de interpretación que fortalecen tales previsiones constitucionales. Tercero, porque lo contrario nos exigiría convertir en derecho positivo las equivocadas afirmaciones de Chevron, ignorando al mismo tiempo tanto las afirmaciones más ponderadas de esa misma sentencia como las enseñanzas de la experiencia.

3.4.2.- Discrepantes

El voto particular discrepante de Elena Kagan, al que se adhirió Sonia Sotomayor,[193] realizó una apasionada defensa de *Chevron* atacando la con-

[192] «Al igual que los jueces británicos antes que nosotros, desde hace tiempo hemos acudido a otros criterios habituales a la hora de guiar nuestro juicio sobre una sentencia anterior. Así, por ejemplo, como ha indicado este Tribunal, la vinculación del precedente puede depender de la calidad de su motivación, su adecuación a casos similares, su viabilidad y confianza en las circunstancias que lo rodean».

[193] Ketanji Brown Jackson no participó en el asunto *Loper Bright*, pero se adhiere al voto particular en lo que respecta al caso *Renlless v. Department of Commerce*.

clusión mayoritaria utilizando para ello los argumentos clásicos vertidos en defensa de la doctrina. Se trata de un escrito cuyo apasionamiento en ocasiones le asemeja a las célebres disidencias de Antonin Scalia,[194] pero que está muy trabajado en cuanto al fondo, aunque lógicamente utiliza tan solo el material que beneficia a la tesis. También es de destacar que hay dos claras omisiones que reflejan sin duda alguna los puntos débiles de la discrepancia.

El largo voto particular, que se extiende a lo largo de treinta y tres páginas, posee la misma estructura que la sentencia, y así, en un párrafo inicial sintetiza las líneas maestras del argumentario discrepante,[195] a continuación, va desarrollando punto por punto sus discrepancias con el parecer mayoritario.

En primer lugar, las discrepantes consideran que en muchos casos, el marco legal a interpretar es muy especializado y exige conocimientos específicos en la materia que los jueces no poseen, mas sí el personal técnico de las agencias, que no solo cuentan con la formación y conocimiento específico, sino la suficiente experiencia en la materia para realizar de forma más correcta la interpretación legal, ofreciendo incluso varios supuestos reales que ilustrarían a la perfección dicha tesis.[196] A lo anterior se añade que en muchos casos,

[194] Como cuando imputa a la mayoría sustituir el «principio de la humildad judicial» que representa *Chevron* por el de la «arrogancia judicial»; o cuando, al refutar la afirmación de la sentencia según la cual las agencias no poseen experiencia en materia de interpretación jurídica y los tribunales sí, afirman: «Un punto para la autoconfianza; quizá no tan alto para la autorreflexión o el conocimiento».

[195] «Y el principio es correcto. Este Tribunal ha mantenido desde hace tiempo que la deferencia *Chevron* refleja lo que el Congreso desea, y tiene como base la presunción de que es lo que el legislador hubiera pretendido. El Congreso es consciente que no redacta (de hecho, no puede) leyes reguladoras totalmente acabadas. Sabe que esas leyes inevitablemente tendrán ambigüedades que otros habrán de resolver, y lagunas que otros deberán cubrir. Y de ordinario prefiere que quien lo haga sea la agencia responsable y no un tribunal. Algunas cuestiones interpretativas que surgen en el contexto regulatorio tienen por objeto materias técnicas o científicas. Las agencias cuentan con personal experto en tales disciplinas; los tribunales no. Algunos asuntos exigen una detallada comprensión de programas regulatorios complejos e interdependientes. Las agencias conocen esos programas en toda su extensión; de nuevo, los tribunales no. Y algunos implican la adopción de decisiones políticas, incluyendo compromisos entre intereses contrapuestos. Las agencias responden ante el presidente, quien a su vez responde ante el pueblo por el desarrollo de su política; los tribunales no ostentan esa responsabilidad ni poseen la base adecuada para tomar decisiones políticas. Y por supuesto, el Congreso otorgó a dichas agencias expertas, experimentadas y políticamente responsables la competencia de administrar (aprobar normas de desarrollo y otras medidas) la ley en la que existe una ambigüedad o laguna».

[196] Baste como ejemplo el primero de los supuestos que cita: «Al amparo de la Public

la interpretación conlleva ponderar intereses contrapuestos y, en última instancia, ejercitar una opción política, lo cual no pueden efectuar los órganos judiciales.[197] Con base en tales circunstancias (conocimientos técnicos específicos de las agencias y necesidad de efectuar pronunciamientos que en última instancia tendrían naturaleza política), la sentencia *Chevron* articuló una presunción (que, lógicamente, el legislador podría suprimir con carácter general o en supuestos concretos, como el propio voto particular reconoce[198]) en base a la cual el Congreso preferiría que fuesen las agencias, y no los órganos judiciales, quienes suplieran los vacíos legales y diesen sentido a los preceptos legales ambiguos:

> Al aprobar una ley, como se indicó anteriormente, el Congreso es consciente de las incertidumbres que puedan surgir, incluso cuando no sepa cuáles serán; *vid. supra*, 4-5. Y de vez en cuando, el Congreso ofrece instrucciones concretas para afrontar tales contingencias, atribuyendo la responsabilidad principal bien a los tribunales bien a una agencia. Pero lo más frecuente es que el Congreso no diga nada al respecto. Entonces surge la necesidad de una presunción (en realidad, un principio subsidiario) de qué ha de hacerse en tales casos. ¿El silencio o ambigüedad legal deben resolverla los tribunales, o la agencia?

Health Service Act, la Food and Drug Administration (FDA) regula los "productos biológicos" incluyendo "proteínas" 42 USC 262(i)(1). ¿Cuándo un polímetro de ácido amino alfa se engloba dentro del concepto "proteína"? ¿Debe tener una secuencia específica y concreta de aminoacido?; *vid. Teva Pharmaceuticals USA, Inc v. FDA*, 514 F. Supp, 3d 66, 79-80, 93-106 (DC 2020)».

[197] Más aún, la presunción de Chevron supone que resolver ambigüedades legales, como el Congreso bien sabe, «con frecuencia implica más una cuestión política que jurídica»; *Pauley v. BethEnergy Mines Inc.*, 501 US 680, 696 (1991). La tarea implica más gestionar un equilibrio entre finalidades y valores contrapuestos que interpretar un texto [...] Se trata de un compromiso político familiar a las agencias, pero especialmente inadecuado para los jueces [...] Las agencias están «sujetas a la supervisión del presidente, quien a su vez responde ante el pueblo»; Kisor, 588 U. S., en 571-572. Así pues, enfrentados a una ambigüedad legal, «una agencia a la que el Congreso ha delegado competencias para tomar decisiones políticas» puede apoyarse en la «visión política prudente de un ente responsable a la hora de tomar sus decisiones»; Chevron, 467 U. S., en 865.

[198] «Así pues, si hubieran deseado una distinta ubicación de la facultad interpretativa, habrían incluido una previsión al respecto. Salvo un par de excepciones que conozco, no lo hicieron; *vid.* 12 USC. 25b(b)(5)(A) (primera excepción); 15 USC 8302(c)(3)(A) (segunda excepción). De igual forma, el Congreso no aprobó ningún texto legal para rectificar Chevron con carácter general; *vid.* S. 909, 116th Cong., 1.ª *Sess. 2 (2019) (este sigue siendo un proyecto, no una ley); H.* R. 5, 115th Cong., 1.ª *Sess. 202 (2017) (idem)*».

> Este Tribunal ha considerado desde hace tiempo que el Congreso preferiría la agencia, con los tribunales actuando únicamente como garantes para asegurar que aquellas optan por una interpretación razonable entre las posibles interpretaciones. O, dicho de otro modo, el Congreso optaría porque fuese la agencia a la que ha puesto al frente del marco regulador quien ejercitase el «grado de discrecionalidad» que permite el vacío o la ambigüedad legal. Por supuesto, el Congreso siempre puede dejar sin efecto esa presunción, indicando su preferencia por los tribunales para ejercer tal discrecionalidad. Pero hasta entonces, la presunción opera en favor de la agencia.

No obstante, en este primer argumento ya se permite intuir una de las debilidades del voto particular. Las discrepantes responden, ofreciendo además un razonamiento sólido, a la afirmación de la sentencia según la cual los órganos judiciales poseen experiencia en interpretación legal y las agencias no.[199] Pero dejan sin responder otro de los argumentos utilizados de forma expresa en la sentencia para avalar la afirmación: los supuestos donde los tribunales han de interpretar un texto legal complejo en asuntos donde una agencia administrativa no es parte. Sobre esta afirmación concreta, el voto particular no es que ofrezca respuesta alguna, sino que ni tan siquiera la menciona.

La segunda gran discrepancia radica en cuestionar el otro fundamento jurídico de la sentencia, es decir, que *Chevron* se dictó en contra del texto legal de la APA. A este respecto, el voto particular afirma que: «ni la APA ni la legislación precedente autoriza a interpretarla como la mayoría dice» y que «ambos son perfectamente compatibles con la deferencia *Chevron*». El apartado II del voto particular se dedica a refutar este aspecto en una triple vía. En primer lugar, desde el punto de vista doctrinal, citando un conjunto de estudios doctrinales que defienden la compatibilidad de *Chevron* con el marco legal de la APA.[200] En segundo lugar, cuestionando que el texto legal de la APA otorgue con carácter genérico a los tribunales la potestad de resolver las cuestiones jurídicas que se planteen, si

[199] "La idea de que los tribunales tienen una «competencia especial» para resolver estas cuestiones, mientras que las agencias «no» es, si se me permite decirlo, una falacia. Responder correctamente a esas preguntas no exige con carácter principal las habilidades interpretativas que poseen los tribunales. Requieren en su lugar, conocimientos especializados en una o varias materias, amplia experiencia en marco regulatorio y toma de decisiones políticas. Son los tribunales (no las agencias) quienes «no poseen especial competencia» (o incluso legitimidad) cuando se plantean tales asuntos para su resolución".

[200] Lógicamente, los autores citados (en especial, Adrian Vermeule y Cass Sunstein) forman parte de la corriente doctrinal favorable al *Administrative state*.

bien en este caso se reconoce que la sección 706 de la APA ni impone ni proscribe la deferencia, por lo que acepta implícitamente que ambos sistemas tienen encaje en ella. Y en tercer lugar, en los precedentes, citando de forma expresa los asuntos *Gray* y *Hearst* para avalar que el Tribunal Supremo otorgó deferencia hacia la interpretación legal efectuada por las agencias incluso antes de aprobarse la APA. Es aquí donde se evidencia la segunda gran debilidad argumental de la sentencia, en cuanto omite todo análisis del caso *Skidmore*, que tan solo es objeto de una mención tangencial pese a que, siendo posterior a los otros dos casos citados, negó de forma expresa que existiese deferencia, sino que hablaba de *persuasión*.[201]

El tercer gran argumento esgrimido en defensa de *Chevron* es el respeto al precedente.[202] No obstante, y puesto que se reconoce que este argumento no es válido por sí mismo (dado que el propio Tribunal a lo largo de su historia abrogó precedentes) recuerda que para orillar un precedente consolidado se precisan motivos sólidos, y en este caso no los hay. Se ampara en el hecho de que el Congreso pudo haber dejado sin efecto la presunción sencillamente ejercitando su potestad legislativa, así como que el Tribunal Supremo hasta en setenta ocasiones aplicó la doctrina para avalar interpretaciones legales efectuadas por las agencias. Es aquí donde refuta el argumento principal de la sentencia (que *Chevron* no se aplica desde el año 2016) para efectuar una crítica de largo alcance al proceder del máximo órgano judicial durante los últimos años:

> Si este Tribunal ha «evitado aplicar la deferencia *Chevron* desde 2016» es porque se ha estado preparando desde entonces para dejarlo sin efecto. Este Tribunal casi ha convertido en rutinario ese tipo de autoayuda en el camino hacia la anulación del precedente. Dejar de aplicar una sentencia donde se debía; «verter algunas críticas gratuitas en un par de sentencias»; emitir unos cuantos votos particulares «cuestionando las premisas de la sentencia»; dejar transcurrir unos cuantos años a todo el proceso y... *voila*! ya se tiene la justificación para dejar sin efecto la sentencia [...] En cierta ocasión afirmé que esta técnica de anulación a través del debilitamiento «es una burla al *stare decisis*»; *Janus*, 585 U. S., en 950 (voto particular disidente). No veo motivo para cambiar de opinión.

[201] Quizá ello se deba a que Elena Kagan, redactora del voto particular, en la vista oral había afirmado que Skidmore en realidad no significaba nada.

[202] Quizá esta crítica de los discrepantes acerca del respeto al *stare decisis* sea la que motivó el extenso voto particular concurrente de Neil Gorsuch, quien sutilmente recuerda que en otras etapas el Tribunal Supremo en muchas más ocasiones dejó sin efecto precedentes consolidados, en una velada referencia a las etapas de Warren y Burger.

Tampoco considera que la doctrina *Chevron* fuese inviable por el hecho de ir restringiendo su aplicación en determinados supuestos, excepciones que considera lógicas y razonables. Es más, incluso el voto particular discrepante acepta que se orillase la deferencia en el caso de cuestiones de importancia política y económica, es decir, la doctrina de las *major questions*, aun cuando no estuviese totalmente de acuerdo con esta.[203]

En los últimos párrafos, tras resumir las líneas principales de la discrepancia, enuncia lo que al parecer de las discrepantes son las inevitables consecuencias de dejar sin efecto *Chevron*:

> Da a los tribunales el poder de realizar todos los pronunciamientos científicos y técnicos. Da a los tribunales el poder de realizar todas las formas de pronunciamientos políticos, incluyendo cómo efectuar ponderación de intereses en conflicto (*vid.* el propio *Chevron*). Sitúa a los tribunales en el vértice del proceso administrativo en todos los asuntos imaginables, porque siempre hay lagunas y ambigüedades en las leyes reguladoras, y a menudo de gran importancia. ¿Cómo será el sistema sanitario del país en las próximas décadas? ¿O el sistema financiero y de transportes? ¿Qué normas van a limitar el desarrollo de la inteligencia artificial? En todos los ámbitos de la regulación federal actual o futura, cabe esperar que los tribunales desempeñen a partir de ahora un papel predominante. No es un papel que les haya otorgado el Congreso, la APA ni cualquier otra ley. Es un papel que este Tribunal ha reclamado para sí mismo, así como para otros jueces.

[203] «La excepción de las *major questions* es, lo reconozco, distinta: muchos jueces han cuestionado su naturaleza y alcance. Compárese, por ejemplo, *West Virginia*, 597 U. S., en 721-724, con *id.*, en 764-770 (voto particular disidente de la juez KAGAN). Pero ese desacuerdo se refiere, en opinión de todos, a un subconjunto minúsculo de todas las interpretaciones efectuadas por las agencias. En su mayor parte, las excepciones que tanto turban a la mayoría requieren una mera investigación rutinaria.

Conclusión

I

El 24 de enero de 2024, es decir, justo una semana después de haberse celebrado la vista oral del caso *Loper Bright*, vio la luz un artículo con un titular verdaderamente apocalíptico, «*The plan to incapacitate the Federal Government*» al que seguía una frase no menos preocupante: «sin Chevron, el poder ejecutivo luchará incluso para cumplir su función más básica».[204] Pese a tan dramático inicio, el autor se veía obligado a reconocer que nadie podría anticipar los efectos de abrogar la doctrina *Chevron*, aunque lógicamente su tesis era que a las agencias serían menos eficaces:

> Evidentemente, gran parte de la agotadora vista oral intentó demostrar cómo sería un mundo sin *Chevron*. La respuesta es que nadie lo sabe. A medida que avanzaba la vista oral, llegué a la conclusión que a los detractores de *Chevron* no les importaba demasiado. Abandonar *Chevron* haría más difícil para las agencias predecir el destino que sus actos tendrían ante un tribunal. Ante el riesgo de perder, su actuación estará sometida a un estricto control jurídico. Las agencias serán más torpes, más lentas y menos eficaces. Y eso es exactamente lo que esperan los oponentes de *Chevron*.[205]

[204] Nicholas Bagley, *The plan to incapacitate the Federal Government*, publicado el 24 de enero de 2024 en *The Atlantic*. Dicho artículo es de acceso libre y puede consultarse en https://www.theatlantic.com/ideas/archive/2024/01/chevron-supreme-court-case/677220 (consultado el 30 de septiembre de 2024).

[205] Tras esgrimir los argumentos tradicionales esgrimidos en defensa de la doctrina *Chevron*,

El 7 de mayo de 2024, es decir, apenas mes y medio antes de hacerse pública la sentencia *Loper Bright*, aparecía otro artículo titulado *The post-Chevron separation of Powers*, y que era la antítesis del anterior. Tras incidir en el argumento clave de consecuencias que tendría la rectificación de la doctrina Chevron desde la óptica de sus detractores (se reintegrarían plenamente al poder judicial las funciones de interpretación legal), contenía el siguiente párrafo relativo a la deferencia que, en un mundo sin *Chevron*, merecería la interpretación legal efectuada por entes administrativos:

> Incluso antes de *Chevron*, el Tribunal en ocasiones priorizaba la interpretación efectuada por la agencia sobre la base de un principio llamado deferencia *Skidmore*. Puede reconciliarse mantener esta deferencia con la supresión de *Chevron*. En primer lugar, bajo *Skidmore* el tribunal otorga tan solo el *peso* que las circunstancias (tales como el conocimiento especializado o la presencia en la elaboración de la ley) justifiquen, en vez de un *espacio* para la discrecionalidad de la agencia, dentro del cual haya de aceptarse cualquier interpretación ejecutiva «razonable». En segundo lugar, esta deferencia es solo epistémica. El Tribunal otorga deferencia porque tiene motivos para creer que la agencia está en mejores condiciones que el Tribunal para otorgar el significado. Esta deferencia epistémica no es exclusiva del contexto de la agencia, sino que se aplica en todo el campo de la interpretación judicial.[206]

Adrian Vermeule, especialista en la materia y partidario de la deferencia *Chevron*, en un breve comentario de urgencia a la sentencia *Loper Bright* el mismo día en que se hizo pública, intentó marcar distancias tanto frente a partidarios como detractores de la sentencia, al considerar que en realidad la «*deferencia Chevron*» pasará a ser sustituida por la «*deferencia Loper Bright*»; en definitiva, que el núcleo sustancial de *Chevron* permanecería bajo otra denominación, al considerar que la sentencia tan solo eliminaba la presunción *iuris tantum* que equiparaba la ambigüedad con delegación implícita en la

intenta deshacer la ecuación que equipara deferencia a inmunidad: «Al mismo tiempo, *Chevron* no otorga carta blanca a las agencias. Los Tribunales aún controlan si la interpretación legal efectuada por la agencia es "razonable". Los jueces se toman muy en serio esa responsabilidad. Las agencias de forma rutinaria son derrotadas cuando se alejan demasiado del texto de la ley».

[206] John. O McGuinnis, *The post-*Chevron *separaton of Powers*, publicado en *Law & Liberty* el 8 de mayo de 2024, y accesible en https://lawliberty.org/forum/the-post-chevron-separation-of-powers (consultado el día 29 de septiembre de 2024).

agencia,[207] tesis esta que no comparte otro especialista, Cass Sunstein, para quien «no debe interpretarse que el Tribunal esté restaurando *Chevron* por otra vía».[208] A esas autorizadas voces se sumó nada menos que la de Brett Kavanaugh, que en una conferencia pronunciada a finales de septiembre de 2024 en la Facultad de Derecho de la Universidad Católica de Columbus parecen confirmar la opinión de Vermeule, pues según Kavanaugh: «Para ser claros, no interpreten *Loper Bright* para hacerle decir más de lo que dice».[209]

Thomas Merrill, autor de la monografía de referencia en la materia, en un largo ensayo publicado cinco meses después de hacerse pública la sentencia *Loper Bright* considera que *Chevron* da paso a un marco donde son los tribunales quienes, al realizar el control judicial de la actuación administrativa, han de ejercer su juicio independiente a la hora de valorar las interpretaciones administrativas de textos legales:

[207] En realidad, Vermeule se remitía a una posibilidad avanzada en un artículo redactado poco antes de hacerse pública la sentencia *Loper Bright* y en el que analizaba brevemente el tema de la deferencia judicial hacia el ejecutivo, el citado autor afirmaba al respecto: «Aunque existen muchas posibilidades, demasiadas para hacer predicciones fiables, las dos alternativas futuras más interesantes son: (1) una restricción de la fuerza y alcance de Chevron, incorporando condiciones previas y limitaciones de la misma forma que el Tribunal efectuó en Kisor v. Wilkie, restringiendo pero estabilizando la deferencia a la interpretación que las agencias efectúan de su propia normativa; (2) una expresa rectificación de todo el marco de Chevron combinada con una nueva formulación de la "deferencia" que preservase gran parte de su contenido material bajo una denominación distinta»; Adrian VERMEULE, *The deference dilema*, George Mason Law Review, vol. 31-2 (2024), p. 620.

[208] Cass SUNSTEIN, *The consequences of Loper Bright*, 2024, borrador de artículo al que puede accederse en https://papers.ssrn.com/sol3/papers.cfm?abstract_id=4881501 (consultado el día 1 de octubre de 2024). Aun cuando el artículo pretende anticipar las «consecuencias» de la nueva doctrina, el autor se cuida mucho de precisar que depende en gran medida de la interpretación que los órganos inferiores efectúen de la propia sentencia *Loper Bright*, toda vez que esta no impide valorar y otorgar cierta primacía a las interpretaciones efectuadas por las agencias, aunque estas dejen de ser vinculantes. El autor publicó ulteriormente un trabajo más desarrollado: *Our Marbury: Loper Bright and the Administrative State*, Duke Law Journal, vol. 74 núm. 8 (mayo 2025), pp. 1893-1916.

[209] L. WHEELER, *Court's Chevron ruling shouldn't be over read, Kavanaugh says*, publicado el 27 de septiembre de 2024 en *Bloomberg Law* (consultado el 1 de octubre de 2024). El artículo transcribe literalmente la siguiente afirmación del juez: «Con frecuencia el Congreso otorgará una amplia autorización a una agencia ejecutiva por lo que es verdaderamente importante, como árbitro neutral, respetar la línea trazada por el Congreso cuando le otorga esa amplia autorización para no obstaculizar indebidamente al poder ejecutivo cuando realiza las funciones que se le han otorgado, pero al mismo tiempo no permitir que el poder ejecutivo se exceda de la autorización otorgada por el Congreso, como podía hacer en el marco de *Chevron*».

> el tribunal siempre debe determinar y aplicar «la mejor» interpretación de la ley, incluso cuando esta no diga nada o sea ambigua. Pero no significa que deba ignorarse la interpretación llevada a cabo por la agencia. *Loper Bright* deja claro que la «valoración independiente» de un tribunal a la hora de revisar judicialmente una actuación administrativa conlleva aplicar tres principios interpretativos: el que otorga «peso» a las interpretaciones de la agencia que sean coetáneas a la ley o que se hayan mantenido constantes; el asociado a *Skidmore v. Swift Co*, imponiendo a los tribunales valorar la interpretación de la agencia en función de varios criterios para determinar si es convincente; y el que exige determinar si la ley otorga discrecionalidad a la agencia para adoptar la interpretación razonable al asunto concreto.[210]

No obstante, un sector doctrinal enfocó su atención en la incertidumbre que la abrogación de *Chevron* podría acarrear a la hora de depositar en los jueces la interpretación de la normativa suprimiendo la deferencia.[211]

Una cosa parece clara. Dejar sin efecto *Chevron* desde luego no va a *incapacitar* al gobierno federal ni a hacerle más lento, débil e ineficaz. Las agencias administrativas pudieron llevar a cabo sus funciones durante décadas antes que *Chevron* hiciese su aparición en el panorama jurídico y continuarán desarrollándolas tras *Loper Bright*. Lo que sin duda ha pasado a mejor vida es la deferencia automática que convertía a los órganos judiciales en meras estampillas que avalasen sin más toda interpretación administrativa que fuese *permisible*, pero no la aplicación de la deferencia hacia la actividad de las agencias, que los órganos judiciales pueden seguir aplicando más no de forma imperativa. El propio Tribunal Supremo ha ofrecido prueba de dicho extremo en su sentencia *Seven County Infraestructures Coalition v. Eagle County*, hecha pública el 29 de mayo de 2025, donde había de pronunciarse sobre la extensión material del contenido que había de darse a los estudios de impacto ambiental elaborados por la administración ferroviaria a consecuencia de la solicitud de nuevos trazados[212] La

[210] Thomas Merrill, «*The demise of deference - and the rise of delegation to interpret?*», *Harvard Law Review*, vol. 138 núm. 1 (noviembre 2024), pp. 228-229.

[211] Véase al respecto el trabajo de Gari Coglianese y Daniel E. Walters, «The great unsettling: Administrative governance after Loper Bright», *Administrative Law Review*, vol. 77 núm. 1 (2024), pp. 1-66.

[212] En concreto, el problema radicaba en pronunciarse sobre si, presentada una solicitud de trazado de nueva línea de ferrocarril, la evaluación de impacto ambiental debía circunscribirse al impacto que sobre el entorno tenía exclusivamente la actividad de trazado y funcionamiento de la nueva línea o si, por el contrario, debían incluirse actividades ajenas, pero íntimamente

sentencia aplica ya el nuevo marco interpretativo abierto por *Loper Bright*, que sintetiza de la siguiente forma:

> Por lo general, cuando una agencia efectúa una interpretación de la ley, el control judicial de tal interpretación es *de novo*; *vid. Loper Bright Enterprises v. Raimondo* [603 U. S. 369, 391–392 (2024)]. Sin embargo, cuando dicha agencia ejerce la discrecionalidad que le otorga la ley, el control judicial suele realizarse conforme al principio deferente de arbitrariedad y razonabilidad de la Administrative Procedure Act. Según dicho principio, un órgano judicial no ha de preguntarse si está de acuerdo con la decisión de la agencia, sino únicamente si la acción de la agencia es razonable y si está razonablemente motivada.

Es más, en el asunto concreto enjuiciado para concretar, la extensión que debe otorgarse a las actuaciones que lleven a cabo las agencias administrativas con base en la ley aplicable al caso concreto (la *National Enviroment Protection Act*), el Tribunal Supremo utiliza la palabra clave (*deferencia*) en numerosas ocasiones, siendo además el criterio que llevó a estimar el recurso:

> En definitiva, a la hora determinar si la EIA [Evaluación de Impacto Ambiental] elaborada por una agencia en cumplimiento de la NEPA, el órgano judicial debe otorgar deferencia sustancial a la agencia [...] El principio fundamental del control judicial en los casos surgidos en aplicación de la NEPA se puede resumir en una palabra: Deferencia.

Se constata que el otorgamiento de la deferencia a la interpretación que de la norma legal hagan las agencias en modo alguno ha desaparecido ni desaparecerá de la jurisprudencia. Tan solo se esfuma el automatismo impuesto a los órganos judiciales

II.

La situación existente en los Estados Unidos y la batalla en torno a la deferencia se explica por una circunstancia que, como se indicó en el capítulo segundo, percibió agudamente Julio González García: el desconocimiento en el mundo jurídico estadounidense de la distinción entre discrecionalidad propiamente dicha y conceptos jurídicos indeterminados. Quienes defienden la

vinculadas a ello, como la instalación de una empresa de extracción y refinado de petróleo.

aplicación de la deferencia lo hacen más bien pensando en el propio núcleo o toma de posición administrativa entre las varias alternativas posibles y garantizar que los jueces no sustituyan el criterio administrativo por el suyo propio, lo cual quedó claro en el voto particular discrepante de Elena Kagan. Ahora bien, en nuestro país, desde el pionero estudio de Eduardo García de Enterría formalizando esa distinción entre conceptos jurídicos indeterminados y discrecionalidad propiamente dicha,[213] es posible, sin inmiscuirse en el núcleo último de optar por una u otra alternativa lícita, extender el control judicial a la propia interpretación del concepto jurídico indeterminado y a extender la revisión judicial a los círculos concéntricos que rodean la discrecionalidad (control de los hechos determinantes, control de los elementos reglados, control del fin). Otros autores han seguido ese camino, profundizando en el control de la discrecionalidad, ya con las oportunas referencias jurisprudenciales que acogieron en la práctica las tesis expuestas por García de Enterría.[214]

Un pronunciamiento reciente del Tribunal Supremo español permite deslindar claramente entre interpretación de un concepto legal (que corresponde a los órganos judiciales sin mediatización administrativa) y ejercicio lícito de opción entre varias alternativas lícitas (donde la Administración puede ejercer su discrecionalidad sin intromisión judicial). Se trata de la Sentencia de 23 de julio de 2024 de la Sección Tercera de la Sala de lo Contencioso-Administrativo del Tribunal Supremo dictada en recurso 863/2022, y en la cual se impugnaba la Orden TED/749/2022, de 27 de julio, por la que se aprueba el incentivo o penalización para la reducción de pérdidas en la red de distribución de energía eléctrica para el año 2016, se modifica la retribución base del año 2016 para varias empresas distribuidoras, y se aprueba la retribución de las empresas de distribución de energía eléctrica para los años 2017, 2018 y 2019. En el último párrafo del fundamento jurídico tercero, la sentencia distingue entre crítica de legalidad y crítica de opción:

[213] Eduardo GARCÍA DE ENTERRÍA, «La lucha contra las inmunidades del poder en Derecho Administrativo (poderes discrecionales, poderes de gobierno, poderes normativos)», *Revista de Administración Pública*, número 38 (mayo-agosto 1962), pp. 159-205.

[214] Al respecto, véase Tomás-Ramón FERNÁNDEZ RODRÍGUEZ, *De la arbitrariedad de la Administración*, Civitas, 1994 (con varias ediciones posteriores corregidas y ampliadas) que recopilan varios trabajos dispersos del autor que tienen como denominador común el control de la discrecionalidad. El estudio más reciente es el amplio trabajo de Luís Carlos FERNÁNDEZ-ESPINAR LÓPEZ, *Discrecionalidad y control judicial de la Administración. Alcance, extensión y técnicas de control*, Aranzadi, 2024, con un breve, pero enjundioso prólogo de Tomás Ramón Fernández.

Así, las cuatro críticas que sustentan esta alegación deben rechazarse en cuanto que no acreditan infracciones de la normativa reguladora de la metodología retributiva, sino que constituyen críticas a esta. [...] La crítica al procedimiento de cálculo es una crítica técnica [...] Tal crítica, con independencia de si la comparte o no la Comisión Nacional de los Mercados y la Competencia, es una disyuntiva técnica, no una crítica de legalidad, que corresponde decidir a la Administración y respecto a la que este Tribunal no ha de pronunciarse.[215]

[215] De tal pronunciamiento se ha dicho que recuerda un «*Chevron* ibérico»; véase José Ramón Chaves García, «Discrecionalidad y deferencia... hay diferencia!», en *Delajusticia.com*, entrada correspondiente al día 24 de septiembre de 2024.

Apendices

CHEVRON U.S.A. INC. v NATURAL RESOURCE DEFENSE COUNCIL ET AL.

CERTIORARI PRESENTADO FRENTE A LA SENTENCIA DEL TRIBUNAL DE APELACIONES DEL DISTRITO DE COLUMBIA

Vista Oral, 29 de febrero de 1984 – Resuelto el 25 de junio de 1984
El juez Stevens expresa el parecer del Tribunal.

En las enmiendas introducidas en 1977 a la *Clean Air Act* (Pub. 91 Stat. 685), el Congreso estableció ciertos requisitos que se aplicarían a los estados que no hubiesen alcanzado los niveles de calidad del aire fijados por la *Enviromental Protection Agency* (EPA) aplicando la legislación anterior. La reforma de la *Clean Air Act* impuso a dichos estados «incumplidores» establecer un programa de autorizaciones que regulase «grandes fuentes estacionarias, nuevas o modificadas» de contaminación atmosférica. Con carácter general, no se otorgarían autorizaciones a grandes fuentes estacionarias nuevas o modificadas salvo que se cumpliesen diversas condiciones muy estrictas.[216]

[216] Sección 172 (b)(6), 42 USC 7502(b)(6), que establece:

«El contenido del plan impuesto por la subsección (a):

(6) exigirá autorizaciones para la construcción y funcionamiento de grandes fuentes estacionarias nuevas o modificadas de conformidad con la sección 173 (relativa a autorizaciones

La normativa aprobada por la EPA para desarrollar tales requisitos permitía al Estado fijar una definición del término «fuente estacionaria».[217] De conformidad con tal definición, una planta estacionaria existente que contuviese maquinaria contaminante podría instalar o modificar una pieza del equipo sin necesidad de cumplir las condiciones de la autorización en los supuestos que el cambio no incrementase las emisiones totales de la instalación. La cuestión planteada en tales supuestos radica en determinar si la decisión de la EPA de permitir a los estados tratar todos los instrumentos contaminantes existentes dentro del mismo grupo industrial como si estuviesen incluidos en una única «burbuja» suponía una interpretación razonable del término legal «fuente estacionaria».

I

La normativa aprobada por la EPA que contiene la definición del término fuente estacionaria identificándola como una «planta» se aprobó el 14 de octubre de 1981 (46 Fed. Reg. 50766). La parte recurrida[218] interpuso una demanda en el Tribunal de Apelaciones del Distrito de Columbia impugnando dicha regulación al amparo del 42 USC 7607 (b)(1).[219] El Tribunal de Apelaciones anuló dicha normativa (*National Resources Defense Concul, Inc v. Gorsuch*, 222 U.S. App. D. C. 268, 265 F 2d 718 [1982]).

El Tribunal consideró que, tras la modificación operada, las disposiciones aplicables de la *Clean Air Act* «no definían explícitamente lo que el Congre-

exigidas)» 91 Stat. 747.

[217] «(1) Se entenderá por «fuente estacionaria» cualquier edificio, estructura, local o instalación que emita o pueda emitir sustancias contaminantes del aire sujetas a la regulación de esta ley.

(2) Se entenderá por «edificio, estructura, local o instalación» todo tipo de actividades emisoras de sustancias contaminantes que perteneciendo al mismo grupo industrial, se ubiquen en una o más propiedades contiguas o colindantes y se encuentren bajo el control de la misma persona (o personas bajo control común) salvo las actividades de cualquier buque», 40 CRF 51.18 (j)(1)(1) y (2) (1983).

[218] National Resources Defense Council, Inc, Citizens for a Better Enviroment Inc., y North Western Ohio Lung Association Inc.

[219] A los recurrentes, Chevron USA Inc, American Iron and Steel institute, American Petroleum Institute, Chemical Manufacturers Association Inc, General Motors Corp, y Rubber Manufacturers Association, se les otorgó permiso para intervenir como parte en defensa de la regulación.

so entendía por fuente estacionaria, al que el programa de autorizaciones... se aplicaría», manifestando posteriormente que tal cuestión particular «no se abordaba de forma directa en el procedimiento legislativo» (*id.*, en 273, 685 F 2d en 723). Concluyendo así que el procedimiento legislativo sobre la materia era «cuando menos contradictorio», razonó que «los objetivos del programa de autorizaciones son los que deben guiar nuestra decisión» (*id.* en 276, n. 39, 685 F 2d en 726 n. 39).[220] Basándose en dos de sus precedentes relativos a la aplicación del concepto de burbuja a determinados programas[221] aprobados de conformidad con la *Clean Air Act*, el Tribunal sostuvo que el concepto de burbuja era «obligatorio» en programas designados solo para mantener los niveles de calidad ambiental existentes, pero «inapropiado» en programas establecidos para mejorar la calidad ambiental (*id*, en 276, 685 F 2d en 726). Dado que el objetivo del programa (su *raison d'être*, según el tribunal) era mejorar la calidad ambiental, concluyó que, aplicando sus precedentes anteriores, el concepto de burbuja no se aplicaba en tales casos. Por tanto, anuló por contraria a la ley la normativa que regulaba el concepto de burbuja. Admitimos a trámite el *certiorari* para revisar tal motivación, 461 US 956 (1983), y ahora revocamos dicha sentencia.

El error básico del Tribunal de Apelaciones consistió en adoptar una definición judicial fija del término *fuente estacionaria* una vez comprobó que el Congreso no había fijado tal definición. La parte recurrida no defendió la motivación legal de la sentencia del Tribunal de Apelaciones.[222] Sin embargo, dado que este Tribunal revisa razonamientos y no sentencias,[223] hemos de determinar si

[220] El Tribunal indicó a este respecto: «Lamentamos, por supuesto, que el Congreso no se refiriera específicamente a la aplicación del concepto de burbuja a diversos programas de la Clean Air Act, ni se percatase que una ley interpretativa que lo clarificase facilitaría la labor de la agencia y del tribunal en sus esfuerzos por llevar a efecto la voluntad del legislador»; 222 US App. D. C., en 276 n. 39, 685 F 2d, en 726 n. 39

[221] *Alabama Power Co v. Castle*, 204 US App. D. C., 51 636 F. 2d 323 (1979); *ASARCO Inc v. EPA*, 188 US App. D. C. 77, 578 F 2d 319 (1978).

[222] Los recurridos esgrimieron en el proceso de instancia que la definición de «fuente estacionaria» como «planta» es contraria al texto de la ley, a su procedimiento legislativo y a los objetivos que perseguían las modificaciones de la *Clean Air Act*. El Tribunal de Apelaciones rechazó dicho motivo tras analizar el texto y el procedimiento legislativo de la ley. Aceptó la tesis de los recurridos según la cual la normativa no se ajustaba a los objetivos de la ley, pero no interpretó esta como exigían los hoy recurridos. Estos se apoyan en motivaciones rechazadas por el Tribunal de Apelaciones, pueden apoyarse en cualquier causa que tenga apoyo en el expediente. *vid. Ryerson v. United States*, 312 US 405, 408 (1941); *LeTulle v. Scofield*, 308 US 415, 421 (1940); *Lagnes v. Green*, 282 US 531, 533.539 (1941).

[223] *Vid.* ej. *Black* v. *Cutter Laboratories*, 351 U. S. 292, 297 (1956); *J. E. Riley Investment Co.* v.

el error legal cometido por el Tribunal de Apelaciones conlleva una conclusión errónea sobre la validez de la normativa impugnada.

II

Cuando un tribunal revisa la interpretación que una agencia efectúa de la legislación que tiene encomendado aplicar, se enfrenta a dos cuestiones. La primera, que se plantea siempre, verificar si el Congreso reguló directamente la materia controvertida en el caso. Si la intención del Congreso es clara, ello implica el fin del asunto, pues tanto el tribunal como la agencia deben llevar a efecto la voluntad del Congreso[224] expresada de forma clara. Sin embargo, en el supuesto que el tribunal entienda que el Congreso no abordó dicha materia, no debe limitarse a imponer su propia interpretación de la ley,[225] como sería obligatorio en ausencia de interpretación administrativa. En vez de ello, si la ley guarda silencio o no es clara en la materia, la cuestión para el tribunal consistirá en decidir si la respuesta de la agencia se basa en una interpretación permisible de la ley.[226]

«La potestad de una agencia administrativa de administrar un… programa creado por el legislativo necesariamente requiere la formulación de políticas y la elaboración de normas para cubrir cualquier vacío, explícito o implícito, que el

Commissioner, 311 U. S. 55, 59 (1940); *Williams v. Norris,* 12 Wheat. 117, 120 (1827); *McClung* v. *Silliman,* 6 Wheat. 598, 603 (1821).

[224] El Poder Judicial es la autoridad final en materia de interpretación legal y debe rechazar las interpretaciones administrativas que sean contrarias a la voluntad clara del Congreso. *vid.* FEC *v. Democratic Senatorial Campaign Committee,* 454 U. S. 27, 32 (1981); *SEC* v. *Sloan,* 436 U. S. 103, 117-118 (1978); FMC v. *Seatrain Lines, Inc.,* 411 U. S. 726, 745-746 (1973); *Volkswagenwerk v.* FMC, 390 U. S. 261, 272 (1968); NLRB *v. Brown,* 380 U. S. 278, 291 (1965); FTC v. *Colgate-Palmolive Co.,* 380 U. S. 374, 385 (1965); *Social Security Board v. Nierotko,* 327 U. S. 358, 369 (1946); *Burnet* v. *Chicago Portrait Co.,* 285 U. S. 1, 16 (1932); *Webster* v. *Luther,* 163 U. S. 331, 342 (1896). Si un órgano judicial, utilizando las herramientas tradicionales de interpretación legal, considera que el Congreso tenía una intención determinada sobre la materia concreta en disputa, dicha intención es la ley y debe, por tanto, llevarse a efecto.

[225] *Vid.* con carácter general, R. Pound, *The spirit of the Common Law*, pp. 174-175.

[226] El tribunal no precisa concluir que la interpretación de la agencia era la única que permisiblemente podría haber adoptado, o incluso la que el tribunal hubiese alcanzado si la cuestión hubiera surgido en el procedimiento judicial. FEC v. *Democratic Senatorial Campaign Committee,* 454 U. S., at 39; *Zenith Radio Corp.* v. *United States,* 437 U. S. 443, 450 (1978); *Train* v. *Natural Resources Defense Council, Inc.,* 421 U. S. 60, 75 (1975); *Udall* v. *Tallman,* 380 U. S. 1, 16 (1965); *Unemployment Compensation Comm'n* v. *Aragon,* 329 U. S. 143, 153 (1946); *McLaren* v. *Fleischer,* 256 U. S. 477, pp. 480-481 (1921).

Congreso haya dejado» (*Morton v. Ruiz*, 415 US 199, 231 [1974]). Si el Congreso dejó explícitamente un vacío para que la agencia lo cubriese, existe una delegación expresa de competencias en favor de la agencia para que esta aclare, a través de normativa reglamentaria, una previsión específica de la ley. Tales disposiciones reglamentarias tienen fuerza vinculante salvo que sean arbitrarias, no razonables o manifiestamente contrarias a la ley.[227] En algunos supuestos, la delegación legislativa en la agencia sobre un asunto particular es implícita en vez de explícita. En tal caso, el tribunal no puede imponer su propia interpretación de un término legal sobre la efectuada razonablemente por el administrador de una agencia.[228]

Hemos sostenido desde hace tiempo que debe otorgarse un peso considerable a la interpretación que un departamento ejecutivo efectúe del marco legal cuya administración se le confía,[229] y el principio de deferencia hacia las interpretaciones administrativas:

> lo aplicó constantemente este Tribunal siempre que la decisión sobre el significado o alcance de una ley implique conciliar políticas contradictorias, y la total comprensión dependa más de la fuerza de la política legal en la situación concreta que del conocimiento ordinario sobre las materias sujetas a regulación por la agencia. Ver, por ejemplo, *National Broadcasting Co v. United States*, (319 US 190); *Labor Board v. Hearst Publications Inc* (322 US 111); *Republic Aviation Corp. v. Labor Noard* (324 US 793); *Securities & Exchange Comm'n v. Chenery Corp* (332 US 194); *Labor Board v. Seven-Up Bottling Co*, 334 US 344).
>
> ... Si esta opción implica un razonable acomodo a las políticas contradictorias que por ley se atribuyeron al cuidado de la agencia, no debemos entrometernos salvo que se deduzca del texto legal o del procedimiento le-

[227] *Vid. United States v. Morton, ante*, at 834; *Schweiker v. Gray Panthers*, 453 U. S. 34, 44 (1981); *Batterton* v. *Francis*, 432 U. S. 416, 424-426 (1977); *American Telephone & Telegraph Co.* v. *United States*, 299 U. S. 232, 235-237 (1936).

[228] *Vid., INS v. Jong Ha Wang*, 450 U. S. 139, 144 (1981); *Train* v. *Natural Resources Defense Council, Inc.*, 421 U. S., en 87.

[229] *Aluminum Co. of America* v. *Central Lincoln Peoples' Util. Dist., ante*, en 389; *Blum* v. *Bacon*, 457 U. S. 132, 141 (1982); *Union Electric Co. v. EPA*, 427 U. S. 246, 256 (1976); *Investment Company Institute*

v. *Camp*, 401 U. S. 617, 626-627 (1971); *Unemployment Compensation Comm'n* v. *Aragon*, 329 U. S., en 153-154; *NLRB v. Hearst Publications, Inc.*, 322 U. S. 111, 131 (1944); *McLaren v. Fleischer*, 256 U. S., en 480-481; *Webster v. Luther*, 163 U. S., en 342; *Brown* v. *United States*, 113 U. S. 568, 570-571 (1885); *United States v. Moore*, 95 U. S. 760, 763 (1878); *Edwards' Lessee* v. *Darby*, 12 Wheat. 206, 210 (1827).

gislativo que el Congreso no hubiese autorizado la interpretación realizada, *United States v. Shimer*, 367 US, 374, 382, 383 (1961).

De conformidad con *Capital Cities Cable inc v. Crisp*, ante, en 699-700.

A la luz de estos bien asentados principios, parece claro que el Tribunal de Apelaciones no interpretó adecuadamente la naturaleza de su función al revisar la normativa en cuestión. Una vez determinado, tras su propio examen de la ley, que el Congreso no tuvo intención de abordar la aplicación del concepto de burbuja al programa de autorizaciones, la cuestión que tenía ante sí no era si a su parecer el concepto es «inapropiado» en el contexto general del programa destinado a mejorar la calidad ambiental, sino si la interpretación realizada por el administrador es razonable ajustada en el contexto de este programa concreto. A la vista del análisis de la normativa y su historia, coincidimos con el Tribunal de Apelaciones que el Congreso no tuvo intención de aplicar el concepto de burbuja a tales supuestos, y concluimos que el uso de tal concepto realizado en este caso por la EPA es una elección política razonable a adoptar por la agencia.

III

En las décadas de 1950 y 1960, el Congreso aprobó una serie de leyes con el objetivo de fomentar y asistir a los estados a reducir la contaminación ambiental. Ver, con carácter general *Train v. Natural Resources Defense Council Inc* (421 US 60, 63-64 [1975]). Las modificaciones introducidas en 1970 en la *Clean Air Act* (Pub. L. 91-604, 84 Stat. 1676), «incrementaron considerablemente las atribuciones y la responsabilidad federal en el esfuerzo constante de luchar contra la contaminación ambiental» (421 US en 64) pero continuaron atribuyendo la «responsabilidad principal para asegurar la calidad del aire» a los diversos estados (84 Stat. 1678). La Sección 109 de las enmiendas aprobadas en 1970 impusieron a la EPA aprobar Criterios Nacionales de Calidad Ambiental (NAAQS)[230] y la 110 estableció una fecha límite para elaborar planes (SIP) que desarrollasen los criterios dentro del plazo establecido. De forma adicional, la Sección 111 estableció que a las nuevas grandes fuentes contaminantes se les exigiría adecuarse a los criterios de desarrollo tecnológico; se impuso a la EPA

[230] Se definieron los niveles primarios como aquellos cuyo cumplimiento y mantenimiento eran necesarios para proteger la salud pública; y secundarios los que tenían por objeto especificar un nivel de calidad del aire que protegiera el bienestar público.

publicar una lista de categorías de fuentes contaminantes y establecer nuevos niveles de rendimiento (NSPS) para cada una. La Sección 111(e) prohibía el funcionamiento de nuevas fuentes que contraviniesen los niveles de rendimiento.

La Sección 111 (a) definía los términos a utilizar para fijar y hacer cumplir los niveles de desarrollo a las nuevas fuentes estacionarias. Establecía:

> A los propósitos de esta sección:
> (3) Se entenderá por *fuente estacionaria* cualquier edificio, estructura, local o instalación que emita o pueda emitir aire contaminado. 84 Stat. 1863.

Tras la modificación operada en 1970 tal definición no solo se aplicó al programa NSPS exigido por la sección 111, sino también a la exigencia impuesta por la 110 de que cada estado desarrollase un plan que regulase el procedimiento tendente a revisar la localización de cualquier nueva fuente y evitara su construcción si ello impidiese alcanzar o mantener los niveles nacionales de calidad ambiental.[231]

Dentro del plazo fijado, la EPA promulgó la NAAQS, aprobó el SIP y adoptó normativa reguladora detallada que regiría el NSPS para las diversas categorías de equipamiento. En uno de sus programas, la EPA definió el término *fuente estacionaria*. En 1974 aprobó los NSPS para las industrias de fundición de metales no ferrosos, estableciendo que los niveles no se aplicarían a la modificación de grandes unidades de fundición si el aumento de emisiones se compensaba con reducciones en otros lugares de la misma planta.[232]

Incumplimiento.

La modificación legal de 1970 tenía como finalidad alcanzar en 1975 los objetivos primarios de NAAQS. En muchas zonas del país, particularmente en los estados más industrializados, los objetivos legales no se alcanzaron.[233] En 1976, en la 94.ª legislatura el Congreso afrontó este importante problema, así como muchas otras cuestiones relativas a la contaminación ambiental. Como siempre ocurre en esta materia, el legislativo hubo de luchar básicamente entre el interés de quienes pretendían fijar límites estrictos que disminuyesen rápidamente

[231] *vid.* 110 (a)(2)(D) y 110(a)(4).

[232] El Tribunal de Apelaciones concluyó que esta definición de «planta» estaba proscrita por la Ley de 1970; *vid.* ASARCO Inc, 188 US App. D. C en 83-84, 578 F 2d, en 325-327. Esta decisión se adoptó tras aprobarse la modificación de 1977, y por tanto era el criterio aplicable cuando el Congreso aprobó las modificaciones en 1977.

[233] *Vid. Report on the National Commission on Air Quality, To Breathe Clean Air*, 3, 3-20 (1981).

la contaminación ambiental para eliminar sus costes sociales, y el interés de quienes anticiparon las preocupaciones económicas por el hecho que un marco legal estricto disminuiría el crecimiento industrial con los costes sociales que ello conllevaría. El Congreso, al enfrentarse a estos intereses contrapuestos, fue incapaz de llegar a un acuerdo sobre la respuesta a ofrecer en aras del interés público: las iniciativas legislativas para abordar la materia fracasaron por no lograr el necesario consenso.[234]

En vista de tal situación, la EPA publicó en diciembre de 1976 la *Emissions Offset Interpretative Ruling* (ver 41 Fed. Reg. 55542) para, como indican los recurridos, «cubrir el vacío» hasta que el Congreso legislara en la materia. La citada Guía estableció que su objetivo era abordar «la cuestión de si, y hasta qué punto los criterios nacionales de calidad ambiental fijados al amparo de la Clean Air Act podían restringir o permitir el crecimiento de grandes fuentes estacionarias nuevas o aumentadas» (id. en 55524-55525). En general, la Guía estableció que «una nueva gran fuente puede ubicarse en un área con calidad ambiental inferior a la fijada en el criterio nacional únicamente si pueden cumplirse condiciones estrictas» (id. en 55525). La Guía puso énfasis primordial en lograr los objetivos ambientales fijados en la ley.[235] De conformidad con ello, la interpretación de cada nueva fuente en áreas donde no se hubiese logrado el objetivo, deberían alcanzar «el nivel de emisión más bajo» para ese tipo de industria de acuerdo con el estado de la ciencia (*vid. ibid.*). En 1976, no obstante, la Guía ni adoptó ni rechazó de forma explícita el concepto de *burbuja*.[236]

[234] Los proyectos fueron aprobados por las dos cámaras del Congreso; el Senado rechazó el Conference Report; 122 Cong. Rec. 34375-34403, 34405-34418 (1976).

[235] Por ejemplo, afirmaba:

«En concreto, y en relación al principal NAAQS, el Congreso y los Tribunales han dejado claro que las consideraciones económicas deben subordinarse al alcance y mantenimiento de los objetivos fijados en NAAQS. Aunque la normativa permite cierto crecimiento en las zonas que no cumplen una NAAQS si el efecto neto garantiza un mayor avance hacia la consecución de la NAAQS, la Ley no permite el crecimiento económico a expensas de la salud pública»; 41 Fed. Reg. 55527 (1976).

[236] En enero de 1979, la EPA observó que la regulación de 1976 era ambigua en esta materia:

«Varios analistas indicaron la necesidad de una definición más explícita de «fuente». Algunos consideraron que no estaba claro en la regulación de 1976 si una planta con distintos procesos y zonas de emisión puede considerarse una única fuente. Las modificaciones que se exponen a continuación, definen la fuente como "cualquier edificio, estructura, local, instalación o entidad (o combinación de ellas) que se ubique en una o más propiedades contiguas o adyacentes y que sean propiedad de la misma persona (o por personas bajo control común)". Esta definición evita que una gran instalación sea dividida en otras más pequeñas al propósito de determinar la

IV

Las modificaciones realizadas en 1977 a la *Clean Air Act* fueron la respuesta amplia, detallada, técnica, compleja y exhaustiva a una importante cuestión social. Una mínima parte de la ley, 91 Stat. 745-751 (Parte D del Título I de la Ley modificada, 42 USC 7501-7508), regula de forma expresa las zonas que no hubiesen alcanzado los niveles fijados. La cuestión principal de esta controversia se encuentra en una frase existente en esa parte de la reforma.[237]

Básicamente, la ley requiere que cada estado antes del 1 de julio de 1979 redacte y apruebe una nueva SIP para zonas que no hayan alcanzado los objetivos. Mientras tanto, a esos estados se les exigía cumplir la Guía Interpretativa aprobada por la EPA el 21 de diciembre de 1976 (91 Stat 745). La fecha límite para lograr los objetivos primarios de NAAQS se amplió al 31 de diciembre de 1982, y en determinados casos al 31 de diciembre de 1987, pero se exigía al SIP que contuviese un número de previsiones destinadas a alcanzar los objetivos lo antes posible.[238]

aplicabilidad de los requisitos»; 44 Fed. Reg. 3276.

[237] En concreto, la controversia en estos supuestos afecta al significado del término *grandes fuentes estacionarias* del 172(b)(6) de la Ley, 42 USC 7502(b)(6). El significado del término *fuente propuesta* del 173(2) de la Ley 7503(2) no está en disputa.

[238] Entre otros requisitos, 172(b) establece que los SIP:

«(3) Requerirán, en el ínterin, nuevos avances razonables (tal y como se define en 171(1), incluyendo las reducciones de emisión que lleven a cabo fuentes en la zona que puedan lograrse a través de la adopción, como mínimo, de un razonable control tecnológico disponible.

(4) Contener un inventario completo, veraz y actualizado de las emisiones actuales de todas las fuentes (tal y como se establezca normativamente por el Administrador) de cada contaminante para cada zona que se revise, y presentarlo tantas veces como sea necesario para asegurar que se cumplen los requisitos del párrafo 3 y evaluar la necesidad de reducciones adicionales para garantizar que en la fecha prevista en el apartado (1) se cumple cada criterio.

(5) identificar y cuantificar de forma expresa, en caso que existan, las emisiones de cada contaminante que se permita que resulte de la construcción y explotación de grandes fuentes estacionarias nuevas o modificadas para cada una de esas zonas [...]

(8) contener limitaciones de emisión, plazos de cumplimiento y otras medidas que puedan ser necesarias para cumplir los requisitos de esta sección». 91 Stat. 747.

La Sección 171(1) establece: «Se entiende por "nuevos avances razonables" el aumento anual de reducciones de emisiones de sustancias contaminantes (incluyendo reducciones sustanciales en los primeros años siguientes a la aprobación o promulgación de los contenidos del plan elaborado de conformidad a las previsiones de esta parte y sección 110(a)(2)(I), y las disminuciones regulares posteriores que sean suficientes, a juicio del Administrador, para garantizar el cumplimiento de las normas nacionales de calidad del aire ambiente aplicables en la fecha establecida en el artículo 172(a)»; *id.* en 746.

Más significativo a nuestros propósitos es que la ley establece que cada plan debería:

> (6) exigir autorizaciones para la construcción y funcionamiento de fuentes estacionarias nuevas o modificadas de conformidad con la sección 173... (id. en 747)

Antes de otorgar una autorización, la sección 173 exigía: (1) que la agencia estatal determinase si existiría suficiente reducción de emisiones en la zona tanto para compensar las emanadas de la nueva fuente como para permitir el logro de progresos razonables hacia la consecución de los objetivos, o que el aumento de emisiones no excediese de lo permitido al crecimiento fijado de conformidad con 172(b)(5); (2) el solicitante debería certificar que sus otras fuentes en la zona se ajustaban al SIP; (3) la agencia habría de determinar que el SIP aplicable se estaría cumpliendo en todo caso; y (4) que la fuente se ajustaría al nivel mínimo de emisión (LAER).[239]

Las modificaciones de 1977 no contenían una referencia específica al *concepto de burbuja*. Como tampoco contenían una definición concreta del término *fuente estacionaria*, aunque no contravenía la definición obrante en 111(a)(3) aplicable en virtud de la Ley al programa NSPS. La Sección 302 (j), sin embargo, definía el término *gran fuente estacionaria* de la siguiente forma:

> Salvo que se disponga otra cosa, se entenderá por *gran fuente estacionaria* y «*gran emisor*» cualquier instalación o fuente de contaminación ambiental que directamente emita, o tenga el potencial de emitir cien toneladas al año de cualquier tipo de sustancia contaminante (incluyendo cualquier gran emisor o fuente de emisiones de cualquier contaminante, según establezca la normativa aprobada por el Administrador (91 Stat 770).

[239] La Sección 171 (3) establece:

«(3) Se entenderá por 'tasa de emisión más baja alcanzable' para cualquier fuente, aquella tasa de emisiones que refleje (A) la limitación más estricta de emisiones que contenga el plan de aplicación de cualquier Estado para dicha clase o categoría de fuente, a menos que el propietario u operario de la fuente propuesta demuestre que dichas limitaciones son inalcanzables, o (B) la limitación de emisiones más estricta que se alcance en la práctica por dicha clase o categoría de fuente, la que sea más estricta.

En ningún caso la aplicación de este término permitirá que una fuente nueva o modificada emita ningún contaminante por encima de lo permitido en virtud de las normas de funcionamiento aplicables a fuentes nuevas».

El requisito LAER se define en términos que lo hacen aún más estricto que la norma aplicable de rendimiento de fuentes nuevas elaborada en virtud del artículo 111 de la Ley, modificada por la ley de 1970.

V

En lo que se refiere a la parte de la modificación legal de 1977 relativa a las zonas que no hubiesen logrado los objetivos, la historia legislativa no contiene ningún comentario específico sobre el «concepto de burbuja» o acerca de si la definición de «fuente estacionaria» es permisible bajo el programa de autorizaciones. Sin embargo, de forma clara desvela que en lo relativo al programa de autorizaciones el Congreso pretendió acomodar el conflicto existente entre el interés económico en permitir continuar las mejoras de capital y el interés ambiental en mejorar la calidad del aire. Así, el Informe de la Cámara de Representantes identificó el interés económico como uno de los *dos principales objetivos* de esta sección de la ley. Así, indicaba:

> La Sección 117 del proyecto, adoptado en comité plenario, establece una nueva sección 127 en la *Clean Air Act*. La sección tiene dos objetivos principales: (1) permitir que continúe el crecimiento económico razonable en la zona mientras se efectúan progresos razonables que aseguren alcanzar los niveles en una fecha determinada; y (2) permitir a los estados, para lograr dicho objetivo, una mayor flexibilidad respecto a la que le permite la actual interpretación normativa realizada por la EPA.
> La nueva regulación permite dos opciones a los estados que no han alcanzado los objetivos. Primero, el Estado puede proceder bajo el presente sistema de «compensación» de la EPA. Se autoriza al administrador, además, a modificar la regulación de conformidad con los objetivos y propósitos de esta sección.
> La segunda opción del Estado sería revisar su plan de mejora de acuerdo con esta nueva previsión» Inf. C. R. n.os 95-294, p. 211 (1977).[240]

[240] Durante los debates en plenario, el congresista Waxman señaló que la normativa establecía: «un equilibrio adecuado entre los controles medioambientales y el crecimiento económico en las zonas de contaminado existentes en Estados Unidos». ...No hay ningún otro asunto que plantee más claramente el conflicto entre el control de la contaminación y la creación de empleo. Hemos decidido que no debe hacerse peligrar ninguno de ellos...

Se trata de un planteamiento justo y equilibrado, que no minará nuestra vitalidad económica ni impedirá el logro de nuestros objetivos últimos medioambientales»; 123 Cong. Rec. 27076 (1977).

El segundo «objetivo principal» de la disposición –permitir a los Estados «una mayor flexibilidad» que la norma interpretativa de la EPA–, así como la referencia a la autoridad de la EPA para modificar su normativa de conformidad con el objetivo de la sección, es del todo coherente con que el Congreso no tenía intención de congelar la definición de *fuente* contenida en la normativa vigente en un requisito legal rigido.

La parte del Comité del Senado referida a las zonas de los estados en que no se hubiesen alcanzado los objetivos, generalmente pretendía «modificar la interpretación administrativa de la EPA» y que su crecimiento debería permitirse si el estado podía «demostrar que dichas facilidades podían acomodarse con el plan global de lograr un nivel de calidad» (Inf. S. n.os 95-127 p. 55 [1977]). El informe del Senado se refiere al valor de «la revisión caso por caso de cada gran fuente contaminante nueva o modificada que pretenda ubicarse en una región que exceda del nivel ambiental», explicando que tal revisión «exige combinar las reducciones de las fuentes ya existentes con las emisiones previstas de la nueva fuente en aras de asegurar que la incorporación de la nueva no evite alcanzar el nivel aplicable exigible en el plazo legal»; *ibid.* Esa descripción de un análisis caso por caso a incorporaciones en la zona, que enfatiza las consecuencias netas de la construcción o modificación de la nueva fuente, así como su impacto en el logro global de los niveles nacionales, no se planteó, sin embargo, para la problemática concreta que presentan este tipo de casos.

El Senador Muskie efectuó las siguientes declaraciones:

> Debo incidir que el criterio para determinar si una fuente nueva o modificada se sujeta a la regulación interpretativa de la EPA (la Guía de compensación) –y a las exigencias de las autorizaciones de los planes de desarrollo revisados al amparo del proyecto de ley–, es si dicha fuente emitirá en la zona un nivel de contaminación que exceda del nivel nacional de calidad ambiental para ese contaminante– o precursor. Por tanto, una nueva fuente está aún sujeta a requisitos tales como «niveles de emisión más bajos» incluso si se erige para sustituir una vieja instalación resultando en una reducción neta de niveles de emisión previos.
>
> Una fuente –incluyendo una construcción existente a la que se exigió reconvertirse al carbón– está sujeta a todos los requisitos de nivel a alcanzar como fuente modificada si implica cualquier cambio físico que aumente la cantidad de aire contaminado por el que se excedan los niveles en dicha área» 123 Bol. Cong. 26847 (1977).

VI

Como se indicó anteriormente, antes de la modificación operada en 1977, la EPA adoptó una definición del término *fuente* al amparo del programa NSPS aplicándola a toda una planta. Con posterioridad, se consideraron al menos tres proposiciones formales para modificar tal definición.

En enero de 1979, la EPA analizó si debería exigirse al SIP modificado y que entraría en vigor en julio de 1979 la misma restricción sobre nuevas construcciones en áreas que no hubieran alcanzado los objetivos establecidos en su Guía de diciembre de 1976. Tras comprobar que la normativa de 1976 no era clara en lo que respecta a «si una planta con diferentes procesos y puntos de emisión debería considerarse una única fuente» (44 Fed. Reg. 3276 [1979]) la EPA dio una respuesta doble a la cuestión. En aquellas áreas que no tuviesen un SIP revisado vigente en julio de 1979, rechazó la definición de planta única; por otra parte, concluyó que sería admisible en determinadas circunstancias si estuviese autorizado y aprobado en el SIP. Afirmó:

> Cuando un plan estatal de mejora se hubiese revisado y mejorado para alcanzar los requisitos de la parte D, incluyendo la exigencia de evolución razonable, las exigencias del plan para modificaciones importantes pueden excluir la modificación de instalaciones existentes acompañadas de compensaciones internas de tal forma que no exista incremento en las emisiones. La agencia avaló tal exclusión, al permitir mayor flexibilidad a las fuentes para gestionar de forma efectiva sus emisiones al menor coste. *Ibid.*[241]

En abril, y nuevamente en septiembre de 1979, la EPA hizo públicas interpretaciones adicionales en las que indicaba que los SIP revisados podrían adoptar, en determinadas circunstancias, la definición de fuente como una instalación en zonas donde no se hubiesen alcanzado los objetivos; *vid. id.* en

[241] En la misma norma, la EPA añadía:

«La mencionada exención está permitida en virtud del SIP dado que, para ser aprobada con arreglo a la Parte D, las revisiones del plan previstas para enero de 1979 deben contener medidas adoptadas que garanticen la consecución de nuevos avances razonables. Además, en la mayoría de los casos, las medidas adoptadas antes de enero de 1979 deben ser suficientes para garantizar el cumplimiento de las normas en las fechas exigidas por la Ley y, en todos los casos, las medidas adoptadas antes de 1982 deben garantizar el cumplimiento de las normas. *Vid.* la Sección 172 de la Ley y 43 F R 21673-21677 (19 de mayo de 1978). Además, el Congreso pretendía, en virtud de la Sección 173 de la Ley, que los estados tuvieran cierto margen para apartarse de los estrictos requisitos de esta Norma cuando se revisara el plan estatal y se llevara a cabo de conformidad con la Parte D. Por lo tanto, en el marco de un plan de la Parte D, hay menos necesidad de someter una modificación de una instalación existente al LAER y a otros requisitos estrictos si la modificación va acompañada de suficientes compensaciones dentro de la misma fuente, de modo que no se produzca un aumento neto de las emisiones»; 44 Fed Reg. 3277 (1979).

20372, 20379, 51924, 51951 y 51958. En la última de las ocasiones, la EPA aprobó una proposición formal de regulación que habría permitido el uso del «concepto de burbuja» para nuevas instalaciones dentro de una misma planta, así como las modificaciones de unidades existentes. Lo razonó de la siguiente manera:

> Excepción «burbuja». Se denomina «burbuja» al uso de mecanismos de compensación dentro de una misma fuente. La EPA propone el uso de la definición de «fuente» (*vid. infra*) para limitar el uso de burbuja de conformidad con las exigencias de incumplimiento en los siguientes aspectos:
>
> I.- Parte D SIP que incluya todos los requisitos necesarios para asegurar un progreso razonable y alcanzar los niveles en el plazo establecido en la sección 172 y que se estén llevando a cabo no necesitan restringir el uso de una burbuja en toda la instalación, igual que en la propuesta PSD.
>
> II.- Parte D SIP que no cumpla los requisitos establecidos debe limitar el uso de la burbuja incluyendo una definición de «instalación» como pieza identificable del equipamiento.[242]

De forma significativa, la EPA expresamente constató que a la palabra *fuente* podría dársele el significado de instalación para unos propósitos y un significado más restrictivo para otros. Así, estableció:

> Por *fuente* ha de entenderse cualquier estructura, construcción o instalación que emita o pueda emitir cualquier tipo de sustancia contaminante. «Edificación, estructura, construcción o instalación» significa planta en áreas PSD y en zonas donde no se hayan alcanzado los niveles, excepto

[242] *Id.*, en 51926. Más adelante en esa Norma la EPA añadía:

«No obstante, la EPA considera que la totalidad de la Parte D del SIP, que contiene requisitos aprobados y aplicables suficientes para garantizar la consecución de los objetivos, puede aplicar el enfoque propuesto anteriormente para la PSD, con una revisión de toda la planta, pero sin revisión de los equipos individuales. El uso exclusivo de una definición de fuente a nivel de toda la planta permitirá compensaciones a nivel de instalación para evitar la NSR de equipos nuevos o modificados. Sin embargo, esto solo es apropiado una vez que se haya adoptado un SIP que garantice la reducción de las emisiones existentes necesaria para la consecución de los objetivos. Véase 44 FR 3276 col. 3 (16 de enero de 1979). Si el nivel de emisiones permitido en el SIP es lo suficientemente reducido como para garantizar un progreso ulterior razonable y la consecución de los objetivos, las nuevas construcciones o modificaciones con suficientes créditos de compensación para evitar un aumento de las emisiones no deberían poner en peligro la consecución de los objetivos». *Id.* en 51933.

donde las prohibiciones aumentadas se aplicasen o donde no existiesen o se hubiesen dejado sin efecto SIP adecuados.[243]

El resumen elaborado por la EPA acerca de su proyecto de normativa revela una definición del vocablo «fuente» flexible en vez de rígida, con la finalidad de llevar a efecto varios programas y objetivos:

En resumen, la EPA propone dos definiciones de fuente en función de las diferentes clases de programas NSR:

(1) Para PSD y la parte D completa del SIP, la revisión se aplicaría solo a instalaciones, con una burbuja sin restricciones.

(2) Para la normativa de compensación, las restricciones sobre construcción y la parte D incompleta del SIP, la revisión se aplicaría tanto a instalaciones como a piezas individuales del equipamiento, ocasionando que el concepto de burbuja no se aplique a equipamientos importantes nuevos y modificados.

Además, para las restricciones en la construcción, la EPA propone definir «modificación importante» con la finalidad de prohibir totalmente la burbuja. Finalmente, una alternativa que se planteó, pero no fue defendida consistió en que solo se revisasen las piezas del equipamiento, resultando en no aplicar el concepto de burbuja y permitir que piezas menores escapen al NSR con independencia que se encuentren dentro de una gran instalación»; *Id.* en 51934.

Sin embargo, en agosto de 1980 la EPA aprobó una regulación que, en esencia, recogió la doctrina del Tribunal de Apelaciones para estos asuntos. La EPA tomó nota de las entonces recientes dos sentencias del Tribunal de Apelaciones que habían adoptado el claro principio según el cual el «concepto de burbuja» debía utilizarse en programas cuyo objetivo fuese mantener la calidad del aire, pero no a los elaborados para mejorarla. Apoyándose en estas sentencias,[244] la EPA adoptó una definición dual de *fuente* para áreas

[243] En su explicación de por qué el uso del «concepto de burbuja» era especialmente apropiado para evitar un deterioro significativo en zonas de aire limpio (PSD) la EPA indicó: «Además, la aplicación de la burbuja sobre una base a nivel de planta fomenta la mejora voluntaria de los equipos y el incremento de la capacidad productiva».

[244] «La definición dual también es coherente con Alabama Power y ASARCO. Alabama

que no hubiesen alcanzado los objetivos y que requiriesen una autorización, aunque la modificación se efectuase en toda la instalación o en cualquiera de sus componentes, que resultaría en un significativo incremento en emisiones aun cuando el aumento fuese totalmente compensado por reducciones en otro lugar de la instalación. La EPA fundamentó su criterio afirmando que tal interpretación era «más ajustada a la voluntad del Congreso» que la definición equiparada a instalación porque «aportaría más fuentes o modificaciones para revisar»; 45 Fed. Reg. 52697 (1980), pero su análisis legal primario se basó en las dos sentencias del Tribunal de Apelaciones.

En 1981 se produjo un cambio en la Administración y se inició una «amplia revisión de la normativa regulatoria y sus complejidades»; 46 Fed. Reg. 16281. En el contexto de esa revisión, la EPA reexaminó los diversos argumentos barajados en relación con la adecuada definición del vocablo *fuente*, y concluyó que debía ofrecerse la misma definición tanto en áreas donde no se hubiesen alcanzado los objetivos como en las PSD.

Al explicitar sus conclusiones, la EPA manifestó en primer lugar que el asunto de la definición no se encontraba expresamente reflejado ni en la ley ni en sus antecedentes legislativos y por tanto ello implicaba una «interpretación de la agencia acerca de la mejor forma de llevar a cumplimiento la ley»; *ibid.* A continuación, expuso diversas razones para concluir que era más adecuada la definición que la equiparaba a una instalación. Apuntó que la definición dual «puede desincentivar nuevas inversiones al servir como elemento disuasor de modificación de instalaciones existentes» y «en la práctica puede retrasar el avance en el control de la contaminación ambiental al desincentivar la sustitución de maquinaria antigua y contaminante por otra nueva y menos contaminante»; *ibid.* Más aún, la nueva definición «simplificaría las normas de la EPA al usar la misma definición de «fuente» para casos de PSD, revisión de nuevas fuentes por incumplimiento y moratoria en la construcción. Esto reduciría la

Power sostuvo que la EPA gozaba de amplia discrecionalidad a la hora de definir los términos constitutivos de "fuente" de la mejor manera para alcanzar los objetivos de la ley. Por lo tanto, se pueden utilizar diferentes conceptos de "fuente" para diferentes secciones de la ley…

Además, Alabama Power y ASARCO sugieren conjuntamente que hay una distinción entre los programas de la Clean Air Act elaborados para mejorar la calidad del aire y los creados únicamente para conservarla…

La promulgación de la definición dual sigue el mandato de Alabama Power, que sostuvo que, si bien la EPA no podía definir *fuente* como una combinación de fuentes, la EPA disponía de amplias facultades discrecionales para definir "edificio", "estructura", "instalación" y "montaje" con el fin de cumplir mejor los objetivos de la Ley». 45 Fed. Reg. 52697 (1980).

confusión e inconsistencia»; *ibid.* Finalmente, la agencia explicó que los requisitos adicionales que mantuviesen su vigencia lograrían el objetivo fundamental de alcanzar los niveles de NAAQS lo antes posible.[245] Estas conclusiones se incluyeron en el proyecto de reglamento hecho público en agosto de 1981, que fue aprobado finalmente en octubre; *vid. id.* en 50766.

VII

En este Tribunal, los demandados rechazaron de forma expresa la motivación del Tribunal de Apelaciones. Dicho tribunal consideró la definición legal del término *fuente* lo bastante flexible como para abarcar tanto una definición equiparándola a instalación como una más restrictiva y limitada a cada unidad dentro de ella, o como una definición dual que pudiera aplicarse tanto a la *burbuja* completa como a sus componentes. Interpretó la política legislativa, sin embargo, como una imposición de la definición equiparándola a instalación en programas que tenían como objetivo mantener la calidad del aire y prohibiéndola en los destinados a mejorarla. Los demandados realizaron una interpretación totalmente distinta de la ley. Sostenían que su texto exigía a la EPA utilizar una definición dual si, tanto un componente de una instalación o esta como un todo, emiten más de 100 toneladas de contaminación, debía considerarse una gran fuente estacionaria. Alegaban, por tanto, que las normas aprobadas por la EPA en 1980, hasta donde se aplicasen al mantenimiento de la calidad del aire, así como las de 1981 aplicadas a áreas que no hubiesen alcanzado los objetivos, conculcaban la ley.[246]

[245] Establecía:

«5. Los Estados continuarán sujetos al requisito que todas las áreas donde no se cumplan los objetivos acrediten el cumplimiento de las NAAQS tan pronto como sea posible y muestren un progreso razonable hacia dicho cumplimiento. Así pues, el cambio propuesto en el alcance obligatorio de la revisión de nuevas fuentes en zonas donde no se hayan alcanzado los objetivos no debería interferir con el objetivo fundamental de la Parte D de la Ley.

6. Las normas de funcionamiento de nuevas fuentes (NSPS) continuarán aplicándose a muchas instalaciones nuevas o modificadas y garantizarán el uso de las técnicas más modernas de control de la contaminación, independientemente de la aplicabilidad de la revisión de nuevas fuentes en zonas de no cumplimiento.

7. Para evitar la revisión de nuevas fuentes en zonas donde no se hayan alcanzado los objetivos, las grandes instalaciones que se modifiquen deberán demostrar que no experimentarán un aumento neto significativo de las emisiones. En caso que las emisiones totales aumenten significativamente, seguirá siendo necesaria la revisión». 46 Fed. Reg. 16281 (1981).

[246] «La EPA no puede, sin embargo, definir los cuatro términos para referirse únicamente a

Lenguaje utilizado por la ley.

La definición del término *fuente estacionaria* en 111(a)(3) se refiere a «cualquier edificio, estructura, construcción o instalación» que emita aire contaminado; *vid. supra*, en 846. Esta definición se aplica solo al programa NSPS por mandato expreso de la ley; el texto no aplica la definición al programa de autorizaciones. Los demandantes mantienen sin embargo que no hay un lenguaje legal claro para alcanzar el significado de fuente estacionaria en el programa de autorizaciones fuera del 302(j), que define el término *gran fuente estacionaria*; *vid. supra*, en 851. Discrepamos de los demandantes en este punto.

La definición del 302(j) nos dice que el vocablo *gran* significa una fuente que deba emitir al menos 100 toneladas de contaminación para ser considerado tal, pero no arroja ninguna luz acerca del significado de *fuente estacionaria*. Equipara una fuente con una instalación, pues una *gran instalación emisora* y una *gran fuente estacionaria* son sinónimos en 302(j). El significado ordinario del término *instalación* no es otro que un conjunto de elementos integrados diseñados y construidos para lograr algún propósito. Más aún, ciertamente no es una afrenta al uso del inglés común referirse a una gran instalación o a una gran fuente para aludir a toda una instalación como algo opuesto a cada una de sus partes. Sin embargo, el lenguaje de 302(j) no apunta a ninguna interpretación del término *fuente*.

La parte recurrida acepta tal circunstancia y por tanto apunta a 111(a)(3). Aun cuando la definición en dicha sección no se aplica literalmente al programa de autorizaciones, arroja tanta luz sobre el significado del término *fuente* como cualquier otro en la ley.[247] Como indican los demandados, el uso de las palabras *edificio*, *estructura*, *local* o *instalación* como definición de fuente puede interpretarse para imponer condiciones de autorización en una construcción individual que sea parte de una instalación.[248] Una «palabra puede tener un carácter propio que no puede quedar anulado por su asociación»; *Russell Motor Car Co. v. United States* (261 US 515, 519 [1923]). Por otra parte, el significado

las instalaciones. En las normas PSD de 1980, la EPA hizo exactamente eso. La EPA agravó el error en las normas de 1981, en las que abandonó la doble definición». Escrito de los recurridos, p. 29, n. 56.

[247] Advertimos que la EPA de hecho adoptó el lenguaje de esa definición en su normativa al amparo del programa de autorizaciones. 40 CFR 51.18(j)(1)(i), (ii) (1983).

[248] Dado que la normativa ofreció a los estados la opción de definir la fuente como un equipo individual, *vid.* 40 CFR 51.18(j)(1)(1983), los recurrentes no cuestionan que la definición puede interpretarse como sugieren los recurridos.

de una palabra ha de fijarse en su contexto de alcanzar objetivos concretos, y las palabras asociadas con ello pueden indicar que el verdadero significado de las series es conducir a una idea común. La redacción puede interpretarse razonablemente en el sentido de que impone el requisito a cualquier instalación menor, pero integrada, que contamine. Ello otorga significado a todos los vocablos, una edificación concreta que no formase parte de una instalación más amplia, estaría integrado en el término si emitiese más de 100 toneladas de contaminante, como estaría integrada cualquier instalación, estructura o local. De hecho, la propia redacción implica un concepto de *burbuja*: cada uno de los elementos enumerados parecen ser tratados como si estuviesen integrados en una burbuja. Mientras los recurridos insisten en que cada uno de esos términos debe ser interpretado de forma restringida, alegan igualmente que 111(a)(3) define *fuente* de igual forma que lo hace 302(j). La última sección, sin embargo, equipara *fuente* con instalación, mientras que aquella define *fuente* como *instalación entre otros elementos*.

No nos convence que el análisis de los términos generales del texto legal revele la intención concreta del Congreso.[249] Somos plenamente conocedores que este lenguaje no es dispositivo: los términos se sobreponen y la redacción no está precisamente orientada a la cuestión de la aplicabilidad de un término concreto en el contexto de una operación más amplia. En la medida en que cualquier *intención* del Congreso pueda discernirse a partir de este lenguaje, parece que la lista de términos ilustrativos y superpuestos pretendía ampliar, no limitar, la extensión de las atribuciones de la agencia para regular fuentes concretas a fin de llevar a efecto las políticas de la Ley.

[249] El argumento basado en el texto de 173, que define los requisitos de autorización para las zonas donde no se hayan alcanzados los objetivos, es un ejemplo clásico de razonamiento circular. Uno de los requisitos de la autorización es que «la fuente propuesta debe cumplir el nivel más bajo de emisión que pueda alcanzarse» (LAER). Aunque un Estado pueda presentar un SIP revisado que prevea la exención de otro requisito –la «condición de compensación»–, el SIP no puede prever la exención de la condición LAER para ninguna fuente propuesta. Los demandados alegan que la definición del término *fuente* para toda la planta hace innecesario que las unidades de nueva construcción dentro de la planta cumplan el requisito LAER si sus emisiones se compensan con las reducciones logradas por la retirada de equipos más antiguos. Así pues, según los demandados, la definición de planta permite lo que la ley prohíbe explícitamente: la exención del requisito LAER para las unidades de nueva construcción. Pero este argumento no prueba nada porque la ley no prohíbe la exención a menos que la nueva unidad propuesta esté sujeta al programa de permisos. Si no es así, la ley no impone el requisito LAER en absoluto y no hay necesidad de llegar a ninguna cuestión de exención. En otras palabras, la sección 173 de la ley tan solo aborda las consecuencias de la definición del término *fuente*, pero sin definirlo.

Análisis del procedimiento legislativo

La parte recurrida argumenta, además, que el devenir del procedimiento legislativo así como los objetivos de la ley proscriben la definición a nivel de planta, y que la interpretación de la EPA no merece deferencia porque representa una quiebra radical respecto a las anteriores interpretaciones de la ley.

Basándonos en nuestro análisis del procedimiento legislativo, coincidimos con el Tribunal de Apelaciones en que aquel no ofrece luz alguna. Los argumentos generales identificados por la parte recurrida «de forma clara no se efectuaron teniendo como objetivo abordar este concreto asunto y no pueden acreditar la voluntad del Congreso...» (*Jewell Ridge Coal Corp v. Mine Workers* [325 US 161, 168-169 [1945]). La defensa de la parte apelada aludiendo al procedimiento legislativo se apoya fundamentalmente en la afirmación del Senador Muskie, en el sentido que una nueva fuente estaría sujeta al requisito LAER.[250] Pero su intervención íntegra es ambigua y, como el propio texto de la sección 173, no indica qué es una nueva fuente, y mucho menos que haya de tener una definición fija. Consideramos que el procedimiento legislativo guarda silencio sobre el asunto concreto que hoy se nos somete. Es, sin embargo, consistente con la interpretación según la cual la EPA debería poseer amplia discrecionalidad a la hora de llevar a efecto los objetivos que perseguían las enmiendas aprobadas en 1977.

Más importante es que el procedimiento identifica claramente los objetivos que motivaron la aprobación de la ley; la definición a nivel de planta es plenamente ajustada con uno de esos objetivos (permitir un crecimiento económico razonable) y creamos o no que desarrolle de forma efectiva el otro, hemos de reconocer que la EPA ha ofrecido una explicación razonable para llegar a la conclusión de que las regulaciones aprobadas sirven igualmente a los objetivos ambientales; *vid. supra*, en 857-859 y n. 29; *vid.* igualmente *supra* en 855, n. 27. Así, tal razonamiento aparece acreditado por el expediente elaborado en el procedimiento reglamentario,[251] así como por ciertos estudios particulares.[252]

[250] *Vid. supra*, en 853. Señalamos que el Senador Muskie no criticó el uso del «concepto de burbuja» por la EPA en un programa NSPS anterior a las enmiendas de 1977.

[251] Ver, por ejemplo, la declaración del Departamento de Conservación Ambiental del Estado de Nueva York, señalando que denegar al propietario de una fuente flexibilidad a la hora de seleccionar las opciones hacía «más simple y económico operar con fuentes viejas y más contaminantes que modernizarlas...». App., pp. 128-129.

[252] «Economistas han propuesto sustituir el engorroso marco administrativo-legal por incentivos económicos. El objetivo es hacer que los incentivos de beneficios y costes que

Nuestra revisión del cambio de criterio de la EPA a la hora de interpretar la palabra *fuente* (antes y después de la modificación operada en 1977) nos lleva a concluir que la agencia principalmente responsable de llevar a efecto esta importante legislación la interpretó de forma flexible, no en un vacío textual estéril, sino en el seno de acuerdos de desarrollo político en una materia técnica y compleja. El hecho que la agencia de cuando en cuando varíe la interpretación del término *fuente* no nos lleva a concluir, como sostiene la parte recurrida, que haya de negarse la deferencia a la interpretación que dicha agencia realizó de la ley. Una interpretación inicial de la agencia no está necesariamente fijada en granito. Por el contrario, la agencia, a la hora de aprobar la normativa reglamentaria, ha de considerar diversas interpretaciones y la corrección de sus puntos de vista en una situación evolutiva. Más aún, el hecho que la agencia haya adoptado varias definiciones en diferentes contextos refuerza el argumento que la definición misma es flexible, particularmente desde que el Congreso nunca manifestó que desaprobase la interpretación realizada.

De forma significativa, no fue la agencia en 1980, sino el Tribunal de Apelaciones quien interpretó rígidamente la normativa legal imponiendo una definición equiparándola a planta para elaborar programas designados a mantener el nivel de calidad ambiental y proscribiéndola en los elaborados para mejorarla. La distinción que el tribunal efectuó puede ser correcta, pero nuestro detenido análisis del asunto mostró que no es una distinción que el Congreso haya realizado o que la EPA encontrase en la ley antes que los tribunales comenzasen a revisar las actuaciones. Concluimos que fue el Tribunal de Apelaciones el principal responsable de la posición adoptada por la agencia en 1980, y no el Congreso o cualquiera de los responsables que este autorizase para llevar a efecto la legislación.

Política

Los razonamientos políticos que se contienen en los escritos de las partes dan la impresión que la parte recurrida está librando ahora en el foro judicial una batalla política concreta que perdieron en la agencia y en 32 órganos jurisdiccionales que avalaron el concepto de *burbuja*, pero que nunca se libró

tan bien funcionan en el mercado sirvan para controlar la contaminación... El concepto de *burbuja* o *compensación* es un primer intento en este sentido. Al ofrecer al director de la planta la flexibilidad necesaria para encontrar dentro la instalación los lugares y procesos que controlan las emisiones de forma más barata, el control de la contaminación puede lograrse de forma más rápida y económica». L. Lave & G. Omenn, *Cleaning the Air: Reforming the Clean Air Act* 28 (1981) (nota al pie omitida).

en el Congreso. Tal argumentario debe presentarse ante los legisladores o administradores, no ante los jueces.[253]

En estos casos la interpretación efectuada por el Administrador representa una ponderación razonable de intereses manifiestamente contrapuestos, y debe otorgársele deferencia: la materia regulada es técnica y compleja,[254] la agencia consideró el asunto de forma completa y razonada,[255] y la decisión implicó conciliar objetivos contrapuestos.[256] El Congreso pretendió armonizar las dos posturas, pero no lo hizo al nivel específico que plantean estos casos. Quizá pretendió intencionalmente que fuese el Administrador quien inclinase la balanza en este aspecto, creyendo que las personas expertas en la materia y encargadas de llevar a efecto la normativa estarían en mejor posición de hacerlo; quizá simplemente no consideró la cuestión a ese nivel; y quizás el Congreso fue incapaz de llegar a un consenso para lograr cada uno de los dos objetivos, y los situados en cada lado decidieron arriesgarse con el marco elaborado por la agencia. A efectos judiciales, ninguna de esas tres circunstancias importa.

Los jueces no son expertos en la materia, y no forman parte de ninguno de los poderes políticos del estado. Los tribunales deben, en algunos casos, conciliar intereses políticos contrapuestos, pero no sobre la base de las preferencias personales del juez. Por el contrario, una agencia en la que el Congreso delegó la responsabilidad de tomar decisiones políticas puede, dentro de los límites de esa delegación, apoyarse en los criterios de la administración de turno para tomar sus decisiones. Aunque las agencias no son directamente responsables ante el pueblo, el Jefe Ejecutivo lo es, y es totalmente adecuado

[253] Los recurridos señalan que si se construye una nueva industria que emita más de 100 toneladas de contaminantes en una zona donde no se hayan alcanzado los objetivos, dicha planta debe obtener una autorización con arreglo a la sección 172(b)(6) y, para ello, debe cumplir las condiciones de la 173, incluido el requisito LAER. Alegan que si una vieja instalación que contenga varias unidades contaminantes debe ser modernizada mediante la sustitución de una o varias unidades que emiten más de 100 toneladas de contaminante por una unidad nueva que emita menos, pero aun así más de 100 toneladas, el resultado no debería ser diferente tan solo porque «resulta que no se construye en un emplazamiento nuevo, sino dentro de una planta preexistente». Escrito de los recurridos, p. 4.

[254] *Vid.* p. ej., *Aluminum Co. of America v. Central Lincoln Peoples' Util. Dist.*, *ante*, en p. 390.

[255] *Vid.* SEC *v. Sloan*, 436 U. S., en 117; *Adamo Wrecking Co. v. United States*, 434 U. S. 275, 287, n. 5 (1978); *Skidmore v. Suift & Co.*, 323 U. S. 134, 140 (1944).

[256] *Vid. Capital Cities Cable, Inc. v. Crisp*, *ante*, en pp. 699-700; *United States v. Shimer*, 367 U. S. 374, 382 (1961).

para este poder político del estado adoptar las opciones políticas, y resolver los intereses contrapuestos que el propio Congreso inadvertidamente no haya resuelto o que de forma intencionada dejó que fuese la agencia responsable de llevar a efecto sus previsiones quien acomodase la ley a la luz de la realidad cotidiana.

Cuando se impugne la interpretación que una agencia efectúa de un texto legal, y debidamente analizada, en realidad se centre en lo acertado de la toma de posición de la agencia, en vez de si es razonable la opción tomada para cubrir el vacío que dejó el Congreso, tal impugnación ha de decaer. En tal supuesto, los jueces federales (que no tienen responsabilidad política) tienen el deber de respetar las legítimas opciones políticas efectuadas por quienes lo hacen. La responsabilidad de evaluar opciones políticas y resolver la lucha entre visiones contrapuestas del interés público no es de naturaleza judicial: «Nuestra constitución otorga tal responsabilidad a los poderes políticos» (*TVA v. Hill*, 437 US 153, 195 [1978])

Sostenemos que la definición que la EPA realizó del vocablo *fuente* es una interpretación permisible de la ley que busca acomodar el avance en la reducción de la contaminación ambiental con el crecimiento económico. «La normativa aprobada por el Administrador establece lo que la agencia puede considerar como … [una] conciliación efectiva de estos dos fines»; *United States v. Shimer* (367 US en 383).

Se revoca la sentencia del Tribunal de Apelaciones.

Así se ordena.

El JUEZ MARSHALL y el JUEZ REHNQUIST no tomaron parte en la tramitación y decisión de este asunto.

La JUEZ O'CONNOR no tomó parte en la decisión de este asunto.

LOPER BRIGHT ENTERPRISES ET AL. v RAIMONDO, SECRETARY OF COMMERCE, ET AL.

CERTIORARI PRESENTADO FRENTE A LA SENTENCIA DEL TRIBUNAL DE APELACIONES DEL DISTRITO DE COLUMBIA

Vista Oral, 17 de enero de 2024 – Resuelto el 28 de junio de 2024

RENTLESS INC, ET AL. v DEPARTMENT OF COMMERCE

CERTIORARI PRESENTADO FRENTE A LA SENTENCIA DEL TRIBUNAL DE APELACIONES DEL PRIMER CIRCUITO

Vista Oral, 17 de enero de 2024 – Resuelto el 28 de junio de 2024

El *chief justice* ROBERTS expresa el parecer del Tribunal.

Desde nuestra sentencia *Chevron U.S.A. Inc v. Natural Resources Defense Council, Inc* (467 US 837 [1984], en ocasiones hemos exigido a los tribunales otorgar deferencia hacia las interpretaciones «permisibles» que las agencias efectúan de leyes que administran, incluso cuando el tribunal revisor interpretase la ley de forma distinta. En los presentes casos, analizaremos si tal doctrina debe ser rectificada.

I

Nuestra doctrina *Chevron* exige a los tribunales aplicar un proceso en dos fases a la hora de interpretar las leyes que las agencias federales han de ejecutar. Tras determinar si un asunto cumple varios requisitos previos que hemos señalado para que *Chevron* sea aplicable, el tribunal revisor debe en primer lugar comprobar si «el Congreso reguló directamente la cuestión específica planteada en el caso»; *id.*, en 842. Si, y tan solo si la intención del legislador es «clara», ello implica el fin de la cuestión; *ibid.* Mas si el tribunal determina que «la ley guarda silencio o es ambigua sobre la cuestión específica» que se le somete, debe, aplicando la fase dos de *Chevron*, otorgar deferencia a la interpretación que la agencia haya efectuado siempre que «se base en una interpretación permisible de la ley»;

id. en 843. Los tribunales que resolvieron cada uno de los asuntos que hoy se nos plantean aplicaron las exigencias de *Chevron* a la hora de resolver favorablemente al Gobierno las impugnaciones efectuadas frente una misma normativa aprobada por la misma agencia.

A

Antes de 1976, los buques extranjeros no registrados dominaban la pesca en aguas internacionales sitas frente a la costa estadounidense, que comenzaban justo a doce millas náuticas mar adentro; *vid.*, S. Rep. N.º 94-459, pp. 2-3 (1975). Conscientes que ello tuvo como resultado una sobrepesca y aceptando la necesidad de una gestión racional de los recursos pesqueros, el Congreso aprobó la *Magnuson-Stevens Fishery Conservation and Management Act* (MSA); *vid.* 90 Stat. 331 (codificada junto a sus modificaciones en 16 USC 1801 y siguientes). La MSA y sus modificaciones posteriores ampliaron la jurisdicción de los Estados Unidos hasta 200 millas náuticas más allá del mar territorial estadounidense y reivindicó «la gestión pesquera exclusiva sobre toda la pesca» existente dentro de esa área, conocida como «zona económica exclusiva»; 1801(a), *vid. Presidential Proclamation* n.º 5030, 3 CFR 22 (1983 Comp); 101, 102, 90 Stat. 336. El *National Marine Fishering Service* (NMFS) es el encargado de hacer cumplir las previsiones de la MSA en base a la delegación efectuada por el Secretario de Comercio.

La MSA creó ocho consejos regionales de gestión pesquera, que están integrados por representantes de los estados costeros, entidades vinculadas al sector pesquero y por la NMFS; *vid.* 16 USC 1852 (a). Los consejos son los encargados de desarrollar los planes de gestión pesquera que como norma final aprueba la NMFS; *vid.* 1852 (h), 1854(a). En cumplimiento de los objetivos de conservación y gestión pesquera que la ley establece (*vid.* 1851[a]), la MSA exige incluir en dichos planes ciertas previsiones, tales como «mecanismos para fijar límites de captura anuales… a un nivel tal que no se produzca sobrepesca»; *vid.* 1853(a). Los planes pueden también incluir otras previsiones; *vid.* 1853(b). Por ejemplo, pueden «prohibir, limitar, condicionar o exigir el uso de determinado tipo y cantidad de aparejos, navíos o equipamientos pesqueros»; 1853(b)(11); y «exigir cuantas otras medidas, requisitos, condiciones y limitaciones sean consideradas necesarias y adecuadas para la conservación y gestión de la pesca»; 1853(b)(14).

En lo relevante a estos efectos, el plan puede exigir también que «se lleven uno o varios vigilantes a bordo» de buques nacionales «con el objetivo de recoger datos necesarios para la conservación y gestión de la pesca», 1853 (b)(8). La MSA estableció tres grupos que habrían de sufragar los gastos relacionados con esos vigilantes: (1) buques de pesca extranjeros que operen dentro de la zona económica exclusiva (que deben llevar tales vigilantes); (2) buques que participen en determinados programas privilegiados de acceso limitado, que imponen cuotas facultando a los pescadores capturar cantidades específicas del total de capturas pesqueras admisibles, *vid.* 1802(26), 1853ª(c)(1)(H), €(2), 1854(d)(2); y (3) buques dentro del ámbito territorial del Consejo del Pacífico Norte, donde operan muchas de las entidades pesqueras más importantes y de éxito en la Nación, *vid.* 1862(a). En los dos últimos casos, la MSA fijó expresamente las tasas a abonar en el dos o tres por ciento del valor de la pesca obtenida por el buque; *vid.* 1854(d)(2)(B) y 1852(b)(2)(E). Y, en general, autorizó al secretario a imponer «sanciones» cuando «no se hubiese abonado… la cantidad debida por los servicios de vigilancia ofrecidos o contratados por un propietario o trabajador», 1858(g)(1)(D).

La MSA no contiene una previsión similar que establezca si a los pescadores de arenques del Atlántico se les puede exigir el abono de los costes asociados a los vigilantes que el plan impone. En determinado momento, la NMFS financió íntegramente el coste de los vigilantes que el Consejo de Gestión Pesquera de Nueva Inglaterra exigía en su plan para la pesca de arenque en el Atlántico; *vid.* 79 Fed. Reg. 8792(2014). En 2013, sin embargo, propuso modificar sus planes de gestión pesquera con el objeto facultarla a exigir de los pescadores la retribución de los vigilantes en caso de agotarse la financiación federal. Años después, la NFMS aprobó una norma que recogía tal medida; *vid.* 85 Fed. Reg. 7414 (2020).

En lo que respecta a la pesca de arenque en el Atlántico, la norma aprobó un programa de financiación industrial con el objetivo de asegurar la cobertura de vigilancia en el 50 por ciento de los viajes realizados por buques con cierto tipo de autorizaciones. Al amparo de dicho programa, los dueños de los buques habían de «declarar» la pesca antes de iniciar el viaje, poniendo este en conocimiento de la NMFS e informando de las especies que el navío pretendía capturar. Si la NMFS determinaba que ello exigía la presencia de un vigilante, pero declinaba asignar uno retribuido por el gobierno, el buque debía contratar y abonar a su costa uno particular que contase con la debida autorización pública para actuar como tal. La NFMS estimó que el coste de tal vigilante ascendería a 710 dólares diarios, disminuyendo así en el 20 por ciento los rendimientos del propietario del buque.

B

Los demandantes Loper Bright Enterprises Inc, H&L Axelson Inc, Lund Marr Trawlers LLC y Scombros One LLC son empresas familiares que se dedican a la pesca del arenque en la costa del Atlántico. En febrero de 2020 impugnaron la normativa aprobada por la MSA al amparo del 16 USC 1855(f), que incorpora la *Administrative Procedure Act* (APA), 5 USC 551. En lo que aquí importa, sostienen que la MSA no autoriza a la NMFS a que esta les obligue retribuir a los vigilantes exigidos por el plan de gestión pesquera. El juzgado de distrito archivó el asunto al estimar la excepción planteada por el Gobierno. Concluyó que la MSA permitía dicha norma, pero advirtió que incluso si «las razones expuestas por los demandantes fuesen suficientes para evidenciar una ambigüedad en el texto legal», debía otorgarse deferencia a la interpretación realizada por la agencia al imponerlo así *Chevron*.

Una dividida sección del Tribunal de Apelaciones del Distrito de Columbia confirmó ese razonamiento; *vid.* 45 F. 4th 359 (2022). La mayoría señaló varas previsiones de la MSA y concluyó que «no era totalmente inequívoco» si la NMFS podía exigir a los pescadores de arenque de la costa atlántica retribuir a los vigilantes; *id.* en 366. Dado que existían «ciertas dudas» sobre la intención del Congreso al respecto (*id.* en 369), el tribunal procedió a aplicar la segunda fase de la doctrina *Chevron* y otorgó deferencia a la interpretación efectuada por la agencia al ser una lectura «razonable» de la MSA, *vid.* F 4th en 370. En su voto particular disidente, el juez Walker argumentó que el silencio del Congreso sobre la retribución de los vigilantes de la industria pesquera de la costa atlántica (unida a la previsión expresa establecida para tales vigilantes en otros bancos de pesca y en buques extranjeros) inequívocamente apuntaban a que la NMFS carecía de autoridad para «imponer a los pescadores [de arenque de la costa atlántica] abonar el salario de los vigilantes marinos»; *id.* en 375.

C

Los demandantes Relentless Inc, Huntress Inc y Seafreeze Fleet LLC son propietarios de dos buques que operan en la costa atlántica pescando arenques; el *F/V Relentless* y el *F/V Persistence*.[257] Tales navíos practican el arte de arrastre con fondo de malla y pueden congelar el pescado estando en el mar,

[257] Para cualquier navegante, «*F/V*» es simplemente la forma de identificar un barco de pesca.

de tal forma que les permite capturar más clases de pescado y efectuar viajes más largos que otros navíos (entre 10 y 14 días, a diferencia de lo habitual que es entre 2 y 4). Como resultado, generalmente declaran múltiples capturas por viaje, de tal forma que pueden pescar todo lo que el océano les ofrece. Si los buques declaran que en un viaje concreto obtendrán pesca de arenque en la costa atlántica, deben llevar un vigilante para ese viaje si la NMFS así lo dispone, incluso aunque al final del viaje no hayan logrado captura alguna o hayan pescado menos cantidad que otros buques.

Estos demandantes, al igual que los del asunto que proviene del Tribunal de Apelaciones del Circuito de Columbia, iniciaron un proceso impugnando la normativa al sostener que la MSA no la autorizaba. El juzgado de distrito, al igual que en el otro caso, aplicando la doctrina *Chevron* otorgó deferencia a la interpretación de la NMFS y por tanto archivó el caso; *vid.* 561 F. Supp, 3d 226, 234-238 (RI 2021).

El Tribunal de Apelaciones del Primer Circuito confirmó tal pronunciamiento; *vid.* 62 F 4th 621 (2023). Se apoyó en una «norma aplicable por defecto» según la cual las empresas deben soportar los costes de gestión, así como la normativa de la MSA sobre sanciones; sección 1858(g)(1)(D), *vid. id.*, en 629-631. Rechazó el argumento de los recurrentes según el cual la autorización legal expresa de tres programas de financiación de la industria acredita que la NMFS carece de la amplia competencia implícita que le permitiría imponer tal programa para las pescas en la costa atlántica; *vid. id.* en 631-633. El Tribunal concluyó finalmente que la «interpretación de la agencia sobre la extensión de su propia competencia para requerir vigilantes marinos que sean retribuidos por los dueños de los buques sometidos a regulación no excede [...] las fronteras de lo permisible»; *id.* en 633-634 (citando *Barnhart v. Walton*, 535 US 212, 218 [2022], alteración en el original). Para llegar a tal conclusión, el Tribunal de Apelaciones del Primer Circuito sostuvo que lo hizo aplicando las dos fases de *Chevron* (*vid.* 62 F 4th en 628). Pero no explicó qué aspectos de su análisis fueron relevantes para cada una de las dos fases. Igualmente, declinó resolver si el fallo era «un producto de la fase uno o de la dos»; *id.* en 634.

Admitimos a trámite el *certiorari* en ambos casos, limitado a la cuestión de resolver si *Chevron* debe ser rectificada o aclarada; *vid.* 601 US ___ (2023) y 598 US ___ (2023).[258]

[258] Ambas solicitudes presentaban igualmente cuestiones relativas a la adecuación de la normativa reglamentaria a la MSA; *vid.* peticiones de *certiorari* n.os 22-451 p. i y 22-1219 p. ii. Tales aspectos no se incluyeron en la admisión del *certiorari* y, por tanto, no son objeto de análisis.

II

A

El Artículo III de la Constitución atribuye al Poder Judicial la competencia y responsabilidad de resolver «casos» y «controversias», es decir, disputas específicas con consecuencias para las partes afectadas. Los constituyentes tuvieron en cuenta que los jueces, a la hora de resolver tales disputas, habrían de aplicar normas que no siempre serían claras. Conscientes de los límites del lenguaje humano, anticiparon que «todas las nuevas normas, aun redactadas con la mayor pericia técnica y aprobadas tras la más completa y exhaustiva deliberación», serían «más o menos oscuras y equívocas, hasta que su significado» se fijase «a través de una serie de controversias y sentencias concretas», *El Federalista* n.° 37 p. 236 (edición de J. Cooke, 1961) (J. Madison).

Los constituyentes vislumbraron igualmente que la «interpretación final de las normas» sería «la competencia propia y específica de los tribunales»; *id.* n.° 78, en 525 (A. Hamilton). A diferencia de los poderes políticos, los tribunales por creación «no ejercitan ni fuerza ni voluntad, tan solo juicio»; *id.* en 523. Para asegurar la «firme, estable e imparcial aplicación de las leyes», los constituyentes estructuraron la Constitución de tal forma que permitiese a los jueces ejercitar tal función protegiéndoles de la intromisión de los poderes políticos; *id.* en 522, *vid. id.* en 522-524; *Stern v. Marshall*, 564 US, 462, 484 (2011).

Este Tribunal acogió desde temprana fecha la visión que los constituyentes tenían acerca del ejercicio de la función judicial. En la sentencia fundacional *Marbury v. Madison*, el *chief justice* Marshall realizó su célebre afirmación: «es claramente competencia y deber del poder judicial interpretar las normas» *vid.* 1 Cranch 137, 177 (1803). Y en las décadas siguientes, el Tribunal manifestó que «interpretar en última instancia las normas» era un «deber solemne» del poder judicial; *vid. United States v. Dickson*, 15 Pet 141, 162 (1841) (ponente, juez Story). Cuando se plantease verificar el significado de una ley, el rol del poder judicial consistía en «interpretar la ley del Congreso para verificar los derechos de las partes»; *vid. Decatur v. Paulding*, 14 Pet. 497, 515 (1840).

El Tribunal reconoció igualmente desde el principio que ejercer su función de forma independiente con frecuencia implicaba otorgar el debido respeto a las interpretaciones que el poder ejecutivo realizaba de las leyes federales. Así, por ejemplo, en *Edwards' Lessee v. Darby* (12 Wheat 206 [1827]), el Tribunal explicó que: «en la interpretación de una ley dudosa y ambigua, la interpretación coetánea de quienes estaban llamados a aplicarla y fueron nombrados para llevar a efecto sus previsiones merece gran respeto»; *id.* en 210, *vid.* igualmente *United States v. Vowell*, 5 Cranch, 368, 372 (1809) (Marshall, C. J, ponente).

Tal respeto se consideró especialmente justificado cuando la interpretación realizada por el poder ejecutivo se efectuó en un tiempo más o menos cercano a la aprobación de la ley y permaneció constante en el tiempo; *vid. Dickson*, 15 Pet, en 161, *United States v. Alabama Great Southern* R. Co, 142 US 615, 621 (1892), *National Lead Co v. United States*, 252 US 140, 145-146 (1920). Ello fue así porque «el constante actuar administrativo», como cualquier otro elemento en la interpretación, «puede ayudar al tribunal a determinar el significado del texto legal»; NLRB *v. Noel Canning*, 573 US 513, 525 (2014). (primero citando *McCullough v. Maryland*, 4 Wheat, 316, 401 [1819], luego citando *Marbury*, 1 Cranch p. 177). El Tribunal otorgó igualmente «la más respetuosa consideración» a las interpretaciones realizadas por el ejecutivo simplemente porque «los empleados públicos que la hacían eran con frecuencia hombres capaces y autoridades en la materia» y «en no pocas ocasiones… los redactores de las leyes que con posterioridad estaban llamados a interpretar»; *vid. United States v. Moore*, 95 US 760, 763 (1878); *vid.* igualmente *Jacobs v. Prichard*, 223 US 200, 214 (1912).

Sin embargo, «*respeto*» era solo eso. La interpretación llevada a cabo por el Ejecutivo podía servir de base al juicio del tribunal, pero no sobreponerse a él. Cualquiera que sea el respeto debido a tales interpretaciones, un juez «ciertamente no está obligado a aceptar la interpretación realizada por el titular de un departamento»; *Decatur*, 14 Pet en 515, *vid.* igualmente *Burnet v. Chicago Prtrait Co*, 285 US 1, 16 (1932). En otro caso, la decisión judicial no sería en modo alguno independiente. Como señaló el juez Story «en supuestos donde el criterio del tribunal difiere del de otros altos funcionarios» el tribunal «ni está obligado a someterse ni a orillarlo», *vid. Dickson* 15 Pet en 162.

B

El *New Deal* marcó el inicio de «un raudo crecimiento de la administración», *vid. United States v. Marton Salt Co*, 338 US 632, 644 (1950). Aun cuando proliferaron nuevas agencias con nuevas atribuciones, el Tribunal no varío el principio en base al cual las cuestiones de naturaleza jurídica debían ser resueltas por los tribunales aplicando su criterio independiente.

Durante este periodo, el Tribunal con frecuencia se consideró vinculado a la determinación de hechos realizada por las agencias en los casos que existiesen «pruebas que apoyasen tal fijación»; *vid. St. Joseph Stock Yards Co. v. United States*, 298 US 38, 51 (1936). «Cuando el propio legislativo actúa dentro de la amplia discrecionalidad legislativa», razonó el Tribunal, «sus determinaciones son definitivas»; *ibid.* El Congreso podía, en consecuencia «designar a un agente para actuar dentro de esa esfera de autoridad legislativa» y «otorgar a dicho agente la capacidad de fijar los hechos de forma concluyente, siempre que se cumpliesen los requisitos del proceso debido especialmente aplicables a dicha agencia, así como respetar el principio de audiencia y resolver no de forma arbitraria, sino sobre pruebas»; *ibid.*

Pero el Tribunal no amplió tal deferencia a los pronunciamientos relativos a cuestiones jurídicas. En vez de ello, dejó claro repetidamente que «la interpretación del significado de las leyes, aplicables a controversias particulares» era «competencia exclusiva del poder judicial», *vid. United States v. American Trucking Assns, Inc*, 310 US 534, 544 (1940), e igualmente *Social Security Vd. V. Nierotko*, 327 US 358, 369 (1946) y *Medo Photo Supply Corp v.* NLRB, 321 US 678, 681-682, n.° 1 (1944). El Tribunal entendió, en palabras del juez Brandeis, que «la supremacía de la ley impone que exista la oportunidad de acudir a un tribunal que decida si se realizó una interpretación errónea de la ley», *St. Joseph Stock Yards*, 298 US en 84 (voto particular concurrente). También continuó sosteniendo, como venía haciendo, que la interpretación realizada por el ejecutivo (en especial la emitida formalmente en momentos próximos a la aprobación de la ley) podía merecer que se le otorgar «gran importancia», *vid. American Tricking Assn*, 310 US en 549.

En la quizá más notable sentencia dentro de esta línea jurisprudencial, *Skidmore v. Swift Co*, 323 US 134 (1944), el Tribunal explicó que las «interpretaciones y opiniones» de las principales agencias «realizadas en cumplimiento de sus deberes oficiales» y «basadas en conocimientos especializados» «suponían un conjunto de opiniones experimentado al que los tribunales y los litigantes podían acudir a modo de guía» incluso en cuestiones legales, *id.* en 139-140. «La fuerza otorgada a tales interpretaciones en un asunto particular», indicó el Tribunal, «dependería de la profundidad de su razonamiento, la validez de su interpretación, su consistencia con pronunciamientos anteriores y posteriores, y todos esos factores tienen la posibilidad de convencer, aunque carecen de la facultad de vincular», *id.* en 140.

Es cierto que ocasionalmente el Tribunal otorgó deferencia a dicha interpretación al concluir que una ley concreta atribuía a la agencia la facultad de decidir la amplitud dada a un término legal cuando se aplicara a hechos concretos verificados por la agencia. Por ejemplo, en *Gray v. Powell*, 314 US 402 (1941), el Tribunal otorgó deferencia a la interpretación administrativa según la cual un ferrocarril a vapor que tenía negocios jurídicos con varias minas de carbón no era un «fabricante» al amparo de la *Bituminous Coal Act* de 1937. El Congreso había otorgado «de forma específica» a la agencia la capacidad de efectuar tal determinación, *id.* en 411. El Tribunal razonó que «en casos como el presente, en los que se dejó la determinación a un ente administrativo, tal delegación debe respetarse y la interpretación administrativa mantenerse intacta» siempre y cuando la decisión de la agencia constituyera «una decisión razonable»; *id.* en 412-412. De forma similar, en *NLRB v. Hearst Publications Inc*, 322 US 111 (1944), el Tribunal aplicó el criterio deferencial a la interpretación del *National Labor Relations Board* según la cual los repartidores eran «empleados» a efectos de la National Labor Relations Act. A juicio del Tribunal, la ley había «otorgado principalmente» a dicho órgano la tarea de efectuar «una definición final del término empleado»; *id.* en 130. El Tribunal, en consecuencia, consideró su papel «limitado» a verificar si «la documentación del expediente avalaba la resolución de la Junta así como si esta tenía una base jurídica razonable»; *id.* en 131.

Tal criterio deferencial se limitó a las determinaciones de hecho, como las que abordaron los asuntos *Gray* y *Hearst*. Ninguno de ellos pretendió alterar la tradicional determinación judicial de las cuestiones jurídicas. En *Gray*, tras aplicar la deferencia a la interpretación de la agencia según la cual un particular no era un «*fabricante*» de carbón, el Tribunal se adentró a examinar, realizando su propia interpretación del texto, si otro concepto legal («otros restos» de carbón) implicaba una transacción que carecía de título de transferencia; *vid.* 314 US en 416-417. El Tribunal evidentemente no observó base alguna para otorgar deferencia a cuestiones puramente jurídicas. Y en *Hearst*, el Tribunal proclamó que: «indubitadamente las cuestiones de interpretación legal... corresponde resolverlas a los tribunales, otorgando la adecuada valoración efectuada por aquellos cuyo deber específico es administrar la ley en cuestión»; 322 US en 130-131. Al menos en lo que respecta a los asuntos que implicaban «interpretación legal» el Tribunal no mudó su criterio. Tan solo consideró que debía aplicarse una valoración distinta en los supuestos donde la aplicación de un término legal estaba suficientemente entrelazada con las fijaciones de hechos realizadas por la agencia.

En cualquier caso, el Tribunal distó mucho de ser coherente a la hora de otorgar deferencia incluso a interpretaciones legales basadas en las fijaciones de hechos. Con frecuencia simplemente interpretó y aplicó la ley; *vid.* K. Davis,

Administrative Law, $248 p. 893 (1951) («La única afirmación cierta que puede hacerse sobre la aplicación de la doctrina *Gray v. Powell* es que el Tribunal Supremo la aplicaba en unos casos y en otros no»); B. Schwartz, *Gray v. Powell and the Scope of Review*, 54 Mich. L. Rev, 1 (1955) (advirtiendo el «bochornosamente amplio número de sentencias del Tribunal Supremo que no aplicaron la doctrina *Gray v. Powell*»). Un ejemplo ilustrativo, el Tribunal rechazó la interpretación efectuada por el Administrador de Precios de los Estados Unidos considerando un almacén como «bien público» exenta de la Regulación Máxima de Precios realizada por el Administrador General. Pese a la sorprendente analogía entre esa interpretación y las realizadas en *Gray* y *Hearst*, el Tribunal rechazó «aceptar la interpretación realizada por el Administrador con base en el criterio de deferencia»; *Davis Warehouse Co v. Bowles*, 312 US 144, 156 (1944). Según razonó el Tribunal, la interpretación del Administrador «apenas se había utilizado ni convertido en una práctica administrativa estable», y por tanto no «tenía preferencia sobre las interpretaciones» que el Tribunal «había efectuado de dicho texto legal».

Nada en la época del *New Deal* o anterior se asemeja al principio de deferencia que el Tribunal comenzó a aplicar décadas después a todo tipo de interpretaciones legales que efectuaron las agencias. En vez de ello, tan solo cinco años después de *Gray* y dos después de *Hearst*, el Congreso fijó a nivel legal la solución opuesta: el principio tradicional que los tribunales deben «resolver todas las cuestiones jurídicas relevantes», 5 USC 706.[259]

[259] El voto particular disidente cita *Gray*, *Hearst* y (para «dorar la píldora», según dice) tres sentencias más de la década de 1940 afirmando que reflejan la tradición histórica relevante de revisión judicial (21-22 y nota 6 del voto particular de la juez Elena Kagan). Pero no ofrece ninguna respuesta sustancial al hecho que las propias sentencias *Gray* y *Hearst* afirman, implícitamente en un caso y de forma explícita en el otro, el principio tradicional que «las cuestiones de interpretación legal... corresponde resolverlas a los tribunales, otorgando la importancia adecuada» –no la deferencia debida– «a la interpretación de aquellos cuya obligación especial es llevar a efecto la ley cuestionada», *Hearst*, 322 U.S, en 130-131. Y no logra percibir las profundas raíces que tal principio tiene en la tradición judicial de nuestra nación; pp. 20-21 n.º 5. En vez de ello, intenta, como el Gobierno, equiparar deferencia debida al «respeto» o «importancia» tradicionalmente otorgada a la interpretación administrativa; *vid.*, *ibid*; escrito de los recurridos en el caso 22-1219, pp. 21-24. Tal supuesta equivalencia es una ficción. Los casos citados en el voto particular disidente establecen que una «interpretación coetánea» compartida «no solo... por los tribunales» sino «por los departamentos» puede ser «vinculante»; *Shell's Executors v. Fouché*, 138 US 562, 572 (1891), y los tribunales pueden «inclinarse en favor» de una «continuada» y «coetánea» interpretación del Poder Ejecutivo al suponer una poderosa evidencia del significado del término legal; *United States v. Alabama Great Souther R. Co*, 142 US 615, 621 (1982). Lo que no dicen es que las interpretaciones que de un precepto legal ambiguo efectúe el Poder Ejecutivo (sin importar lo inconsistentes, tardías o defectuosas que

C

En 1946, el Congreso aprobó la *Administrative Procedure Act* «como freno sobre gestores públicos cuyo celo podría llevarles a cometer abusos no previstos en la normativa que los estableció»; *Morton Salt*, 338 US en 644. Ello supuso la culminación de un «replanteamiento total de la posición que las agencias administrativas tenían en un sistema de separación y división de poderes»; *Bowen v. Michigan Academy of Family Physicians*, 476 US 667, 670-671 (1986).

Además de fijar los procedimientos a seguir por las agencias, la APA delimitó los contornos básicos de la revisión judicial de sus actuaciones. En lo relevante a los presentes casos, la Sección 706 dispone que: «a los efectos necesarios para resolver el caso y cuando se planteasen, el tribunal resolverá todas las cuestiones relevantes de naturaleza jurídica, interpretará los preceptos constitucionales y legales, y determinará el significado o aplicabilidad de los términos de la actuación de una agencia», 5 USC 706. Exige además a los tribunales que: «anulen y dejen sin efecto las actuaciones, determinaciones y conclusiones de una agencia que… no sean conformes a derecho»; 706(2)(A).

Por tanto, la APA codificó para los asuntos en los que interviniese una agencia el elemental principio acogido en una jurisprudencia que se remonta a *Marbury*: que los tribunales resolverán las cuestiones jurídicas aplicando su propio criterio. Especifica, además, que los tribunales, no las agencias, resolverán «todas las cuestiones jurídicas relevantes» que surjan a consecuencia de la impugnación de una actuación administrativa (secc. 706) –incluso de leyes aplicables poco claras– y deje sin efecto cualquier actuación no consistente con la normativa tal y como la interpretaron. Y no contempla ningún criterio de deferencia que hayan de emplear los tribunales a la hora de ofrecer respuesta a esas cuestiones legales. Tal omisión es relevante, porque la Sección 706 *sí impone* que en la revisión de fijación de hechos y de políticas efectuados por las agencias se aplique el criterio de la deferencia; *vid.* 706(2)(A) (la actuación de la agencia debe dejarse sin efecto si es «arbitraria, infundada o supone un abuso de discrecionalidad»); secc. 706 (2)(E) (la fijación de hechos establecida por la agencia en el seno de un procedimiento formal ha de dejarse sin efecto si «no aparece avalada por pruebas sustanciales»).

En una norma destinada a servir «como ley fundamental del estado administrativo», *Kisor v. Wilkie*, 588 US 558, 580 (2019), el Congreso habría recogido

sean) vinculen siempre a los tribunales. En realidad, un juez nunca estuvo «obligado a acoger la interpretación que realizase el titular de un departamento»; *Decatur v. Paulding*, 14 Pet. 497, 515 (1840).

con total seguridad un principio similar de deferencia a cuestiones jurídicas si su intención hubiera sido apartarse del consolidado principio que existía con anterioridad a la promulgación de la APA, según el cual resolver tales cuestiones era «competencia exclusivamente judicial», *American Trucking Assn*, 310 US, en 544. Pero nada en la APA apunta a tan dramático giro. Al contrario, al exigir a los tribunales que «interpreten las previsiones constitucionales y legales» sin diferenciar entre ambas, la sección 706 deja claro que la interpretación administrativa de textos legales (al igual que la interpretación administrativa de la Constitución) no es acreedora a deferencia judicial. Bajo la APA, por tanto «continúa siendo responsabilidad del tribunal decidir si la interpretación de la ley es la que realizó la agencia»; *Perez v. Mortgage Bankers Assn*, 575 US 92, 109 (2015) (voto particular concurrente del juez Scalia).[260]

El texto de la APA significa lo que dice. Y un vistazo a su historia si algo muestra es su claro significado. De conformidad tanto con los Informes de la Cámara de Representantes como del Senado sobre dicha ley, la Sección 706 «establece que las cuestiones jurídicas han de ser resueltas en última instancia por los tribunales y no por las agencias»; H. R. Rep. n.º 1980, 79th Cong. 2nd Sess 44 (1946), y S. Rep. N.º 752, 79th Cong. Rec. 5654 (1946) (declaración del Rep. Walker); P. M. Carran, *Improving «Administrative justice»; hearings and evidence; scope of judicial review*, 32 A. B. A. J., 827, 831 (1946). Incluso el Departamento de Justicia (agencia con todos los motivos para apoyar una interpretación de la APA favorable al ejecutivo) afirmó tras su aprobación que la Sección 706 simplemente «estableció la presente ley como fijación de criterios para aplicar la revisión judicial»; Dep. de Justicia, *Attorney General's manual on the Administrative Procedure Act* 108 (1947; *vid.* igualmente *Kissor*, 588 US en 582. «La presente ley», como hemos descrito, acoge la tradicional concepción de la función judicial; *vid. supra*, 9-13.

[260] El voto particular discrepante afirma que la Sección 706 no indica de forma expresa que los tribunales hayan de resolver las cuestiones legales utilizando «un nuevo criterio de revisión»; p. 16. Eso es muy cierto. Pero las leyes solo pueden ser comprendidas «revisando su texto en el contexto», *Pulsifer v. United States*, 601 US 124, 133 (2024). Desde los comienzos de nuestra República, los tribunales han «resuelto… las cuestiones jurídicas» e «interpretado las previsiones constitucionales y legales» aplicando su propio criterio, secc. 706. Orillando su erróneo apoyo en *Gray* y *Hearst*, el voto disidente ni niega ni puede negar dicha tradición. Pero no obstante insiste que, para codificarla, el Congreso necesita de forma expresa rechazar una clase de deferencia que los tribunales nunca antes aplicaron y no aplicarían hasta décadas después. No. «La idea que ciertas cosas no hace falta decirlas se aplica tanto a la legislación como a la vida diaria»; *Bond v. United States*, 572 US 844, 857 (2014).

Respetados juristas manifestaron en el momento de aprobarse la ley que la APA exigió a los tribunales resolver de forma independiente las cuestiones jurídicas. Por ejemplo, el profesor John Dickinson interpretó que la APA «imponía un claro mandato según el cual todas [las cuestiones jurídicas] habría de resolverlas el mismo tribunal, ejerciendo su propio criterio interpretativo», *Administrative Procedure Act: Scope and frounds of broadened judicial review*, A. B. A. J. 434, 516 (1947). El profesor Bernard Schwartz afirmó que la Sección 70, «parece... ser la mera plasmación del conocido principio según el cual las cuestiones jurídicas ha de resolverlas el tribunal, y al mismo tiempo deja a los tribunales la tarea de determinar en cada caso qué son cuestiones jurídicas»; *Mixed questions of law and fact and the Administrative Procedure Act*, 19 Ford, L. Rev. 73, 84-85 (1950). Y el profesor Louis Jaffe, que al implantarse el *New Deal* formó parte de varias agencias, afirmó que la sección 706 deja al «tribunal» revisor «decidir como cuestión jurídica si existe discrecionalidad en sus premisas», esto es, si la ley en cuestión delegó en la agencia atribuciones discrecionales concretas; *Judicial control of Administrative action*, 570 (1965).

En resumen, la APA acogió la tradicional concepción de la función judicial, según la cual los tribunales deben aplicar su criterio independiente a la hora de interpretar previsiones legales. Al ejercitar tal función, los tribunales pueden (como han hecho desde el principio) apoyarse en las interpretaciones realizadas por quienes han de llevar a efecto esas leyes concretas. Tales interpretaciones «suponían un conjunto de opiniones experimentado al que los tribunales y los litigantes podían acudir a modo de guía», lo cual es conforme a la APA; *Skidmore*, 323 US en 140. Y las interpretaciones llevadas a cabo en la época coetánea a la ley a interpretar y que permanezcan constantes en el tiempo, pueden ser especialmente útiles a la hora de determinar el significado; *ibid.*, *American Trucking Assn*, 310, US en 549.

Por supuesto que, en casos donde intervenga una agencia, la interpretación de la ley puede muy bien ser que la agencia esté autorizada a ejercer un grado de discrecionalidad. El Congreso con frecuencia aprueba tales leyes. Por ejemplo, algunas de ellas «delegan de forma expresa» en la agencia la autoridad para fijar el significado de algún término legal; *Batterton v. Francis*, 432 US 416, 425 (1977).[261] Otras facultan a la agencia para aprobar normas que «comple-

[261] Ver, por ejemplo, 29 USC 213 (a)(15) (exceptuando del contenido de la *Fair Labor Standards Act* «cualquier trabajador contratado con carácter eventual en un empleo de servicio doméstico para prestar asistencia a personas que (por razones de edad o enfermedad) no puedan valerse por sí mismas (tal y como se definan y delimiten los citados términos por normativa

ten los detalles» del marco legal; *Wayman v. Southard*, 10 Wheat 1, 43 (1825) o para regular, sujeto a los límites impuestos, un vocablo o frase que «permita flexibilidad a las agencias»; *Michigan v. EPA*, 576 US 743, 752 (2015) tales como «apropiado» o «razonable».[262]

Cuando la interpretación más adecuada de una ley sea que esta delega en una agencia potestades discrecionales, de conformidad con la APA el papel del tribunal revisor será, como siempre, interpretar de forma independiente la ley y cumplir la voluntad del Congreso dentro de sus límites constitucionales. El tribunal cumplirá tal misión reconociendo la constitucionalidad de la delegación, «fijando los límites de las competencias delegadas», H. Monaghan, *Marbury and the Administrative State*, 83 Colum. L. Rev. 1, 27 (1983) y asegurarse de que la agencia ha tomado una «decisión razonable» dentro de esos límites; *Michigan*, 576 US en 750 citando *Allentonw Mack Sales & Service Inc v. NLRB*, 522 US 359, 374 (1988); *vid.* igualmente *Motor Vehicle Mfrs. Ass of United States Inc v. State Farm Mut Automobile Ins.* Co. 463 US 29 (1983). Al hacerlo, el tribunal cumple con el principio tradicional de la función judicial que la APA acogió.

III

La deferencia que *Chevron* exige a los tribunales que revisen una actuación administrativa, es incompatible con la APA.

A

En las décadas transcurridas entre la aprobación de la APA y la sentencia *Chevron*, los tribunales continuaron revisando las interpretaciones administrativas de las leyes que estas ejecutaban, y lo hicieron analizando de forma indepen-

aprobada por el Secretario)»; 42 USC 5846(a)(2) (exigiendo comunicar a la Nuclear Regulatory Commission en supuestos en que una instalación o actividad autorizada o regulada por la Ley de Energía Atómica «posea un defecto susceptible de crear un riesgo sustancial para la seguridad, tal como se defina en la normativa que promulgue la Comisión».

[262] *Vid.* 33 USC 1312 (a) (imponiendo la creación de límites de vertidos «siempre que a juicio del Administrador [de la Enviromental Protection Agency (EPA)] los vertidos de contaminantes que procedan de una fuente o grupo de fuentes determinados... interfieran en la consecución o el mantenimiento de la calidad del agua... que garanticen diversos resultados, como la «protección de la salud pública» y el «abastecimiento público de agua»; 42 USC 7412 (n)(1)(A) (imponiendo a la EPA la regulación de centrales eléctricas «si el Administrador considera que dicha regulación es adecuada y necesaria»).

diente cada ley para concretar su significado; *vid.* T. Merrill, *Judicial deference to executive precedent*, 101 Yale L. J., 969, 972-975 (1992). Como señaló un temprano defensor (ulteriormente crítico) de *Chevron,* durante este periodo los tribunales verificaron si existía delegación de potestades discrecionales sobre la base de un análisis «caso por caso» (A. Scalia, *Judicial deference to Administrative interpretations of Law*, 1989, Duke L. J., 511, 516).

Chevron, resuelto en 1984 por una simple mayoría de seis jueces, provocó una notable desviación respecto al principio tradicional. El asunto a resolver en dicho caso consistió en decidir si la normativa aprobada por la EPA «permitiendo a los estados tratar todos los dispositivos contaminantes dentro del mismo grupo industrial como si estuviesen incluidos en una única "burbuja"», era conforme a las previsiones de la *Clean Air Act*, 467 US p. 840. Para efectuar tal interpretación legal, el Tribunal creó y empleó el actualmente familiar sistema bifásico a aplicar cuando se revisase la actuación de una agencia.

La primera fase consistía en determinar «si el Congreso abordó directamente la cuestión concreta planteada»; *id.* en p. 842. El Tribunal razonó que «si la intención del Congreso era clara, ello implicaba el final del asunto», *ibid.*, y los tribunales debían, por tanto, «rechazar las interpretaciones administrativas opuestas a la clara finalidad del legislativo»; *id.* en p. 843 n.° 9. El Tribunal determinó que para dilucidar tal finalidad, el tribunal revisor debía «emplear los mecanismos tradicionales de interpretación legal»; *ibid.*

Sin citar la APA ni reconocer ninguna modificación doctrinal, el Tribunal estableció una segunda fase aplicable cuando «el Congreso no hubiese abordado directamente la materia en cuestión», *id.* en p. 843. En tal caso (esto es, en supuestos en los cuales «la ley guardase silencio o no fuese clara» sobre el objeto del pleito) el tribunal revisor no podía «simplemente imponer su propia interpretación de la ley, como sería necesario en ausencia de interpretación administrativa»; *ibid.* (nota omitida). En vez de ello, el tribunal debía orillar todos los instrumentos tradicionales de interpretación y aceptar la realizada a por la agencia si constituía «una interpretación permisible de la ley», *ibid.*, incluso si «no fuese la que el tribunal hubiese alcanzado si la cuestión se hubiese planteado por vez primera en el seno del proceso»; *ibid.* Tal mandato se justificaba, según el razonamiento del Tribunal, por interpretar que la ejecución de las leyes «requerían la formulación de políticas» para completar las «lagunas»; por la antigua tradición judicial de otorgar «consideración especial» a la interpretación realizada por el poder ejecutivo; y por un conjunto de razonamientos varios, incluyendo la complejidad del marco regulatorio, la «detallada y razonada» consideración de la EPA, la naturaleza política que el razonamiento presuntamente exigía y la responsabilidad indirecta de la agencia ante el pueblo a través del Presidente; *id.* en 843, 844 y n.º 14, 865.

Empleando ese nuevo marco, el Tribunal concluyó que el Congreso no había abordado la cuestión específica con el necesario «grado de concreción» y la interpretación de la EPA «era merecedora de la deferencia»; *id.* en p. 865. Según el Tribunal, no importaba *por qué* no había abordado el asunto (*vid. ibid.*), o que «la agencia hubiese modificado su propio criterio» (*id.* en p. 863). La última interpretación efectuada por la EPA era permisible de conformidad con la *Clean Air Act*, por lo que, bajo el nuevo principio articulado por el Tribunal, era vinculante.

Chevron al principio «parecía destinado a la irrelevancia»; T. Merrill, *The story of* Chevron: *The making of an accidental landmark*, 66 Admin. L. Rev. 253, 276 (2014). El Tribunal al principio no la consideró como la decisiva sentencia que estaba destinada a convertirse: fue escasamente citada en asuntos relativos a interpretaciones legales sobre competencias administrativas; *vid. ibid.* Pero en pocos años, tanto este Tribunal como los Tribunales de Apelaciones comenzaron sistemáticamente a invocar ese procedimiento bifásico como principio rector de tales casos; *vid. id.* pp. 276-277. Al hacerlo, el Tribunal reconsideró la justificación teórica. Por último, el Tribunal consideró que *Chevron* se fundaba en «la presunción que el Congreso, al aprobar un precepto ambiguo, pretendía que la agencia lo desarrollase, entendiendo que tal ambigüedad sería resuelta, primero y principalmente por la agencia, al desear que esta (en vez de los tribunales) ostentase toda la discrecionalidad que tal ambigüedad permitiese»; *Smiley v. Citibank (South Dakota)*, N.A., 517 US 735 (1996); *vid.* igualmente *Cuozzo Speed Technologies* LLC *v. Lee*, 579 US 261, 276-277 (2016); *Utility Air Regulatory Group v.* EPA, 573 US 302, 315 (2014); *National Cable & Telecommunications Assn. v. Brand X Internet Services*, 545 US 967, 982 (2005).

B

Ni *Chevron* ni ninguna sentencia posterior de este Tribunal intentó adecuar su marco a la APA. El «principio de deferencia» que este Tribunal construyó sobre las bases fijadas en *Chevron* ha estado «descabezado de la intención original» de la APA; *Perez*, 757 US en 109 (voto particular concurrente del juez Scalia).

1

Chevron vulnera la exigencia de la APA según la cual «el tribunal revisor» (no la agencia cuya actuación se revisa) sea quien «decida todas las cuestiones jurídicas relevantes» e «interprete... las previsiones legales» (*vid.* secc. 706). Impuso al tribunal ignorar, y no seguir, «la interpretación a que hubiese llegado el órgano judicial» de haber ejercido su libre interpretación tal y como exigía la APA; *Chevron*, 467 US en p. 843, n.º 11. Y aun cuando el ejercicio de la libre interpretación es compatible con el *respeto* históricamente otorgado a las interpretaciones efectuadas por el Poder Ejecutivo (*vid.* e. j. *Edwards' Lessee*, 12 Wheat, en 210; *Skidmore*, 323 US en 140), *Chevron* va más allá. Exige a los tribunales que de forma automática y obligatoria apliquen el principio de deferencia a la interpretación administrativa efectuada por las agencias, aun cuando esta haya variado en el tiempo; *vid.* 467 US en p. 863. Peor aún, fuerza a los tribunales a hacerlo incluso cuando en sentencias anteriores hubiesen interpretado la ley de forma distinta a la realizada por la agencia, salvo que el tribunal hubiese razonado que la ley era «clara»; *Brand X*, 545 US en p. 982. Tal sistema es la antítesis del principio tradicional que la APA exige. Chevron, temeroso ante la perspectiva que en el seno de una disputa procesal se «permitiese» que la interpretación judicial de una ley «dejase sin efecto la llevada a cabo por una agencia», dio totalmente la vuelta al marco jurídico de la revisión judicial.

Chevron no puede acomodarse a la APA, tal y como entienden el Gobierno y los jueces disidentes, simplemente mediante la presunción que la ambigüedad legal supone una delegación implícita en la agencia; *vid.* escrito de los recurridos en el caso 22-1219, pp. 12, 37-38; pp. 4-5 (voto particular disidente de la juez Kagan). Las presunciones tienen su importancia a la hora de interpretar las normas, pero tan solo hasta donde se aproximen a la realidad. La presunción de *Chevron* no lo hace, porque «una ambigüedad no es simplemente una delegación de la facultad de interpretar las leyes. *Chevron* confunde ambas»; C. Sunstein, *Interpreting Statutes in the Regulatory State*, 103, Harv. L. Rev. 405, 445 (1989). Como la propia sentencia *Chevron* reconoció, las ambigüedades pueden deberse a la incapacidad del Congreso de ofrecer una respuesta adecuada al asunto, o incluso por un fracaso al no «abordar la materia» con la precisión exigida. En ningún caso una ambigüedad refleja necesariamente la intención del legislativo de que sea una agencia, y no un tribunal, quien tenga la última palabra en la interpretación legal. Muchas, quizá la mayoría de ambigüedades legales, pueden ser no intencionadas. Como los constituyentes reconocieron, las ambigüedades siguen inevitablemente a «la complejidad de los asuntos... y a la imperfección de las facultades humanas» y del simple hecho que «ningún idioma es tan completo como para ofrecer palabras y frases para cada idea compleja»; *El Federalista* n.º 37, p. 236.

Después de todo, los Tribunales se enfrentan continuamente a ambigüedades legales en asuntos que nada tienen que ver con *Chevron*, casos que no implican interpretaciones administrativas o delegaciones de competencias. Por supuesto, al enfrentarse a tales casos, dicha ambigüedad legal no supone una delegación en nadie, y el tribunal no está de ninguna manera exento de su obligación de interpretar la ley de forma independiente. Los tribunales en tales casos no se echan las manos a la cabeza porque «las instrucciones del Congreso» supuestamente «hayan finalizado» dejando un «vacío legal»; p. 2 (voto particular discrepante de la juez Kagan). Los Tribunales en esos supuestos interpretan que tales leyes, no importa lo impenetrables que sean, han de tener un único significado correcto. Tal es la razón de ser de tener leyes escritas: «el significado de cada ley queda determinado en el momento de su aprobación»; *Wisconsin Central Ltd v. United States*, 585 US 274, 284 (2018). Así que en lugar de considerar «permisible» la interpretación realizada por una de las partes, los tribunales utilizan cada herramienta interpretativa de la que disponen para determinar la interpretación correcta de la ley y resolver la ambigüedad.

En un asunto relativo a una agencia, como en cualquier otro, aunque algunos jueces puedan (o no) considerar ambigua la ley, hay una interpretación correcta: «la que hubiera alcanzado el tribunal» de no haber una agencia de por medio; *Chevron*, 467 US en p. 843, n. 11. Por tanto, carece de sentido hablar de una interpretación «permisible» que no sea la que el tribunal, tras utilizar todas las herramientas de interpretación, considere correcta. En cuestiones de interpretación legal, la que no sea la lectura más ajustada no es permisible.

Quizá lo más importante, la presunción de *Chevron* es errónea porque las agencias no poseen competencias específicas para resolver cuestiones de interpretación legal. Los tribunales sí. Los constituyentes, como se indicó, ya anticiparon que los tribunales con frecuencia deberían enfrentarse a ambigüedades legales y concluyeron que las resolverían ejercitando su juicio independiente. Incluso la misma sentencia *Chevron* lo reafirmó al sostener que «el poder judicial es la última instancia en materia de interpretación legal» reconociendo que «en ausencia de interpretación administrativa» es «necesario» que el tribunal «imponga su propia interpretación de la ley»; *id.* en p. 843 y nota 9. *Chevron* erró gravemente al concluir que la interpretación difiere tan solo porque una de las partes sea una agencia. La función de las herramientas tradicionales de interpretación legal (las que los tribunales utilizan diariamente) no es otra que resolver las ambigüedades legales. Lo anterior no deja de ser cierto porque la ambigüedad afecte a competencias administrativas, es más, quizá sea la ocasión *menos adecuada* para renunciar a ello en favor de la agencia.

2

El Gobierno responde que el Congreso con carácter general desea que sean las agencias quienes resuelvan las ambigüedades legales porque estas poseen conocimientos específicos en la materia regulada por la ley que aplican; porque otorgar deferencia a las agencias supuestamente promueve una interpretación uniforme de la normativa federal; y porque resolver las ambigüedades legales puede implicar ejercicio de opciones políticas que es mejor dejar en manos de poderes políticos en lugar de en los tribunales; *vid.* escrito de los recurridos en el caso n.º 22-1219, pp. 16-19. El voto particular disidente ofrece más de lo mismo; *vid.* pp. 9-14. Pero ninguno de esos argumentos justifica la amplia presunción que *Chevron* otorgó a la intención del legislativo.

Empezando por lo relativo a los conocimientos específicos, hemos indicado en fechas recientes que los asuntos de interpretación planteados en torno a un marco regulatorio, con frecuencia «pueden recaer de forma más natural en las atribuciones de un juez» que en las de una agencia; *Kisor*, 588 US en p. 578. Indicamos entonces que: «cuando la agencia no posee conocimientos comparables a la hora de resolver ambigüedades legales, no puede presumirse que el congreso le otorgase esa competencia»; *ibid.* El amplio principio de la deferencia de *Chevron*, sin embargo, exige a los tribunales presumir justo lo contrario. Bajo tal principio, ambigüedades de todo tipo exigen aplicar la deferencia. Es más, el Gobierno, y aparentemente también las jueces discrepantes, continúan defendiendo el principio que *Chevron* se aplica incluso en supuestos que nada tienen que ver con los conocimientos técnicos específicos de la agencia; *vid.* escrito de los recurridos en el caso 12-1219, p. 17.

Pero incluso cuando una ambigüedad parezca implicar una cuestión técnica, ello no conlleva que el Congreso haya privado a los tribunales, para otorgarla a la agencia, la facultad de interpretar en última instancia la ley. El Congreso espera que sean los órganos judiciales quienes revuelvan las cuestiones de interpretación legal. «Muchos asuntos legales» requieren que «los tribunales interpreten el conjunto de detalles técnicos que de ordinario integran el contenido de la ley», *Egelhoff v. Egelhoff*, 532 US 141, 161 (2001) (voto particular disidente del juez Breyer) y los tribunales lo han hecho sin problema en asuntos relativos a una agencia resueltos con anterioridad a *Chevron* (voto particular concurrente del juez Gorsuch). Después de todo, los tribunales no deciden tales cuestiones a ciegas. Las partes y los intervinientes en esos procesos han estudiado profusamente la materia, y los tribunales tienen a la vista ambas posiciones. En asuntos en que una agencia es parte, el tribunal ejercerá su competencia teniendo a su disposición «los conocimientos técnicos y el argumentario» de la agencia; *Skidmore*, 323 US en p. 140. Y aunque la interpretación de la ley efectuada por una agencia «no puede vincular a un tribunal» puede ser especialmente ilustrativa «en la medida que se basa en premisas fácticas que caen dentro de los conocimientos de la agencia»; *Bureau of Alcohol, Tobacco and Firearms v. FLRA*, 464 US 89, 98 n. 8 (1983). Tales conocimientos han sido siempre uno de los criterios que pueden ofrecer a la interpretación efectuada por el ejecutivo un «poder de persuasión, que no poder de vincular»; *Skidmore*, 323 US en 140; *vid. County of Maui v. Hawaii Wildlife Fund*, 590 US 165, 180 (2020); *Moore*, 95 US en 763.

Por tales motivos, simplemente no es necesario delegar la facultad de interpretación última en las agencias para garantizar que al solventar con carácter definitivo las interpretaciones legales se cuente con personas expertas en la materia. La presunción más adecuada es, por tanto, que el Congreso espera que sean los tribunales quienes realicen su función ordinaria de interpretar la ley, otorgando el debido respeto a las interpretaciones que efectúe el Poder Ejecutivo. Y en la medida que el Congreso y el Poder Ejecutivo pueden discrepar de la forma en que los tribunales han cumplido su tarea en ese asunto particular, por supuesto tienen la libre posibilidad de actuar modificando la ley.

Tampoco *Chevron* puede justificarse por el deseo de lograr una interpretación uniforme de la normativa federal. Dada la inconsistencia con que los jueces aplican *Chevron* (*vid. infra* en pp. 30-33) no está claro hasta qué punto la doctrina en su conjunto (en oposición al alto grado de deferencia de la segunda fase) logra actualmente dicha uniformidad. En cualquier caso, de poco vale imponer una interpretación uniforme de la ley si es errónea. No vemos razón para presumir que el Congreso prefiere uniformidad en vez de una interpretación correcta de las leyes que aprueba.

La idea que la interpretación de previsiones legales ambiguas conduce a formulaciones políticas más propias de políticos que de tribunales es particularmente errónea, por cuanto descansa en una concepción profundamente equivocada del papel de los tribunales. Es razonable asumir que el Congreso pretende dejar la política en manos de políticos. Pero resolver ambigüedades legales conlleva interpretación legal. Y dicha tarea no se convierte de repente en política tan solo porque un tribunal tenga «una agencia ante sí»; *Kisor*, 588 US en p. 575. Los Tribunales interpretan las leyes, sin importar el contexto, aplicando las herramientas tradicionales de interpretación legal, no preferencias políticas personales. De hecho, los constituyentes redactaron la Constitución para asegurar que los jueces federales pudiesen ejercer su función libremente de la influencia de los poderes políticos; *vid. El Federalista* n.º 78, en pp. 522-525. Deben interpretar la ley con «mente clara y de forma honesta», no con la vista puesta en criterios políticos que no se encuentran en la ley; 1 *Works of James Wilson* p. 363 (J. Andrews ed. 1896).

Ello no quiere decir que el Congreso no pueda otorgar o no otorgue a las agencias potestades discrecionales. Puede hacerlo, y con frecuencia lo ha hecho, dentro de los límites constitucionales.

Para mantenerse al margen de la formulación discrecional de políticas que corresponden a los poderes políticos, los jueces solo tienen que cumplir con sus obligaciones en virtud de la APA para identificar y respetar con independencia tal delegación de autoridad, vigilar los límites externos de la ley delegante y garantizar que las agencias ejerzan su discrecionalidad ajustándose a la APA. En vez de ello, al forzar a los tribunales a interpretar que las ambigüedades implican necesariamente delegaciones, *Chevron* no evita que los jueces hagan política. Evita que juzguen.

3

En verdad, la presunción justificativa de *Chevron* es, como miembros de este Tribunal han reconocido con frecuencia, una ficción; *vid. Buffington v. McDonough*, 598 US (2022) (voto particular del juez Gorsuch discrepando de la no admisión a trámite) (op. en p. 11); *Cuozzo*, 579 US en p. 286 (voto particular concurrente del juez Thomas); Scalia, 1989 Duke L. J. en p. 517; *vid.* igualmente p. 15 (voto particular disidente de la juez Kagan). Así pues, hemos dilapidado buena parte de estas cuatro décadas imponiendo a *Chevron* un límite tras otro, recortando su presunción al considerar que «cuando no está claro que el Congreso pretendiese verdaderamente delegar la facultad de interpretación, no se aplica *Chevron*»; *United States v. Mead Corp*, 533 US, 218, 230 (2001) (citando *Christensen v. Harris County*, 529 US 576, 597 [2000] [voto particular disidente del juez Breyer]); *vid.* igualmente *Adams Fruit Co v. Barrett*, 494 US 638, 649 (1990).

Considérense los muchos recortes que hubieron de practicarse en un esfuerzo de adecuar a la realidad la presunción de *Chevron*. Hemos indicado que *Chevron* se aplica únicamente «cuando parece que el Congreso delegó en la agencia la potestad de aprobar normas con fuerza de ley, y la interpretación de la agencia que esgrime la deferencia se efectuó ejercitando esa autoridad»; *Mead*, 533 US en pp. 226-227. En la práctica, dicha exigencias (en algunos casos denominada *fase cero* de *Chevron*), limita en gran medida la doctrina «a las consecuencias de la información pública en el procedimiento reglamentario o de resolución formal»; 533 US en p. 230. Pero incluso cuando se utilicen tales procedimientos, no se aplica la deferencia «cuando existan defectos procedimentales, esto es, cuando la agencia yerre al no seguir el procedimiento adecuado para aprobar la reglamentación»; *Encino Motorcars LLC v. Navarro*, 579 US 211, 220 (2016) (citando *Mead*, 533 US en p. 227).

Incluso cuando tales requisitos procedimentales se cumplan, todavía hay algunas excepciones. La más importante, *Chevron* no se aplica si la cuestión en disputa es de «profunda importancia económica y política»; *King v. Burwell* US 576 US 473, 486 (2015). Por ello esperábamos que el Congreso, en supuesto de realizar una delegación, lo hiciese «de forma expresa» pues «el otorgamiento de autoridad regulatoria extraordinaria rara vez se efectúa utilizando palabras o términos vagos o ambiguos»; *West Virginia v. EPA*, 597 US 697, 723 (2022) (citando *Whitman v. American Trucking Ass Inc*, 531 US 457, 468 [2001]). Tampoco hemos aplicado *Chevron* a las interpretaciones que las agencias efectúan de preceptos relativos al control judicial, *vid. Adams Fruit Co*, 494 US en pp. 649-650, o a marcos legales que no corresponde llevar a efecto por la agencia que reclama la deferencia, *vid. Epic Systems Corp v. Lewis*, 584 US 497, 519-520 (2018). Y hemos ofrecido respuestas contradictorias acerca de si Chevron se aplica a una ley que impone consecuencias penales. Compárese *Abramski v. United States*, 575 US 169, 191 (2014) con *Babbitt v. Sweet Home Chapter Communities for Great Ore*, 515 US 687, 704, n. 18 (1995).

Al enfrentarse a esta serie de condicionantes previos y excepciones, algunos tribunales simplemente orillaron *Chevron*, indicando que no había diferencia por un motivo u otro.[263] E incluso cuando lo aplicaban, los tribunales no siempre

[263] Ver, por ejemplo *Guedes* v. *Bureau of Alcohol, Tobacco, Firearms and Explosives*, 45 F. 4th 306, 313-314 (CADC 2022), dejado sin efecto por by *Garland* v. *Car-gill*, 602 U. S. (2024); *County of Amador* v. *United States Dept. of Interior*, 872 F. 3d 1012, 1021–1022 (CA9 2017); *Estrada-*

tuvieron en cuenta las distintas fases y matices de la doctrina en constante evolución. Por ejemplo, en uno de los asuntos que hoy resolvemos, el Tribunal de Apelaciones del Primer Circuito se saltó la «fase cero» (ver 62 F 4th en p. 628) y rehusó «englobar su fallo como producto de la fase uno o dos de *Chevron*», aunque aparentemente aplicó la deferencia de la fase dos; *id*. p. 634.

Por su parte, este Tribunal no aplica la deferencia *Chevron* desde 2016; *vid*. *Cuozzo*, 579 US en p. 280 (la ocasión más reciente). Pero Chevron permanece formalmente en vigor. Así que los litigantes deben continuar enfrentándose a él y los tribunales inferiores (vinculados incluso por nuestros indecisos precedentes, *vid*. *Agostini v. Felton*, 521 US 203, 238 [1997]) de forma comprensible siguen aplicándolo.

La experiencia de los últimos cuarenta años poco ha hecho para rehabilitar *Chevron*. Solo ha dejado claro que su ficticia presunción acerca de la intención del legislador siempre estuvo desconectada de la exigencia de la APA que los tribunales ejercitasen de forma independiente su criterio a la hora de interpretar leyes administradas por las agencias. En el mejor de los casos, nuestra compleja doctrina *Chevron* no ha sido más que una distracción del asunto que verdaderamente importa: ¿La actuación administrativa cuestionada se encuentra autorizada por la ley? En el peor de los supuestos, ha exigido a los tribunales vulnerar la APA cediendo a una agencia la responsabilidad expresa, que correspondía a los órganos judiciales, de «resolver todas las cuestiones jurídicas relevantes» e «interpretar… las previsiones legales» (secc. 706).

IV

La única cuestión que resta por solventar es si el *stare decisis*, el principio que rige la adhesión judicial al precedente, impone mantener vigente *Chevron*. La respuesta es que no. *Stare decisis* no es una «exigencia inexorable», (*Paine v. Tennessee*, 501 US 808, 828 [1991]), y las consideraciones más relevantes aquí

Rodriguez v. *Lynch*, 825 F. 3d 397, 403–404 (CA8 2016); *Nielsen* v. *AECOM Tech. Corp.*, 762 F. 3d 214, 220 (CA2 2014); *Alaska Stock, LLC* v. *Houghton Mifflin Harcourt Publishing Co.*, 747 F. 3d 673, 685, n. 52 (CA9 2014); *Jurado-Delgado* v. *Attorney Gen. of U. S.*, 498 Fed. Appx. 107, 117 (CA32009); *vid*. igualmente D. Brookins, *Confusion in the Circuit Courts: How the Circuit Courts Are Solving the Mead-Puzzle by Avoiding It Altogether*, 85 Geo. Wash. L. Rev. 1484, 1496–1499 (2017) (acreditando la no aplicación de Chevron en los tribunales inferiores); A. Vermeule, *Our Schmittian Administrative Law*, 122 Harv. L. Rev. 1095, 1127–1129 (2009) (lo mismo); L. Bressman, *How Mead Has Muddled Judicial Review of Agency Action*, 58 Vand. L. Rev. 1443, 1464–1466 (2005) (lo mismo).

(«la calidad del razonamiento, el funcionamiento del principio que establece y la confianza en la sentencia», *Knick v. Township of Scott*, 588 US 180, 203 [2019] citando *Janus v. State, County and Municipal Employees*, 585 US 878, 917 [2018]) todas abogan en favor de abandonar *Chevron*.

Chevron demostró ser profundamente erróneo. Pese a modificar la revisión judicial de la actividad administrativa, ni esa ni ninguna de las sentencias que la aplicaron se ocupó de la APA, la ley que determina cómo ha de efectuarse esa revisión. No obstante, sus defectos fueron evidentes desde el principio, motivando que este Tribunal revisase su fundamentación y de forma continua restringiese su aplicación. Provocó que grupos de laboriosos juristas intentaran descifrar su base y significado. Y propios jueces de este Tribunal desde hace tiempo han cuestionado sus premisas. *Vid. Pereira v. Sessions*, 585 US, 198, 219-221 (2018) (voto particular concurrente del juez Kennedy); *Michigan*, 576 US en pp. 760-764 (voto particular del juez Thomas), B. Kavanaugh, *Fixing Statutory Interpretation*, 219, Harv. L. Rev. 2118, 2150-2154 (2016). Incluso el juez Scalia, un temprano defensor de *Chevron*, con el tiempo albergó serias dudas acerca de si tal doctrina se ajustaba a la APA, *vid. Perez*, 575 US en 109-110 (voto particular concurrente). Por su existencia misma, *Chevron* ha sido un «principio en busca de justificación» (*vid. Knick*, 588 US en 204), si es que alguna vez fue lo bastante coherente para ser calificado de principio.

La práctica demostró igualmente que *Chevron* fue inviable. La base principal de su doctrina era la constatación de una ambigüedad legal, que exigía la deferencia según la fase dos de ese principio. Pero el concepto de ambigüedad siempre se ha resistido a una definición clara. El juez Scalia puso de manifiesto ese dilema tan solo cinco años después de dictarse la sentencia *Chevron*: «¿Cómo de claro es claro?»; 1989 Duke L. J. en 521.

No estamos más cerca de responder esa cuestión que lo estábamos hace cuatro décadas. «Ambigüedad es un término que puede significar cosas diferentes para cada juez»; *Exxon Mobil Corp v. Allapattah Services Inc*, 545 US 546, 572 (2005) (voto particular del juez Stevens). Un juez puede ver ambigüedades en cualquier parte; otro puede no encontrarlas nunca. Compárense L. Silberman, *Chevron. The intersection of law & policy*, 50 Geo. Wash. L. Rev. 821, 822 (1990) con R. Kethledge, *Ambiguities and agency cases: reflections after (almost) ten years on the bench*, 70 Vand. L. Rev. En Banc 315, 323 (2017). Un principio jurídico que está continuamente «en el ojo del vigilante» (ver *Exon Mobil Corp*, 545 US en 572 [voto particular disidente del juez Stevens) invita a resultados diferentes en casos análogos y es, por tanto «arbitrario en la práctica» (*Gulfstream Aerospace Corp v. Mayacamas Corp*, 485 US 271, 283 [1988]). Un concepto tan impresionista y maleable «no puede permanecer como principio que rija diariamente» la autoridad interpretativa entre tribunales y agencias; Swift & Co v. *Wickam*, 382 US 111, 125 (1965).

El voto particular disidente lo acredita. Nos dice que un órgano judicial debe aplicar la segunda fase de *Chevron* si considera «una vez realizada su tarea interpretativa» que el «Congreso ha dejado un vacío o una ambigüedad», pp. 1-2 (el Gobierno ofrece un argumentario similar, *vid.* escrito de los recurridos en el caso n.º 22-1219, pp. 7, 10, 14; transcr. de vista oral, 113-114, 116). Eso no ofrece guía alguna. Recordamos una vez más que la naturaleza y significado de una ley no cambia solo porque intervenga una agencia. Ni cambia porque la agencia haya realizado su interpretación tras cumplir los requisitos procedimentales para lograr tal deferencia o porque se hayan cumplido otros requisitos previos para aplicar *Chevron*. La ley continúa teniendo un único significado, al que necesariamente se llega cuando un tribunal utiliza todo el arsenal de herramientas interpretativas. Así pues, según el principio del voto particular discrepante, para alcanzar cualquier interpretación, en casos donde una agencia sea parte (y no en cualquier otro) un tribunal debe abandonar su «función interpretativa» antes de haber llegado a esa interpretación. Pero, ¿cómo puede saber un tribunal cuándo hacerlo? Sobre ese punto, el voto particular disidente deja un vacío propio. Protesta tan solo porque otras herramientas de interpretación (todas ellas con una tradición más robusta que *Chevron* y todas destinadas más a ayudar a los tribunales a discernir el significado de un texto que a permitir al Poder Ejecutivo desplazarlos) también se aplican a textos legales ambiguos; *vid.* p. 27. Que esto suponga todo a lo que el voto particular disidente pueda llegar, tras cuatro décadas de práctica judicial intentando identificar ambigüedades al amparo de *Chevron*, revela la futilidad de su ejercicio.[264]

Dado que Chevron, en su formulación originaria, fue tan indeterminada y vacilante, nos hemos visto forzados a clarificar la doctrina una y otra vez. Nuestros intentos de hacerlo solo aumentaron la inviabilidad de *Chevron*, transformando las dos fases originales en un vertiginoso breakdance; *vid. Adams Fruit Co*, 494 US en 649-650; *Mead*, 533 US en 226-227; *King*, 576 US en 486; *Encino*

[264] Citando un estudio empírico, las disidentes añaden que *Chevron* «fomenta el acuerdo entre los jueces»; p. 28. No es de extrañar que llegue a esa conclusión; se supone que la segunda fase de *Chevron* es deferente con las interpretaciones realizadas por las agencias. Por tanto, cuando los jueces llegan a esa fase, tienden a estar de acuerdo en que la agencia gana. Eso no prueba nada sobre la supuesta facilidad o previsibilidad de identificar en primer lugar si existe ambigüedad.

Motorcars, 579 US en 220; *Epic Systems*, 584 US, en 519-520; y así muchos más. Y dicho principio continúa generando serios interrogantes que prometen complicar aún más la cuestión en el supuesto que *Chevron* se mantenga vigente; *vid. Cargill v. Garland* 57 F 4th 447, 465-468 (CA5 2023) (¿Puede el Gobierno renunciar a aplicar *Chevron*? ¿Se aplica *Chevron* a la interpretación que las agencias efectúan de leyes penales? ¿Desplaza *Chevron* el principio de indulgencia?).

Cuatro décadas después, *Chevron* se ha convertido en un obstáculo, en vez de una ayuda, a la hora de cumplir la función judicial básica de «interpretar la ley»; *Marbury*, 1 Cranch en 177. Y su importancia dista de ser clara. Los Tribunales con frecuencia rechazaron aplicar la doctrina, afirmando que no hay diferencia alguna; *vid.* 7 *supra*. Como hemos indicado, este Tribunal evitó aplicar la deferencia *Chevron* desde 2016. Esa tendencia no es novedosa; durante décadas con frecuencia rechazamos invocar *Chevron* incluso en supuestos donde la doctrina parecía ser aplicable; *vid.* W. Eskridge & L. Baer, *The continuum of deference: Supreme Court treatment of agency statutory interpretations from Chevron to Hamdan*, 96 Geo L. J., 1083, 1125 (2008). En estos momentos, todo lo que permanece de *Chevron* es un decadente envoltorio con audaces pretensiones.

Tampoco *Chevron* ha sido la clase de «principio ancilar estable» que promueva una significativa confianza (ver en 8 n. 1 del voto particular de la juez Kagan) (citando *Morrison v. National Australia Bank* Ltd. 561 US 247, 261 [2010]). Dada nuestra constante modificación y eventual inaplicación de Chevron, y su aplicación inconstante por los tribunales inferiores, es difícil ver cómo cualquiera (Congreso incluido) puede razonablemente esperar que un órgano judicial se base en *Chevron* a la hora de resolver un caso concreto. E incluso si fuera posible anticipar de forma acertada cuándo los tribunales aplicarían *Chevron*, el principio «no ofrece un criterio claro o fácil de aplicar, por lo que el argumento para mantenerlo basados en su claridad es erróneo»; *Janus*, 585 US en p. 927 (citando *South Dakota v. Wayfair Inc*, 585 US 162, 186 [2018]). Confiar en *Chevron* para lograr un resultado concreto implica apostar no solo en que se invocará el principio, sino que producirá resultados fácilmente previsibles y la estabilidad que estos conllevan. La historia demuestra que ninguna de esas dos apuestas es la ganadora.

En vez de garantizar los intereses, *Chevron* los destruye. Bajo *Chevron*, una ambigüedad legal, sin importar los motivos de su existencia, se convierte en una autorización para que una agencia modifique posiciones como desee, con «inconsistencia inmotivada» siendo «cuando menos… un motivo para sostener que tal interpretación es… arbitraria e infundada»; *Brand X*, 545 US en p. 981. Pero una ambigüedad legal, como hemos explicado, no es un indicador fiable de la existencia de una delegación de potestades discrecionales en las agencias. *Chevron*, por tanto, permite a las agencias modificar su actuación incluso cuando el Congreso no les ha autorizado a hacerlo. Fomenta así una inestabilidad legal sin justificación, dejando a aquellos que actúan dentro del ámbito de competencia de la agencia en una eterna niebla de incertidumbre.

Por tanto, *Chevron* mina los principios mismos del «estado de derecho» que el *stare decisis* pretende asegurar; *Michigan v. Boy Mills Indian Community*, 572 US 782, 798 (2014). Y no puede restringirse advirtiendo a los tribunales que sean más cuidadosos, o adoptando un nuevo conjunto de condicionantes. Habríamos nuevamente de «revisar su fundamentación teórica… en aras a sanar sus deficiencias prácticas»; *Montejo v. Luoisiana*, 556 US 778, 792 (2009). El principio *stare decisis* no nos exige eso, precisamente porque cualquier aclaración que pudiésemos efectuar solo llevaría a los tribunales a cumplir sus obligaciones al amparo de la APA y «decidir todas las cuestiones jurídicas relevantes» así como «interpretar las previsiones legales» (secc. 706). Como tampoco hay razones para esperar impotentes a que el Congreso corrija nuestro error. El Tribunal ha dejado sin efecto muchos precedentes que de forma similar el Congreso podría haber dejado sin efecto; *vid. Patterson v. McLean Credit Union*, 485 US 617, 618 (1988). Y parte de la «humildad judicial» (ver p. 3, 25 voto particular disidente de la juez Kagan) consiste en admitir y en ciertos casos corregir nuestros propios errores, especialmente cuando estos son importantes (ver pp. 8-9 voto particular concurrente del juez Gorsuch).

Este es uno de esos casos. *Chevron* fue una invención judicial que exigió a los jueces abandonar sus obligaciones legales. Y la única forma de «asegurar que la ley no cambiará de forma errática, sino que permanecerá de forma inteligible» (*Vasquez v. Hillery*, 474 US 254, 265 [1986]) es dejar atrás *Chevron*.

Al hacerlo, sin embargo, no ponemos en cuestión los casos anteriores que se resolvieron aplicando *Chevron*. La solución alcanzada en esos casos según la cual una concreta actuación administrativa se consideró lícita (incluyendo el propio fallo de *Chevron* sobre la *Clean Air Act*) permanecen aún sujetos al principio de *stare decisis* pese a nuestra modificación interpretativa. *Vid.* CBOCS *West Inc v. Humphries*, 553 US 442. 457 (2008). El simple apoyo en *Chevron* no puede constituir una «justificación especial» para dejar sin efecto el fallo, porque indicar que el prededente se basó en *Chevron*, en el mejor de los casos es «solo un argumento de que el precedente se decidió de forma errónea»; *Halliburton Co v. Erica P. John Fund, Inc*, 573 US 258, 266 (2014) (citando *Dickerson v. United*

States, 530 US 428, 443 [2000]). Y ese argumento no es bastante para dejar sin efecto una sentencia.

***

El voto particular disidente finaliza citando *Chevron*: «Los jueces no son expertos en la materia»; p. 31 (citando 467 US en p. 865). Eso depende, por supuesto, de qué materia se trate. Si se trata de interpretación legal, ha sido «de forma categórica» la «función y obligación del poder judicial» durante al menos 221 años; *Marbury* 1 Cranch, p. 177. El resto del argumento del voto particular disidente consiste en indicar que los jueces «no son integrantes de un poder político», p. 31 (citando *Chevron*, 467 US en p. 865). Por supuesto. Siempre se esperó que los jueces ejercieran su «criterio» de forma independiente de los poderes políticos a la hora de interpretar las normas que esos poderes aprueban; *El Federalista*, n.° 78 p. 523. Y ninguna de esas leyes, ni la APA, prohíbe a los jueces abdicar tal responsabilidad tan solo porque una agencia del poder ejecutivo interprete la ley de forma distinta.

Se deja sin efecto *Chevron*. Como exige la APA, los jueces deben ejercitar su juicio independiente a la hora de decidir si una agencia actuó dentro de su autoridad legal. Un cuidadoso análisis de la interpretación efectuada por el Poder Ejecutivo puede servir de ayuda. Y cuando una ley concreta delega, dentro de los límites constitucionales, competencias en una agencia, los tribunales deben respetar esa delegación asegurándose que la agencia actúa dentro de esos límites. Pero los tribunales no necesitan, y aplicando la APA no pueden, otorgar deferencia a la interpretación legal efectuada por una agencia simplemente porque la ley sea ambigua.

Dado que los Tribunales de Apelación del Distrito de Columbia y del Primer Circuito aplicaron *Chevron* a la hora de decidir si avalaban la actuación administrativa, sus sentencias se revocan y los asuntos se devuelven a su procedencia para que continúe el procedimiento ajustándose a las previsiones de esta sentencia.

Así se ordena.

LOPER BRIGHT ENTERPRISES ET AL. RECURRENTES. ET AL.
v
GINA RAIMONDO, SECRETARY OF COMMERCE, ET AL.

CERTIORARI PRESENTADO FRENTE A LA SENTENCIA DEL TRIBUNAL DE APELACIONES DEL DISTRITO DE COLUMBIA

RENTLESS INC, ET AL., RECURRENTES
v
DEPARTMENT OF COMMERCE, ET AL.

CERTIORARI PRESENTADO FRENTE A LA SENTENCIA DEL TRIBUNAL DE APELACIONES DEL PRIMER CIRCUITO

[28 de junio de 2024]

La JUEZ KAGAN, a quien se unen la JUEZ SOTOMAYOR y la JUEZ JACKSON,[265] formulan voto particular disidente.

Durante cuarenta años, *Chevron Inc v. Natural Resources Defense Council*, Inc 467 US 837 (1984), ha sido la piedra angular del Derecho administrativo, distribuyendo la responsabilidad de interpretación legal entre tribunales y agencias. Al amparo de *Chevron*, un tribunal debe utilizar todas las herramientas de interpretación legal para determinar si el Congreso se ha manifestado sobre un asunto concreto. Si los tribunales consideran que lo ha hecho, ello supone el fin del problema, siendo indiferente la interpretación que haya efectuado la agencia. Pero si el tribunal considera, una vez culminada su función interpretativa, que el Congreso dejó un vacío o una ambigüedad, entonces debe tomarse una decisión. ¿Quién debe dar sentido a la ley cuando el Congreso no ha ofrecido instrucciones al respecto? ¿Debe ser un tribunal? ¿O debe ser la agencia a la que el Congreso encomendó llevar a efecto las previsiones de la

[265] La JUEZ JACKSON no tomó parte en la tramitación y resolución del caso número 22-451 [*Loper Bright v. Raimondo*] y se une al voto particular tan solo en lo que se refiere al asunto 22-1219 [*Relentless Inc v. Department of Commerce*].

ley? La respuesta que ofreció *Chevron* es que usualmente ha de ser la agencia, dentro de los límites de la razonabilidad. Dicho principio ha servido como telón de fondo en base al cual Congreso, tribunales y agencias (así como las personas sometidas a regulación y el público en general) han operado durante décadas. Ha sido aplicado en miles de sentencias. Se ha convertido en parte del funcionamiento del gobierno y servido como apoyo a normativa reguladora de todas las materias, por citar algunas, la lucha contra la contaminación ambiental y del agua, normativa alimentaria y competencia en mercados financieros.

Y el principio es correcto. Este Tribunal ha mantenido desde hace tiempo que la deferencia *Chevron* refleja lo que el Congreso desea, y tiene como base la presunción de que es lo que el legislador hubiera pretendido. El Congreso es consciente que no redacta (de hecho, no puede) leyes reguladoras totalmente acabadas. Sabe que esas leyes inevitablemente tendrán ambigüedades que otros habrán de resolver, y lagunas que otros deberán cubrir. Y de ordinario prefiere que quien lo haga sea la agencia responsable y no un tribunal. Algunas cuestiones interpretativas que surgen en el contexto regulatorio tienen por objeto materias técnicas o científicas. Las agencias cuentan con personal experto en tales disciplinas; los tribunales no. Algunos asuntos exigen una detallada comprensión de programas regulatorios complejos e interdependientes. Las agencias conocen esos programas en toda su extensión; de nuevo, los tribunales no. Y algunos implican la adopción de decisiones políticas, incluyendo compromisos entre intereses contrapuestos. Las agencias responden ante el Presidente, quien a su vez responde ante el pueblo por el desarrollo de su política; los tribunales no ostentan esa responsabilidad ni poseen la base adecuada para tomar decisiones políticas. Y por supuesto, el Congreso otorgó a dichas agencias expertas, experimentadas y políticamente responsables la competencia de administrar (aprobar normas de desarrollo y otras medidas) la ley en la que existe una ambigüedad o laguna. Únase todo ello y la opción más obvia es otorgar deferencia a la agencia, opción basada en una delegación legislativa implícita de la autoridad interpretativa. Como este Tribunal razonó, otorgamos esa deferencia «con base en la presunción que el congreso» habría «deseado que fuese la agencia (en vez de los tribunales)» quien ejercitase «todo grado de discrecionalidad» que la ley permita; *Smiley v. Citibank (South Dakota) N.A.*, 517 US 735, 740-741 (1996).

Hoy, el Tribunal revierte esa situación: ahora serán «los tribunales (en vez de la agencia» quienes tengan la competencia en supuestos donde el Congreso haya dejado una materia a la discrecionalidad interpretativa. El principio de humildad judicial da paso al principio de arrogancia judicial. En fechas recientes, este Tribunal en demasiadas ocasiones ha tomado para sí la facultad de decidir asuntos que el Congreso atribuyó a las agencias. El Tribunal ha impuesto su propio criterio en materia de salud laboral a la *Occupational Safety and Health Administration*; sobre cambio climático a la *Enviromental Protection Agency*, y en materia de préstamos estudiantiles al Departamento de Educación; *vid. National Federation of Independent Business v.* OSHA, 595 U. S. 109 (2022); *West Virginia* v. EPA, 597 U. S. 697 (2022) y *Biden* v. *Nebraska*, 600 U. S. 477 (2023).

Mas, para este Tribunal, evidentemente ello era poco sistemático. Hoy, de un plumazo, la mayoría se otorga a sí misma el poder exclusivo sobre todas las cuestiones abiertas –por mucho que impliquen conocimientos específicos y formulación de políticas– relativas a la interpretación de leyes reguladoras. Como si no tuviera suficiente, la mayoría se convierte en el zar administrativo del país. Defiende tal movimiento como uno (súbitamente) exigido por la (ocho décadas de antigüedad) *Administrative Procedure Act*. Pero dicha ley no exige eso. La sentencia es la voluntad de una mayoría de jueces, no es lo que el Congreso exige.

Y la mayoría no puede destruir una doctrina de humildad judicial ridiculizando un segundo principio (si las sentencias llevasen título, uno adecuado para la de hoy sería arrogancia al cuadrado). *Stare decisis* es, entre otras cosas, una forma de recordar a los jueces que la sabiduría con frecuencia descansa en lo que otros jueces han resuelto con anterioridad. Es un freno a la necesidad de convertir «cada nueva opinión de un juez» en un nuevo principio o régimen legal; *Dobbs v. Jackson Women's Health Organization*, 597 U. S. 215, 388 (2022) (voto particular disidente de los jueces Breyer, Sotomayor y Kagan) (citando 1 W. Blackstone, *Commentaries on the Laws of England*, 69 (7th ed. 1775). *Chevron* constituye un precedente arraigado, acreedor a la protección que ofrece el *stare decisis,* como incluso la propia mayoría reconoce. De hecho, *Chevron* es acreedor a la versión reforzada de ese principio dado que el Congreso siempre tiene el poder de dejar sin efecto la sentencia, y porque demasiadas entidades públicas y privadas se han apoyado demasiado tiempo en él. Por ello, la mayoría necesita una «justificación particularmente especial» para su abrogarlo; *Kissor v. Wilkie*, 588 US 558, 588 (2019). Pero la mayoría no tiene nada que lo cualifique. Intenta apenas esgrimir los factores habituales que invoca este Tribunal para anular precedentes. Su justificación se reduce, al final, a esto: los tribunales deben tener más poder de decisión sobre la regulación de la asistencia sanitaria, la protección del medio ambiente, la seguridad de los productos de consumo, la eficacia de los sistemas de transporte, etcétera. Un antiguo precedente sito en el centro de la gobernanza administrativa cae así víctima de una descarada afirmación de autoridad judicial. La mayoría desdeña el retraimiento y se aferra al poder.

I

Comenzando por los problemas que originaron *Chevron* (y sus antiguos predecesores): las leyes reguladoras que aprueba el Congreso con frecuencia poseen lagunas y ambigüedades. En algunos casos, son intencionadas. Quizá el Congreso «deseó conscientemente» que la agencia completase tales aspectos del marco regulatorio, creyendo que expertos en la materia estarían en una «mejor posición» de hacerlo que los legisladores; *Chevron*, 467 US en 865. O «quizá el Congreso fue incapaz de forjar una coalición sobre cada aspecto» de la cuestión, y las partes «decidieron arriesgarse» con la decisión de la agencia. En ocasiones, los vacíos o ambigüedades son lo que podrían considerarse accidentes previsibles. Pueden ser el resultado de una redacción defectuosa, algo no muy infrecuente. O pueden surgir de los conocidos límites del lenguaje; *ante*, pp. 7, 22. «La materia que regula» una previsión legal puede ser demasiado «especializada y cambiante» para «descender a cada detalle»; *Kissor*, 588 US p. 566. O la cuestión puede surgir años o décadas después en relación con un asunto que el Congreso que aprobó la ley no pudo anticipar. En cualquier caso, y cualquiera que fuera la razón, el resultado es una incertidumbre sobre algún aspecto del significado de la regulación.

Considérense algunos supuestos extraidos de nuestra jurisprudencia. Ayudarán a demostrar lo que parece, o realmente lo que es, el típico asunto para *Chevron*. Porque, a la hora de elegir si una determinada clase de asuntos ha de resolverlos principalmente un tribunal o a una agencia, el análisis abstracto solo puede llegar hasta cierto punto; de hecho, puede oscurecer lo que más importa. Así que empezaré por lo concreto:

• Al amparo de la *Public Health Service Act*, la *Food and Drug Administration* (FDA) regula los «productos biológicos» incluyendo «proteínas» 42 USC 262(i)(1). ¿Cuándo un polímetro de ácido amino alfa se engloba dentro del concepto *proteína*? ¿Debe tener una secuencia específica y concreta de aminoacido?; *vid. Teva Pharmaceuticals USA, Inc v. FDA*, 514 F. Supp, 3d 66, 79-80, 93-106 (DC 2020).

• Al amparo de la *Endangered Species Act*, el *Fish and Wildlife Service* debe indicar las especies de «peces vertebrados o fauna salvaje» en peligro, incluyendo «distintas clases de población» donde se encuentren esas especies; 16 USC 1532 (16); *vid.* 1533. ¿Qué hace a una clase *distinta* de otra? ¿Debe el Servicio tratar la población de ardillas grises occidentales del estado de Washington como «distintas» porque geográficamente estén separadas de otras ardillas? ¿O puede el Servicio tener en cuenta que la composición genética de las existentes en Washington no difiere sustancialmente del resto? *Vid. Northwest Ecosystem Alliance v. United States Fish and Wildlife Serv.*, 475 F. 3d 1136, 1140-1145, 1149 (CA9 2007).

• Al amparo del programa *Medicare*, el reembolso a hospitales se ajusta para reflejar las «diferencias en los niveles salariales» a lo largo de las «zonas geográficas»; 42 USC 1395ww(d)(3)(E)(i). ¿Cómo debe el Departamento de Seguridad y Servicios Humanos medir una «zona geográfica»? ¿Por ciudad? ¿Por condado? ¿Por área metropolitana? *Vid. Bellevue Hospital Center* v. *Leavitt*, 443 F. 3d 163, 174-176 (CA2 2006)

• El Congreso impuso al Departamento del Interior y a la *Federal Aviation Administration* reducir el sonido de los aviones que sobrevuelan el *Grand Canyon National Park*, especialmente para «lograr un sustancial regreso a la tranquilidad natural»; 3(b)(1), 101 Stat, 676, *vid.* 3(b)(2). ¿A qué intensidad de ruido cabe equiparar «tranquilidad natural»? ¿Y cuanta superficie del parque, y durante cuántas horas al día, debe mantenerse para cumplir el objetivo de un «sustancial regreso»?; *vid. Grand Canyon Air Tour Coalition* v. *FAA*, 154 F. 3d 455, 466-467, 474-475 (CADC 1998).

• O considérese el propio *Chevron*. A través de las modificaciones a la *Clean Air Act*, el Congreso requirió a los estados exigir autorizaciones para la modificación o construcción de «fuentes estacionarias» contaminantes; 42 USC 7502(c)(5). ¿El término «fuente estacionaria» se refiere a cada equipo emisor o a todos los equipos existentes dentro de una misma instalación? ¿Se refiere a toda la planta, permitiendo con ello evadir el requisito de autorización cuando el incremento de emisiones en un equipo se compensa con las reducciones en otro? *Vid.* 467 US 857 y 859.

En cada uno de esos asuntos, cada frase de la ley posee más de una interpretación razonable. Y el Congreso no optó por ninguna de ellas. En el amplio sentido del término, no «fijó» la «*única, mejor interpretación*» en el «momento de aprobarla» (por utilizar la frase de la mayoría, ante, p. 22). Se plantea un interrogante: ¿Quién debe decidir cuál de esas posibles interpretaciones ha de aplicarse?

Este Tribunal consideró desde hace tiempo que la respuesta debían darla las agencias, con los tribunales otorgando una amplia deferencia a la interpretación que aquellas efectuasen. Durante los últimos cuarenta años, esa doctrina ha sido conocida como *deferencia Chevron*, tras la sentencia de 1984 que la formalizó haciéndola canónica. En *Chevron*, el Tribunal fijó un simple marco en dos fases a la hora de revisar la interpretación que una agencia realiza de la ley que ejecuta. En primer lugar, el tribunal ha de determinar si el Congreso «abordó directamente la cuestión concreta»; 467 US p. 842. Tal búsqueda debe ser rigurosa: el tribunal ha de agotar todas las «herramientas tradicionales de interpretación legal»; *id.* en 843 n. 9. Y cuando pueda alcanzar ese significado (una «sola respuesta correcta») ello implica «el final de la cuestión»: el Tribunal no puede otorgar deferencia porque «debe llevar a efecto la inequívoca y expresa intención del Congreso»; *Kisor*, 588 US en 575; *Chevron*, 467 US 842-843. Pero si el tribunal, tras utilizar todo ese arsenal jurídico, concluye que «la ley guarda silencio o es ambigua respecto al asunto concreto» en disputa (por cualquiera de los no infrecuentes motivos anteriormente indicados) entonces debe ceder su primordial función interpretativa; *ibid.*, *vid. supra* 4-5. En esa segunda fase, el tribunal tan solo verifica si la interpretación de la agencia entra dentro de la esfera de lo «razonable». *Chevron*, 467 US en 844. Si lo es, se aplicará la interpretación de la ley que diariamente ejecutan.

El Tribunal ha explicado hace tiempo que dicho principio descansa en la presunción relativa a la intención del legislativo, la voluntad del Congreso cuando la ley cuya aplicación ha encomendado a una agencia contiene lagunas o es ambigua; *id.* en 843-845; *Smiley*, 517 US en 740-741. Al aprobar una ley, como se indicó anteriormente, el Congreso es consciente de las incertidumbres que puedan surgir, incluso cuando no sepa cuáles serán; *vid. supra*, 4-5. Y de vez en cuando, el Congreso ofrece instrucciones concretas para afrontar tales contingencias, atribuyendo la responsabilidad principal bien a los tribunales bien a una agencia. Pero lo más frecuente es que el Congreso no diga nada al respecto. Entonces surge la necesidad de una presunción (en realidad, un principio subsidiario) de qué ha de hacerse en tales casos. ¿El silencio o ambigüedad legal deben resolverla los tribunales, o la agencia? Este Tribunal ha considerado desde hace tiempo que el Congreso preferiría la agencia, con los tribunales actuando únicamente como garantes para asegurar que aquellas optan por una interpretación razonable entre las posibles interpretaciones. O, dicho de otro modo, el Congreso optaría porque fuese la agencia a la que ha puesto al frente del marco regulador quien ejercitase el «grado de discrecionalidad» que permite el vacío o la ambigüedad legal. Por supuesto, el Congreso siempre puede dejar sin efecto esa presunción, indicando su preferencia por los tribunales para ejercer tal discrecionalidad. Pero hasta entonces, la presunción opera en favor de la agencia.[266] La siguiente cuestión, radica en explicar el porqué.

En primer lugar, porque las agencias frecuentemente conocen aspectos de la materia regulada que los tribunales no podrían. La cuestión es especialmente manifiesta cuando la ley es de «naturaleza científica o técnica». *Kisor*, 588 U. S., en 571. Las agencias tienen personal «experto en la materia» que puede ofrecer su experiencia y conocimiento para abordar cuestiones que la ley deja abiertas; *Chevron* 467 US en 865. Considérese, por ejemplo, el primero de los supuestos anteriormente enunciados. ¿Cuándo un polímetro alfa amino ácido se considera «proteína»? *vid. supra*, en 5. No creo que muchos jueces se consideren capacitados para resolver tal asunto (primera pregunta: incluso ¿qué es un polímetro alfa amino ácido?). Pero la FDA probablemente tiene en plantilla decenas de científicos que pueden responder de forma inteligente, quizá colaborar recíprocamente sobre el particular y ofrecer la respuesta adecuada. O tómese en

[266] Las presunciones de esta clase son habituales en derecho. También en otras materias el Tribunal ante la falta de guía legislativa, respondió estableciendo presunciones sobre la posible intención del Congreso, en vez de hacerlo caso por caso. Entonces, el Congreso puede legislar, con «efectos predecibles» contra el principio «subsidiario»; *Morrison* v. *National Australia Bank Ltd.*, 561 U. S. 247, 261 (2010). Considérese la presunción contra la extraterritorialidad. El Tribunal asume que el Congreso pretende que las leyes se apliquen tan solo dentro del territorio de los Estados Unidos salvo «clara indicación» en contrario; *id.* en 255. O la presunción contra la retroactividad. El Tribunal asume que desea que las leyes se apliquen solo hacia el futuro, salvo que «de forma clara» establezca algo distinto; *Vartelas* v. *Holder*, 566 U. S. 257, 266 (2012). O la presunción contra la derogación implícita. El Tribunal asume que el Congreso no pretende que una ley derogue otra anterior salvo que exprese dicho particular de forma «clara y manifiesta»; *Epic Systems Corp.* v. *Lewis*, 584 U. S. 497, 510 (2018). O la (hasta ahora sin denominación expresa) presunción contra considerar los requisitos procedimentales como *jurisdiccionales* salvo que el Congreso «indubitadamente lo establezca»; *Boechler* v. *Commissioner*, 596 U. S. 199, 203 (2022). Podría continuar, mas esta nota ya es lo suficientemente extensa. La deferencia *Chevron* posee el mismo efecto. El Tribunal asume con carácter general que el Congreso, salvo disposición en contrario, pretende otorgar discrecionalidad a las agencias para cubrir vacíos o ambigüedades legales. La mayoría lo considera una «ficción», *vid.* p. 26, pero no lo es más que las que acaban de enumerarse. Tan solo son suposiciones (de ordinario buenas suposiciones) de los tribunales sobre la voluntad del legislador.

consideración el segundo de los casos, relativos a la *Endangered Species Act*; *vid. supra* 5-6. Resolver cuándo una población de ardillas es «distinta» de otra (y, por tanto, acreedora a protección) exige algo más que consultar el diccionario, exige conocer las clases de especies. ¿Cuánta variación y de qué tipo –geográfico, genético, morfológico o de comportamiento– se exige? Un tribunal podría, si se le fuerza a ello, considerar el asunto y ofrecer una respuesta. Pero ¿acaso el *Fish and Wildlife Service*, con todos sus expertos, no desempeñaría mejor la tarea y, a la hora de establecer en el contexto de las especies protegidas, resolver qué ha de entenderse por «distinto»? Una idea que subyace en la presunción articulada en *Chevron* es que el Congreso, el mismo Congreso que atribuyó a dicho órgano ejecutar la ley, respondería al interrogante con un rotundo sí.

En segundo lugar, porque el Congreso valoraría los conocimientos de la agencia acerca de cómo opera un complejo marco regulatorio y qué es necesario para hacerlo efectivo. Continuemos por un momento con las ardillas, pero ampliemos el objetivo. A la hora de interpretar un término como «distinto» en un caso así, el Servicio seguramente se beneficiaría de su «familiaridad habitual» acerca de cómo se aplicó dicho término a segmentos de población de otras especies; *Martin* v. *Occupational Safety and Health Review Comm'n*, 499 U. S. 144, 153 (1991); *vid.* ej., *Center for Biological Diversity* v. *Zinke*, 900 F. 3d 1053, 1060–1062 (CA9 2018) (tímalo ártico); *Center for Biological Diversity* v. *Zinke*, 868 F. 3d 1054, 1056 (CA9 2017) (águila del desierto). Así como los tribunales dictan mejores sentencias cuando contemplan múltiples variantes de un mismo asunto, la interpretación legal efectuada por la agencia se beneficia de su situación única ante las posibles alternativas cuando se plantean. Considérese, para otro tipo de asuntos regulatorios comunes, el ejemplo relativo al ajuste de reembolsos de Medicare para diferencias retributivas geográficas, *vid. supra*, p. 6. De acuerdo con el diccionario, el término «zona geográfica» puede ser tan amplio como una entidad supra estatal o tan reducido como un barrio urbano. ¿Cómo elegir? Tendría sentido recopilar información sólida relativa a los niveles de reembolso que produciría cada opción, explorar la facilidad de administrar cada uno de ellos a escala nacional, estudiar cómo los reguladores han abordado cuestiones similares en el pasado y consultar con los propios hospitales sobre lo que tiene sentido; *vid. Kisor*, 588 U. S., en 571 (donde se señala que las agencias pueden «llevar a cabo investigaciones relativas a los hechos» y «consultar con las partes afectadas»). El Congreso sabe que el Departamento de Salud y Servicios Humanos es capaz de hacer todo eso, y que los tribunales no pueden.

Más aún, la presunción de *Chevron* supone que resolver ambigüedades legales, como el Congreso bien sabe, «con frecuencia implica más una cuestión política que jurídica»; *Pauley v. BethEnergy Mines Inc.*, 501 US 680, 696 (1991). La tarea implica más gestionar un equilibrio entre finalidades y valores contrapuestos que interpretar un texto. Considérese la exigencia legal de lograr un «sustancial regreso a la tranquilidad natural [en el Gran Cañón]»; *vid. supra* en 6. Alguien ha de decidir exactamente qué implica dicha ley en relación al tráfico sobre el cañón. ¿Cuántos vuelos, en qué lugares y en qué momentos, serían conformes al regreso a la tranquilidad natural? Se trata de un compromiso político familiar a las agencias, pero especialmente inadecuado para los jueces. O consideremos el propio *Chevron*. Como razonó el Tribunal, la opción entre definir una «fuente estacionaria» como una planta completa o como un dispositivo emisor de contaminación es una elección que implica «conciliar» dos «intereses manifiestamente contrapuestos»; 467 U. S., en 865. La definición como planta relaja el requisito de autorización en aras a promover el crecimiento económico; la definición como dispositivo específico refuerza dicha exigencia para reducir mejor la contaminación atmosférica; *vid. id.*, en 851, 863, 866. Una vez más, se trata de una decisión que no debería tomar un juez, sino una agencia. Las agencias están «sujetas a la supervisión del Presidente, quien a su vez responde ante el pueblo»; *Kisor*, 588 U. S., en 571-572. Así pues, enfrentados a una ambigüedad legal, «una agencia a la que el Congreso ha delegado competencias para tomar decisiones políticas» puede apoyarse en la «visión política prudente de un ente responsable a la hora de tomar sus decisiones»; *Chevron*, 467 U. S., en 865.

Nada de ello implica sostener que la deferencia hacia las agencias sea siempre adecuada. El Tribunal a lo largo del tiempo ajustó la doctrina *Chevron* para negar deferencia en determinados asuntos en los cuales el Congreso no tendría motivo alguno para preferir la agencia a los tribunales. La mayoría califica dichos «ajustes» como fracasos de la doctrina; *ante* p. 25, pero son todo menos eso. Considérese el principio según el cual una agencia no puede ser acreedora a la deferencia cuando interpreta una ley cuya ejecución no tiene encomendada; *vid., Epic Systems Corp v. Lewis*, 584 US 497, 519-520 (2018). Bien, por supuesto que no, si el Congreso no ha puesto a una agencia al frente de la ejecución de una ley, en consecuencia, no le ha otorgado a dicha agencia un papel decisivo en su interpretación. O véase el principio según el cual una agencia no es acreedora a la deferencia si alcanzó su decisión omitiendo (o utilizando de forma inapropiada) sus potestades normativas y de dictar actos; *vid. United*

States v. Mead Corp, 533 US 218-226-227 (2001); *Encino Motorcars LLC v. Navarro*, 579 US 211, 220 (2016). Tampoco ello debería sorprender; el Congreso espera que los pronunciamientos administrativos acerca de la interpretación legal se dictan en el seno de procedimientos establecidos para fomentar «la equidad y la deliberación» en la toma de decisiones de la agencia; *Mead*, 533 U. S., en 230. O, por último, piense en los «casos extraordinarios» que implican cuestiones de gran «importancia económica y política» en los que el Tribunal ha negado la deferencia; *King v. Burwell*, 576 U. S. 473, 485-486 (2015). Dicho principio se basa en que el Congreso no habría dejado asuntos de tal importancia a la interpretación una agencia, sino que habría insistido en mantener el control. Así que los ajustes de *Chevron* tienen la misma procedencia que la doctrina original. En conjunto, otorgan primacía interpretativa a la agencia, pero solo cuando actúa, como especificó el Congreso, en el ámbito de la competencia delegada.

Ese meticulosamente calibrado marco «refleja una sensibilidad hacia las funciones propias de los poderes político y judicial». *Pauley*, 501 U. S., en 696. Cuando el Congreso se ha pronunciado, el Congreso se ha pronunciado; solo importan sus manifestaciones. Y solo los tribunales determinan cuándo ha tenido lugar tal circunstancia: utilizando todas las herramientas interpretativas habituales, decidirán si el Congreso reguló de forma expresa una cuestión determinada. Pero cuando los tribunales consideren que el Congreso no lo hizo, se plantea una disyuntiva. A falta de una directriz del legislador, han de tomar la iniciativa bien la agencia administradora o un tribunal. Y el asunto es más apropiado para la agencia. Es probable que la decisión afecte a los conocimientos especializados en la materia que posee la agencia; caiga dentro de su esfera de práctica regulatoria, e implique toma de decisiones políticas, incluyendo evaluaciones de costes y beneficios así como compensaciones entre intereses en conflicto. Un tribunal sin los conocimientos ni la experiencia adecuadas, y sin competencia para adoptar decisiones políticas, debe dar un paso atrás. El tribunal mantiene aún funciones que desempeñar: controla a la agencia para asegurarse que actúa dentro del límite que impone la razonabilidad. Sin embargo, el tribunal no se inmiscuye en las competencias de la agencia, basadas en la experiencia y formulación de políticas. Ese es el sistema más adecuado para mantener a cada órgano en su propio camino. Y es el más adecuado para garantizar que las leyes del Congreso se lleven a la práctica de la manera que este pretendía.

La mayoría plantea dos cuestiones para refutar ese principio, ninguna de las cuales es convincente. En primer lugar, insiste en que «las agencias no poseen especial competencia» a la hora de cubrir lagunas o resolver ambigüedades legales, mientras que «los tribunales sí»; *ante* p. 23. Un punto para la autoconfianza; quizá no tan alto para la autorreflexión o el conocimiento. Por supuesto, los tribunales suelen interpretar correctamente textos legales. Y la primera fase de *Chevron* se aprovecha de tal circunstancia; en ficha fase, un tribunal intenta verificar lo que el Congreso quiso decir, incluso en los esquemas legales más complicados o abstrusos. Únicamente si el tribunal no puede hacerlo, si admite que las herramientas jurídicas habituales no sirven para cubrir un vacío legal o dar contenido a un término ambiguo, entonces entra en juego la deferencia. Es entonces cuando las cuestiones se asemejan a las anteriormente enunciadas: ¿Cuándo un polímero de alfa aminoácidos puede considerarse una «proteína»? ¿Hasta qué punto debe considerarse «distinto» para las poblaciones de ardillas? ¿Qué tamaño de «zona geográfica» garantiza un reembolso hospitalario adecuado? Entre dos interpretaciones igualmente posibles del término *fuente estacionaria*, ¿debe optarse por la más protectora del medio ambiente o la más favorable al crecimiento económico? La idea de que los tribunales tienen una «competencia especial» para resolver estas cuestiones, mientras que las agencias «no» es, si se me permite decirlo, una falacia. Responder correctamente a esas preguntas no exige con carácter principal las habilidades interpretativas que poseen los tribunales. Requieren en su lugar, conocimientos especializados en una o varias materias, amplia experiencia en marco regulatorio y toma de decisiones políticas. Son los tribunales (no las agencias) quienes «no poseen especial competencia» (o incluso legitimidad) cuando se plantean tales asuntos para su resolución.

Segundo, la mayoría afirma que un vacío o ambigüedad legal no «necesariamente conlleva la intención del legislador de que la agencia» deba tener primacía en la interpretación legal; *ante* p. 22. Sobre dicho particular, estoy de acuerdo con la premisa, no «necesariamente». *Chevron* se basa en una presunción. La doctrina no afirma que el Congreso desee en todos los casos que sea la agencia y no el tribunal quien cubra los vacíos. La sentencia afirma que cuando el Congreso no se pronuncie de forma expresa al respecto, se necesita un principio por defecto, y el mejor principio (¿agencia o tribunal?) fue el que creímos que el Congreso deseaba con carácter general. Y en relación a por qué el Congreso de ordinario preferiría a la agencia, la respuesta se encuentra en todo lo anteriormente indicado sobre la delegación de facultades regulatorias del Congreso en las agencias, así como en las especiales atribuciones de esta; *vid. supra* pp. 9-11. La mayoría parece pensar que es una réplica llamativa señalar que muchas lagunas y ambigüedades legales son «involuntarias»; *ante*, en 22. Para empezar, muchas no lo son; la relación entre ambas es incierta; *vid. supra*, en 4-5. Y, para terminar, ¿por qué ha de importar eso en cualquier caso? Puede que el vacío o ambigüedad legal no sea deliberado, pero el Congreso es consciente que algún día se demostrará que los textos que redacta contienen un «defecto». Ante ello, *Chevron* se pregunta, ¿qué preferiría el Congreso? La presumible respuesta vuelve a ser la misma (por idénticas razones): la agencia. Y como ocurre con cualquier norma por defecto, si el Congreso prefiere lo contrario, todo lo que tiene que hacer es manifestarlo.

A ese respecto, la prueba está realmente en el núcleo: el Congreso básicamente nunca indica lo contrario, lo que sugiere que la presunción articulada en *Chevron* se alineaba con la intención legislativa (o, en palabras de la mayoría, «realidad aproximada», *ante*, en 22). Durante las últimas cuatro décadas, el Congreso aprobó cientos de leyes. Los redactores de esas leyes conocían perfectamente *Chevron*; *vid.* A. Gluck & L. Bressman, *Statutory Interpretation From the Inside—An Empirical Study of Congressional Drafting, Delegation, and the Canons: Part I*, 65 Stan. L. Rev. 901, 928 (fig. 2), 994 (2013).

Así pues, si hubieran deseado una distinta ubicación de la facultad interpretativa, habrían incluido una previsión al respecto. Salvo un par de excepciones que conozco, no lo hicieron; *vid.* 12 USC. 25b(b)(5)(A) (primera excepción); 15 USC 8302(c)(3)(A) (segunda excepción). De igual forma, el Congreso no aprobó ningún texto legal para rectificar *Chevron* con carácter general; *vid.* S. 909, 116th Cong., 1.ª Sess. 2 (2019) (este sigue siendo un proyecto, no una ley); H. R. 5, 115th Cong., 1.ª Sess. 202 (2017) (*idem*). En la medida en que a la mayoría le preocupa que la presunción *Chevron* sea una «ficción», *ante* p. 26 (como lo son, en cierto sentido, todas las presunciones legales) lo cierto es que desde hace cuarenta años cada día lo es menos. La reacción del legislador acredita que el tribunal que resolvió *Chevron* interpretó bien al Congreso.

II

Los principales razonamientos de la mayoría van en otra dirección. Ochenta años después de aprobarse la APA y cuarenta años después de *Chevron*, la mayoría ha decidido que la primera excluye la segunda. La sección 706 de la APA, según la mayoría, «deja claro» que las interpretaciones que las agencias realicen de textos legales «no merecen deferencia»; *ante*, en 14-15. Y esa disposición, continúa la mayoría, recogió la situación existente, que tampoco permitía la deferencia; *vid.* ante, en 9-13, 15-16. Pero ni la APA ni la legislación precedente autoriza a interpretarla como la mayoría dice. Ambos son perfectamente compatibles con la deferencia *Chevron*. La sección 706, aprobada con el resto de la APA en 1946, contempla la revisión judicial de la actuación de la agencia. Dispone que: «En la medida necesaria para la decisión y cuando se presente, el tribunal revisor decidirá todas las cuestiones jurídicas pertinentes, interpretará las disposiciones constitucionales y legales, y determinará el significado o aplicabilidad de los términos de la actuación de la agencia». 5 U. S. C. 706.

Dicho texto, en contra de lo que afirma la mayoría, «no resuelve la cuestión *Chevron*». C. Sunstein, *Chevron as law*, 107 Geo. L. J. 1613, 1642 (2019). O, dicho de otra forma, la sección 706 es «generalmente indeterminada» en lo que a la deferencia se refiere; A. Vermeule, *Judging Under Uncertainty* 207 (2006). La mayoría incide en la frase «decidir todas las cuestiones jurídicas pertinentes», e indica que «no prescribe ninguna norma sobre la deferencia» para responder a esos interrogantes; *ante*, en 14. Pero, al igual que el precepto no prescribe un criterio de revisión deferente, tampoco prescribe un criterio de revisión *de novo* (en el que el tribunal partiría de cero, sin otorgar deferencia). De hecho, la sección 706 no establece ningún criterio de revisión a la hora de interpretar las leyes; *vid. Kisor*, 588 U. S.Y cuando un tribunal utiliza un criterio de deferencia –en este caso, considerando si la interpretación de una agencia es razonable– «decide» una «cuestión relevante de derecho» de la misma forma que si utilizase un criterio *de novo*; [sección] 706. En ese caso, el tribunal deferente se ajusta a la sección 706 «determinando si la agencia se ha mantenido dentro de los límites de la discrecionalidad que se le atribuyó, es decir, si la agencia ha interpretado [la ley que administra] de manera razonable». J. Manning, *Chevron and the Reasonable Legislator*, 128 Harv. L. Rev. 457, 459 (2014); *vid. Arlington v.* FCC, 569 U. S. 290, 317 (2013) (voto particular disidente del *chief justice* ROBERTS) («No orillamos el mandato [de la sección 706] otorgando la deferencia *Chevron* a la interpretación legal efectuada por una agencia; lo respetamos»).[267]

[267] La mayoría intenta reforzar su argumentario con una o dos frases aisladas de la historia legislativa de la APA, es válida la misma respuesta. Como señala la mayoría, *vid. ante*, en 15, los informes de la Cámara de Representantes y del Senado afirmaban que la sección 706 «establecían que, en última instancia, son los tribunales y no las agencias quienes deben resolver las cuestiones jurídicas». H. R. Rep. N.º 1980, 79.º Cong., 2.ª Sess., 44 (1946); S. Rep. N.º 752, 79.º Cong., 1.ª Sess., 28(1945). Pero esa afirmación tampoco aborda el criterio de revisión que deben utilizar los tribunales. Las opiniones del Representante Walter, citado igualmente por la mayoría, refuerzan aún más mi punto de vista. Afirmó que la APA exigiría a los tribunales «decidir

Las referencias que la sección 706 efectúa de los criterios de revisión en otros contextos tan solo merman aún más el razonamiento mayoritario. Este afirma que la sección 706 impone una revisión deferente para la determinación de hechos y la formulación de políticas por parte de la agencia (aplicando, respectivamente, un criterio de prueba sustancial y uno de arbitrariedad y falta de justificación); *vid. ante*, en 14. El Congreso, afirma la mayoría, «probablemente habría contemplado un criterio de deferencia similar aplicable a las cuestiones de derecho si hubiera tenido la intención de apartarse» de la revisión *de novo*; *ibid.* ¿Probablemente? En otra parte de la sección 706, el Congreso se refirió explícitamente a la revisión *de novo*; 706(2)(F). Con todas esas referencias a criterios de revisión (tanto deferentes como no deferentes) en la Sección 706, lo «revelador» (ante, en 14) es la ausencia de cualquier criterio establecido para revisar las interpretaciones legales de una agencia. Ese silencio dejó el asunto, en una «indeterminación genérica»: la sección 706 ni impone ni prohíbe la deferencia al estilo *Chevron*; *vid.* Vermeule, *op. cit.*, p. 207.[268]

Y, contrariamente a lo que sostiene la sentencia, la mayoría de «respetados juristas» interpretan la sección 706 de esa forma, en el sentido de permitir, cuando no exigir, deferencia; *ante* en 16. Los más reputados administrativistas del momento (llamémoslos la generación de Manning, Sunstein y Vermeule) ciertamente así lo entienden. El profesor Louis Jaffe enunció un método adecuado, dentro del marco legal de la APA, para revisar las interpretaciones administrativas de leyes, muy similar a las dos fases de *Chevron*. Según indicó el citado autor, un tribunal debe «en primer lugar decidir como cuestión jurídica si, como premisa, existe discrecionalidad»; *Judicial control of Administrative*

de forma independiente todas las cuestiones jurídicas pertinentes», pero también afirmó que los tribunales estarían obligados a «ejercitar... juicio independiente» en la aplicación del principio de prueba sustancial (una norma deferente si alguna vez hubo una). 92 Cong. Rec. 5654 (1946). Por lo tanto, no equiparó la revisión «independiente» con la revisión *de novo*; pensó que un tribunal podría llevar a cabo una revisión independiente de la actuación de la agencia utilizando un criterio deferente.

[268] En una nota a pie de página que responde a los dos últimos párrafos, la mayoría iza la bandera blanca sobre el texto de la sección 706; *vid. ante*, en 15, n. 4. Sí, finalmente admite que la sección 706 no *dice* que se exija una revisión *de novo* en lo relativo a la interpretación legal realizada por una agencia. Más bien, dice la mayoría, «algunas cosas no hace falta decirlas», y la revisión *de novo* es una de ellas. Pero, ¿por qué? ¿Qué consideraciones ajenas al texto obligan a interpretar la sección 706 en el sentido que lo hace la mayoría? En su nota a pie de página, solo repara en la historia. Pero como explicaré más adelante, la mayoría también se equivoca en la historia más relevante, la relativa a la revisión judicial de las interpretaciones legales efectuadas por las agencias en los años anteriores a la aprobación de la APA; *vid. infra*, en 19-23.

action 570 (1965). Eso es una especie de fase 1: ¿reguló el Congreso la materia o la dejó abierta? En este último caso, continúa Jaffe, la interpretación de la agencia, si es razonable, está libre de control; *ibid.* Ello por supuesto se asemeja a la fase 2: deferencia si la interpretación es razonable. Y para el supuesto que se considerase demasiado complejo el marco expuesto, Jaffe enunció su idea principal de la siguiente forma: la tesis que los tribunales «deben resolver todas las cuestiones jurídicas (como si la agencia no participase) es, en mi opinión, poco sólida»; *id.*, 569. De igual forma, el profesor Kenneth Culp Davis, autor del entonces preeminente manual de Derecho Administrativo, constató que la revisión de la «razonabilidad» de las interpretaciones efectuadas por las agencias –en la que los tribunales «se negaban a sustituir dicha interpretación»– había «sobrevivido a la APA». *Administrative Law* 880, 883, 885 (1951) (Davis). Otros juristas y expertos coetáneos estuvieron de acuerdo; *vid.* R. Levin, *The APA and the Assault on Deference*, 106 Minn. L. Rev. 125, 181-183 (2021) (donde se citan muchos de ellos). No interpretaron en su momento lo que la mayoría interpreta hoy.[269]

Tampoco, evidentemente, lo hizo el Tribunal Supremo. En los años siguientes a la aprobación de la APA, el Tribunal «nunca indicó que la sección 706 rechazase la idea que los tribunales hubieran de otorgar deferencia a las interpretaciones jurídicas»; Sunstein, p. 1654. Al contrario, el Tribunal dictó una serie de sentencias en esos años otorgando deferencia a interpretaciones legales efectuadas por las agencias; *vid.* por ejemplo, *Unemployment Compensation Comm'n of Alaska* v. *Aragon*, 329 U. S. 143, 153–154 (1946); *NLRB* v. *E. C. Atkins & Co.*, 331 U. S. 398, 403 (1947); *Cardillo* v. *Liberty Mut. Ins. Co.*, 330 U. S. 469, 478–479 (1947). Y continuó hasta *Chevron*; *vid.*, por ejemplo, *Mitchell* v. *Budd*, 350 U. S. 473, 480 (1956); *Zenith Radio Corp.* v. *United States*, 437 U. S. 443, 450 (1978). Para ser claros: la deferencia en tales años no se aplicó siempre

[269] Admito una excepción (una opinión que se consideró «prácticamente aislada», Levin 181), pero sus comentarios acerca de la sección 706 refutan un aspecto diferente del argumentario de la mayoría. El profesor John Dickinson, como señala la mayoría, pensaba que el artículo 706 impedía que los tribunales se atuvieran a las interpretaciones de las agencias; *vid. Administrative Procedure Act: scope and grounds of broadened Judicial Review*, 33 A. B. A. J. 434, 516 (1947) (Dickinson); *ante*, en 16. Pero a diferencia de la mayoría, consideraba esa prohibición «un cambio», no una ratificación de la situación anterior a APA. Compárese Dickinson 516 con *ante*, en 15-16. Así pues, si la mayoría realmente quiere basarse en el profesor Dickinson, tendrá que renunciar a la afirmación, que abordaré más adelante, que la situación existente con anterioridad a la APA proscribiese la deferencia. *Vid. infra*, en 19-23.

a interpretaciones que la recibirían bajo *Chevron*. La práctica entonces era más inconsistente y menos elaborada de lo que terminaría siendo. El argumento clave a estos efectos radica en que el Tribunal ni se acercó a la interpretación que la mayoría efectuó de la APA. Tómese el texto de la sección 706 en el que descansa principalmente la mayoría: «decidirá todas las cuestiones jurídicas *relevantes*»; *ante* en 14. En la década posterior a la aprobación de la APA, el Tribunal Supremo utilizó esas palabras tan solo en cuatro ocasiones, y nunca para sugerir que los tribunales no debiesen otorgar deferencia a las interpretaciones de la agencia; *vid.* Sunstein, 1656.

La interpretación que la mayoría efectúa de la sección 706 tampoco se sostiene con base en el funcionamiento de la revisión judicial en los años anteriores a la APA. La historia anterior es importante: como la mayoría reconoce, la sección 706 se interpretó generalmente como una «reafirmación [...] del derecho existente en lo relativo al ámbito de la revisión judicial»; *Dept. of Justice, Attorney General's Manual on the Administrative Procedure Act* 108 (1947); *ante*, at 15–16. El problema para la mayoría es que, en los años precedentes a la APA, los tribunales incrementaron su deferencia hacia las agencias. En esos momentos, ya se habían puesto en marcha los programas administrativos del *New Deal*. Y en poco tiempo, tanto este Tribunal como otros abandonaron su resistencia inicial y comenzaron a otorgar deferencia. El juez Breyer, con su experiencia como jurista especializado en derecho administrativo, describió el período anterior a la APA de la siguiente forma: «La revisión judicial de la actividad administrativa era restringida, y las actuaciones concretas de la agencia se apoyaban con frecuencia en la obediencia judicial a los misterios de la pericia administrativa». S. Breyer *et al.*, *Administrative Law and Regulatory Policy* 21 (7.ª ed. 2011). Tal descripción se extendía a la revisión de las interpretaciones de textos legales. Un influyente estudio acerca de la práctica administrativa, publicado cinco años antes de la aprobación de la APA, describió la situación de esta forma: «la revisión judicial puede, al menos en algunos casos, limitarse a verificar si la interpretación administrativa es permisible». *Final Report of Attorney General's Committeeon Administrative Procedure* (1941), reimpreso en *Administrative Procedure in Government Agencies*, S. Doc. No. 8, 77th Cong., 1st Sess., 78 (1941). O también «[C]uando la ley es razonablemente susceptible de más de una interpretación, el tribunal puede aceptar la del órgano administrativo». *Idem*, en 90-91.[270]

[270] Dado que la APA tenía por objeto «reafirmar el derecho vigente», las prácticas de revisión judicial de la década de 1940 son más importantes para su comprensión que cualquier tradición anterior (en la que se detiene la mayoría). Pero antes de extenderme sobre esas

Dos importantes sentencias de los años cuarenta pusieron en acción tales principios. *Gray* v. *Powell*, 314 U. S. 402 (1941) fue ampliamente interpretado como la «sentencia principal» en lo referente a revisión de las interpretaciones administrativas de textos legales; Davis en 882; *vid. ibid.* (incidiendo en que «estableció lo que se conoce como la "doctrina *Gray v. Powell*"»). En dicha resolución, el Tribunal otorgó deferencia a la interpretación administrativa del término *fabricante* tal y como se utilizaba al exceptuarlo de la regulación de precios. El Tribunal razonó que el Congreso confió el alcance de la exención a la agencia dado que su «experiencia en la materia prometía una mejor informada y más equitativa ponderación de los intereses en conflicto»; *Gray*, 314 U. S., en 412. En consecuencia, el Tribunal concluyó que «no es función de un tribunal» sustituir el juicio de la agencia por el suyo propio; *ibid.* Tres años más tarde, el Tribunal decidió *NLRB v. Hearst Publications, Inc.*, 322 U. S. 111 (1944), otro reconocido «precedente»; Davis 882; *vid. idem*, en 884. El Tribunal de nuevo otorgó deferencia, en esta ocasión a la interpretación que una agencia realizó del término *empleado* tal y como se utilizaba en la *National Labor Relations Act*. Lo relativo al ámbito de dicho término, razonó el Tribunal, «correspondía decidirlo a la agencia sobre la base de su experiencia diaria en la ejecución de la ley»; *Hearst*, 322 US en 130. El Tribunal, por tanto, «limitó» su revisión a decidir si la interpretación de la agencia «tenía base en el expediente y una razonable base legal»; *ibid.* en 131.[271] Obsérvese aquí

prácticas contemporáneas a la APA, me detengo un instante para señalar que «no se construyeron sobre arena»; *Kisor v. Wilkie*, 588 U. S. 558, 568-569 (2019). Desde los primeros tiempos de la República, este Tribunal otorgó una significativa importancia a las interpretaciones oficiales de «leyes ambiguas»; *Edward's Lesee v. Darby*, 12 Wheat. 206, 210 (1827). Con el paso del tiempo –y el incremento de la esfera administrativa– dichas «expresiones judiciales de deferencia se incrementaron»; H. Monaghan, *Marbury and the Administrative state*, 83 Colum. L. Rev. 1, 15 (1983). A principios del siglo XX, el Tribunal afirmó que otorgaría «gran importancia» a la interpretación de la ley a la vista de una «incertidumbre o ambigüedad» legal»; *vid. National Lead Co.* v. *United States*, 252 U. S. 140, 145 (1920); *vid. Schell's Executors* v. *Fauché*, 138 U. S. 562, 572 (1891) («determinante» en «todos los supuestos de ambiguedad»); *United States* v. *Alabama Great Southern R. Co.*, 142 U. S. 615, 621 (1892) («decisiva» importancia «en supuesto de ambigüedad»); *Jacobs* v. *Prichard*, 223 U. S. 200, 214 (1912) (refiriéndose a la «principio relativo a la importancia» de las interpretaciones oficiales si «existen ambigüedades»). Así pues, incluso antes del *New Deal*, varias sentencias de este Tribunal ejemplifican la deferencia hacia las interpretaciones ejecutivas de leyes ambiguas. Y entonces, como acredito en estas páginas, apareció el *New Deal* y la deferencia se incrementó, creándose el «sistema vigente» que la APA «confirmó».

[271] La mayoría dice que he «separado» *Gray* y *Hearst*, implícitamente de un gran número de casos no tan útiles; *ante*, en 13, n. 3. Tendría tanto sentido decir que un juez «separó» *Universal Camera Corp. v. NLRB*, 340 U. S. 474 (1951), para analizar la revisión de pruebas sustanciales o

que la mayoría aceptó que la sección 706 implicó «reafirmar [...] el derecho existente» en materia de revisión judicial; *vid. ante* pp. 15-16, y *supra* en 19-20. ¿Entonces? Con total seguridad parece que la situación permitía un régimen de deferencia.

La mayoría no puede evitar la cita de estas dos decisivas sentencias. En primer lugar, parece distinguir en *Gray* y *Hearst* entre «cuestiones jurídicas puras» y las denominadas cuestiones mixtas, que suponen aplicar una norma jurídica a un conjunto de hechos; *ante*, en 11. Si al establecer esa distinción, la mayoría pretende limitar su pronunciamiento al tipo puro de cuestión jurídica, permitiendo así a los tribunales otorgar deferencia cuando se entremezclan hechos y derecho, me alegraría. Pero sospecho que la mayoría no tiene esa intención, porque dicha interpretación mantendría una parte importante de *Chevron*; cf. *Wilkinson v. Garland*, 601 U. S. 209, 230 (2024) (voto particular disidente del juez ALITO) (indicando que, en materia de inmigración, el universo de las cuestiones mixtas desborda las puramente jurídicas). Con frecuencia es al abordar las cuestiones mixtas cuando se establece el alcance de los términos legales y se define su significado; *vid.* H. Monaghan, *Marbury and the Administrative state*, 83 Colum. Law Rev. 1, 29 (1983) («La aplicación administrativa es la formulación administrativa del derecho siempre que implique la elaboración de una norma legal»). ¿Cómo puede un intérprete decidir, como en *Hearst*, qué es un «empleado»? En gran parte a través de casos en los que deba resolverse si el término cubre a personas que realizan un trabajo específico, como (en tal caso) los «repartidores»; 320 US en 120. O considérese uno de los ejemplos ofrecidos con anterioridad. ¿Cómo puede un intérprete decidir cuando un segmento de población de una especie es «distinto» de otro? Con frecuencia considerándolo respecto a especies particulares, como las ardillas grises occidentales. Así pues, la distinción que articula la mayoría carece de sentido en el mundo real (incluso en el teórico). La sentencia *Hearst*, al remi-

«separó» *Motor Vehicle Mfrs. Assn. of United States, Inc. v. State Farm Mut. Automobile Ins. Co.*, 463 U. S. 29 (1983), para abordar la revisión sobre la base de lo arbitrario y lo irrazonable. Como se indicó, *Gray* y *Hearst* fueron las principales sentencias que, en los años anteriores a la aprobación de la APA, se enfrentaron a interpretaciones administrativas de leyes. Mas, para que no quede duda alguna, he aquí otras sentencias similares del Tribunal Supremo en los cinco años anteriores a la aprobación de la APA: *United States v. Pierce Auto Freight Lines, Inc.*, 327 U. S. 515, 536 (1946); *ICC v. Parker*, 326 U. S. 60, 65 (1945); *Federal Security Administrator v. Quaker Oats Co.*, 318 U. S. 218, 227- 228 (1943). La mayoría es quien comete la ofensa real de «separar», pues toma una frase aislada de *Hearst* (ante, en 13, n. 3) para sugerir que tanto *Hearst* como *Gray* defienden lo contrario de lo que realmente dicen.

tirse a la agencia para decidir si el término *empleado* incluía a los repartidores, estaba otorgando deferencia para que decidiese sobre el alcance y el significado del término *empleado*.

La siguiente afirmación de la mayoría –que «el Tribunal no fue ni mucho menos coherente» al otorgar deferencia– es igualmente errónea; *ante*, en 12. Estoy plenamente dispuesta a reconocer que, en el periodo anterior a la APA, el principio de deferencia aún no había arraigado por completo. Iré incluso más lejos: supongamos que la deferencia era entonces un principio intermitente (como parece sugerir la mayoría, *vid. ante*, en 11-12, y 13, n. 3). Incluso en tal supuesto, el principal argumento de la mayoría –que la sección 706 prohibía la revisión deferente– se derrumba. Una vez más, la mayoría está de acuerdo en que la sección 706 no pretendía modificar la normativa vigente en ese momento; *vid.* en 15-16. E incluso si fuera inconsistente, no puede concebirse que la deferencia estuviese proscrita. O dicho de otro modo: «Si la sección 706 no modificó el marco de revisión judicial (como hemos reconocido desde hace tiempo), entonces no proscribió un criterio de deferencia entonces conocido y aplicado». *Kisor*, 588 U. S., en 583.

Todo el argumentario de la mayoría para dejar sin efecto *Chevron* descansa en la sección 706. Pero el texto de dicha sección no apoya tal conclusión. Como tampoco lo hace la práctica coetánea que el texto se supone debía reflejar. Así que la sentencia no tiene base en el único texto que la mayoría considera relevante. Está construida sobre aire.

III

Todavía hay algo peor, dado que abandonar *Chevron* subvierte todo principio conocido de *stare decisis*. Por supuesto, respetar el precedente no es un «mandato inexorable». *Payne v. Tennessee*, 501 U. S. 808, 828 (1991). Pero dejarlo sin efecto requiere mucho más de lo que la mayoría ha ofrecido aquí. *Chevron* tiene derecho a la protección más reforzada del principio *stare decisis*. Por tanto, la mayoría necesitaría un motivo excepcionalmente poderoso para dejarlo sin efecto, más allá de pensar que es errónea. Y no tiene nada que se lo justifique, salvo una desconcertante teoría acerca de la «inviabilidad» de *Chevron*; ante, en 32. Hace solo cinco años, este Tribunal rechazó en *Kisor* la solicitud de rectificar *Auer v. Robbins*, 519 U. S. 452 (1997), doctrina que otorga deferencia judicial a las interpretaciones que las agencias efectúan de sus propias normas; *vid.* 588 U. S., en 586-589. Los argumentos contra la anulación de *Chevron* son cuando menos menos, igual de sólidos. En particular, la sentencia de hoy ocasionará una conmoción masiva en el sistema jurídico, «al arrojar dudas sobre muchas interpretaciones establecidas» de leyes y amenazando los intereses de muchas partes que han confiado en ellas durante años.; 588 U. S., en 587.

El respeto al precedente constituye «una piedra angular del Estado de Derecho»; *Michigan v. Bay Mills Indian Community*, 572 U. S. 782, 798 (2014). *Stare decisis* «promueve el desarrollo imparcial, predecible y coherente de los principios jurídicos»; *Payne*, 501 U. S., en 827. Permite a las personas ordenar sus vidas confiando en las sentencias judiciales. Y «contribuye a la integridad real y percibida del proceso judicial», al garantizar que las sentencias se basen en la ley y no en las «preferencias personales» de los jueces.; *Id.*, en 828; *Dobbs*, 597 U. S., en 388 (voto particular disidente). Quizá y por encima de todo, *stare decisis* es una «doctrina de modestia judicial»; *id.* en 363. En eso, comparte algo importante con *Chevron*. Ambos indican a los jueces que no lo saben todo, y que hacen bien en atender otras visiones. Así que hoy, la mayoría rechaza lo que la humildad judicial aconseja no solo una, sino dos veces.

Y *Chevron* es acreedora a una protección reforzada del principio *stare decisis*, y ello por dos motivos distintos. En primer lugar, importa que el «Congreso conserve la libertad de modificar lo que hemos hecho»; *Patterson* v. *McLean Credit Union*, 491 U. S. 164, 173 (1989); *vid. Kisor*, 588 U. S., at 587 (haciendo la misma reflexión sobre la deferencia *Auer*). En un asunto constitucional, tan solo el Tribunal puede corregir un error. Pero eso no es lo que ocurre aquí. «Nuestras sentencias relativas a la deferencia son pelotas que se devuelven a la cancha del Congreso, para que dicho poder elija si las recibe o no». 588 U. S., en 587-588. A lo largo de todos estos años, el Congreso podría fácilmente haber dejado sin efecto *Chevron* de forma generalizada tan solo modificando la APA. O podría haber suprimido la deferencia en materias concretas, modificando leyes en vigor o redactando otras que incluyesen una previsión *anti-Chevron*. Sin embargo, el Congreso «en numerosas ocasiones rehusó» abrogar *Chevron* con carácter general, y rara vez lo ha hecho en materias concretas; *Kimble v. Marvel Entertainment, LLC*, 576 U. S. 446, 456 (2015); *vid. supra*, en 14-15. O, por decirlo de forma afirmativa, el Congreso durante cuarenta años ha mantenido *Chevron* tal y como está. Mantuvo dicha postura incluso cuando miembros de este Tribunal empezaron a cuestionar *Chevron*; *vid. ante* en 30. Por lo que parece, el Congreso no estaba de acuerdo con la interpretación de algunos jueces según la cual estos deberían tener más poder.

En segundo lugar, *Chevron* es mucho más que una simple sentencia. Solo este Tribunal, aplicando la doctrina *Chevron*, avaló al menos en setenta ocasiones como razonables las interpretaciones legales efectuadas por agencias; *vid.* escrito de los Estados Unidos en el caso 22-1219, p. 27; *app* a *id.* en 68a-72a (casos citados). Los tribunales inferiores han aplicado el marco *Chevron* en miles y miles de ocasiones; *vid.* K. Barnett & C. Walker, *Chevron and Stare Decisis*, 31 Geo. Mason L. Rev. 475, 477, and n. 11 (2024) (incidiendo que, en el último recuento, *Chevron* fue citado en más de 18 000 ocasiones en sentencias). El Tribunal *Kissor* afirmó, a la hora de confirmar *Auer*, que «la deferencia hacia la interpretación razonable que las agencias realizan de sus normas ambiguas impregna todo el corpus del derecho administrativo»; 588 US en 587. Lo mismo hace la deferencia hacia interpretaciones razonables de leyes legales, e incluso más. *Chevron* está tan integrado como puede estarlo en el Derecho.

El Tribunal sostiene algo distinto porque últimamente ha ignorado *Chevron*; todo lo que queda de la sentencia es «un decadente envoltorio con audaces pretensiones»; *ante*, en 33. Que se lo digan al Tribunal de Apelaciones del Distrito de Columbia, el órgano que revisa gran parte de las interpretaciones de las agencias, donde *Chevron* permanece vivo y coleando; *vid.* por ejemplo, *Lissack v. Commissioner*, 68 F. 4th 1312, 1321-1322 (2023); *Solar Energy Industries Assn. v.* FERC, 59 F. 4th 1287, 1291-1294 (2023). Mas, para ir al grano: el razonamiento de la mayoría está metido con calzador. Si este Tribunal ha «evitado aplicar la deferencia *Chevron* desde 2016» (*ante*, en 32) es porque se ha estado preparando desde entonces para dejarlo sin efecto. Este Tribunal casi ha convertido en rutinario ese tipo de autoayuda en el camino hacia la anulación del precedente. Dejar de aplicar una sentencia donde se debía; «verter algunas críticas gratuitas en un par de sentencias»; emitir unos cuantos votos particulares «cuestionando las premisas de la sentencia» (*ante*, en 30); dejar transcurrir unos cuantos años a todo el proceso y…*voila*! ya se tiene la justificación para dejar sin efecto la sentencia; *Janus* v. *State, County, and Municipal Employees*, 585 U. S. 878, 950 (2018) (voto particular disidente de la juez KAGAN) (analizando la rectificación de *Abood* v. *Detroit Bd. of Ed.*, 431 U. S. 209 [1977]); *vid.* también, *e. g.*, *Kennedy* v. *Bremerton School Dist.*, 597 U. S. 507, 571–572 (2022) (voto particular disidente de la juez SOTOMAYOR) (lo mismo respecto a *Lemon* v. *Kurtzman*, 403 U. S. 602 [1971]); *Shelby County* v. *Holder*, 570 U. S. 529, 587-588 (2013) (voto particular disidente de la juez Ginsburg) (lo mismo respecto a *South Carolina* v. *Katzenbach*, 383 U. S. 301

[1966]). En cierta ocasión afirmé que esta técnica de anulación a través del debilitamiento «es una burla al *stare decisis*»; *Janus*, 585 U. S., en 950 (voto particular disidente). No veo motivo para cambiar de opinión.

La mayoría no lo hace mejor en su principal justificación para dejar sin efecto *Chevron*, al considerar que la sentencia es «inviable»; *ante* en 30. La primera afirmación al respecto es que no existe una simple «respuesta» acerca de lo que significa *ambigüedad*: algunos jueces ven más y otros menos, lo cual conduce a «diferentes resultados»; *ante* en 30-31. Pero incluso aunque así fuese, el sistema legal durante muchos años ha funcionado perfectamente bien con esa variación. Tómese como ejemplo el derecho de contratos. Es cuestión de manual que cuando (y únicamente cuando) un contrato es ambiguo, el tribunal que lo interpreta puede consultar pruebas extrínsecas; *vid.* CNH *Industrial N.V. v. Reese*, 583 U. S. 133, 139 (2018). Y cuando tras utilizar todas las herramientas interpretativas considere que sigue existiendo ambigüedad, el contrato se interpreta en contra del redactor; *vid. Lamps Plus, Inc. v. Varela*, 587 U. S. 176, 186- 187 (2019). Así pues, supongo que los principios de contratación de los 50 estados son inviables. O cuestiones más cercanas, como principios que este Tribunal aplica habitualmente. Al resolver si un estado renunció a la inmunidad soberana, interpretamos «cualquier ambigüedad en el texto legal» en «favor de la inmunidad». FAA *v. Cooper*, 566 U. S. 284, 290 (2012). Igualmente, el principio de indulgencia nos dice que debemos interpretar leyes penales ambiguas en favor de los acusados; *vid. United States v. Castleman*, 572 U. S. 157, 172-173 (2014). Y el canon interpretación constitucional nos obliga a interpretar leyes ambiguas para evitar cuestiones constitucionales difíciles.; *vid. United States v. Oakland Cannabis Buyers' Cooperative*, 532 U. S. 483, 494 (2001). Podría continuar, pero el asunto está claro. Hay ambigüedades en todo el ordenamiento jurídico. Y de alguna forma, todo el mundo parece arreglarse.

Y *Chevron* es una sentencia especialmente inadecuada para criticarla sobre la base de que genera excesiva división judicial. Hay pruebas empíricas –es decir, no impresionistas– sobre ese particular. Y acreditan que, en comparación con la revisión *de novo*, el uso del sistema en dos fases articulado en *Chevron* fomenta el acuerdo entre los jueces. *Vid.* K. Barnett, C. Boyd, & C. Walker, *Administrative Law's Political Dynamics*, 71 Vand. L. Rev. 1463, 1502 (2018). Más concretamente, *Chevron* goza de un «poderoso efecto disuasor sobre el partidismo a la hora de dictar sentencias»; Barnett, 1463; *vid.* Sunstein, 1672 («En caso que *Chevron* se dejase sin efecto, un efecto previsible sería incrementar las preferencias políticas de los jueces a la hora de interpretar la ley, así como hacer más habitual las divisiones sobre la base de líneas ideológicas»). Por tanto, si la coherencia entre los jueces es el objetivo principal de la mayoría, el Tribunal no debería anular Chevron, sino volver a utilizarlo.

Poca consistencia ofrece también la segunda afirmación de la mayoría en relación a la viabilidad. Chevron, afirma la mayoría, tiene excepciones que (así afirman) son «difíciles» y «complicadas» de aplicar; *ante*, en 32. Recordemos que se supone los tribunales no deben inhibirse cuando la agencia que interpreta una ley (1) no ha sido la encargada de administrar esa ley; (2) no ha utilizado los procedimientos establecidos, es decir, información pública y alegaciones tanto al aprobar normas como al dictar actos; o (3) está interviniendo en una *major question*, de gran importancia económica y política; *vid. supra*, en 11-12; *ante*, en 27-28. Como ya he explicado, tales excepciones –la mayoría también las denomina acertadamente *refinamientos*– encajan con el principio de Chevron: definen circunstancias en las que es improbable que el Congreso haya querido priorizar la interpretación de la agencia; *ante*, en 27; *vid. supra*, en 11-12.Y en la escala de dificultad, no son gran cosa: ¿Encomendó el Congreso a la agencia la aplicación de la ley? En 99 de cada 100 casos, todo el mundo estará de acuerdo en la respuesta sin necesidad apenas de pensarlo. ¿Cumplió la agencia con el trámite de información pública antes de ofrecer su interpretación?

Una vez más, podría concebir algunos casos extremos, pero en su mayor parte, la respuesta es un sencillo sí o no. La excepción de las *major questions* es, lo reconozco, distinta: muchos jueces han cuestionado su naturaleza y alcance. Compárese, por ejemplo, *West Virginia*, 597 U.S., en 721-724, con *id.*, en 764-770 (voto particular disidente de la juez KAGAN). Pero ese desacuerdo se refiere, en opinión de todos, a un subconjunto minúsculo de todas las interpretaciones efectuadas por las agencias. En su mayor parte, las excepciones que tanto turban a la mayoría requieren una mera investigación rutinaria. Si esa es la idea que tiene la mayoría de un «baile vertiginoso», *ante*, en 32, la mayoría necesitaría acercarse más a la realidad.

Y, en cualquier caso, ¿difícil comparado con qué? La forma de proceder prescrita por la mayoría no es un paseo por el parque. En primer lugar, la mayoría deja claro que se sigue aplicando lo que usualmente se denomina deferencia *Skidmore; vid. ante*, en 16-17. Según dicha sentencia, las interpretaciones de la agencia «constituyen un conjunto de experiencia y juicio informado» que puede «merecer respeto»; *Skidmore v. Swift & Co.*, 323 U. S. 134, 140 (1944). Si la mayoría piensa que los mismos jueces que hoy discuten acerca de dónde reside la «ambigüedad» (*vid. ante*, en 30) no van a discutir mañana sobre lo que requiere el «respeto», me temo que se sentirá gravemente decepcionada. En segundo lugar, la mayoría ordena a los tribunales cumplir las diversas formas en que el Congreso de hecho «delega autoridad discrecional» en las agencias; *ante*, en 17-18. Por ejemplo, el Congreso puede autorizar a una agencia para «definir» o «delimitar» términos o conceptos legales, así como a «completar los detalles» de un marco legal; *ante*, en 17, y n. 5. O el Congreso puede utilizar, al describir la autoridad reguladora de una agencia, un lenguaje inherentemente «flexible» tal como «apropiado» o «razonable»; *ante*, en 17, y n. 6. Atender a cada una de esas delegaciones, como dice la mayoría, es necesario en un mundo sin *Chevron*. Pero esa tarea implica complejidades específicas. De hecho, uno de los motivos por los que el juez Scalia defendió *Chevron* fue porque sustituyó esa «evaluación caso por caso (que era sin duda fuente de incertidumbre y litigios) por una presunción general». A. Scalia, *Judicial Deference to Administrative Interpretations of Law*, 1989 Duke L. J. 511, 516. Como amante de la previsibilidad que crean las normas, el juez Scalia pensaba que esta última era «incuestionablemente mejor»; *id.*, en 517.

En el otro lado de la balanza, el factor más importante de *stare decisis* –llámese la cuestión del «impacto en el sistema jurídico»– se inclina más hacia conservar que dejar sin efecto a *Chevron*; *Dobbs*, 597 U. S., en 357 (voto particular concurrente del *chief justice* ROBERTS). Tanto el Congreso como las agencias se han amparado en *Chevron* –han asumido su existencia– en gran parte de su actuar durante los últimos 40 años. Las leyes aprobadas durante ese tiempo reflejan la expectativa de que *Chevron* ubicaría la autoridad interpretativa entre las agencias y los tribunales. Las normas promulgadas durante ese periodo también presuponen que las ambigüedades legales deben ser resueltas (razonablemente) por las agencias. Esas interpretaciones de las agencias pueden haber beneficiado a las entidades reguladas o pueden haber protegido a los miembros del público en general. En cualquier caso, los particulares han ordenado sus asuntos –sus decisiones empresariales y financieras, sus decisiones en materia de atención sanitaria, sus decisiones educativas– en torno a las actuaciones de los organismos que ahora, de repente, están sujetas a impugnación. En *Kisor*, este Tribunal se negó a invalidar *Auer* porque hacerlo «arrojaría dudas» sobre muchas interpretaciones duraderas de las normas y, por lo tanto, alteraría las expectativas establecidas; 588 U. S., en 587. Será mucho más perjudicial dejar sin efecto *Chevron* y, por tanto, permitir que surjan nuevas dudas sobre las interpretaciones legales efectuadas por las agencias.

La mayoría trata de reducir el alcance de una parte de ese problema: afirma que las sentencias validando con base en *Chevron* las interpretaciones realizadas por la agencia al considerarlas razonables, no deben ser anuladas solo por ese motivo; *vid. ante*, en 34-35. Esto es bueno: hay miles de sentencias de ese tipo, algunas firmes desde hace décadas; *vid. supra* en 26. Pero, en primer lugar, la confianza legítima no tiene por qué basarse en una sentencia previa. Algunas interpretaciones administrativas que nunca fueron impugnadas con base en *Chevron* ahora lo serán; las expectativas creadas en torno a esas interpretaciones podrían verse alteradas, de una forma que la garantía de la mayoría aborda. Y de todos modos, ¿cómo de buena es esa garantía, realmente? La mayoría dice que el «mero apoyo en *Chevron*» de una sentencia no es suficiente para contrarrestar la fuerza del *stare decisis*; un demandante precisará además una «justificación especial»; *ante*, en 34. La mayoría es optimista; yo no lo soy tanto. Los tribunales que ansíen anular una antigua sentencia apoyada en *Chevron* siempre pueden encontrar algo que les permita calificarlo de «justificación especial». Quizá un tribunal afirme que «la calidad de la motivación [del precedente]» era errónea; ante, en 29. O tal vez el tribunal descubra algo «inviable» en la sentencia, como alguna excepción que deba aplicarse; ante, en 30. Todo lo que un tribunal necesita hacer es girar la vista hacia la sentencia de hoy para ver cómo se hace.

IV

Los jueces no son expertos en la materia, y no forman parte de ninguno de los poderes políticos del estado.

Chevron U. S. A. Inc. v. Natural Resources Defense Council, Inc., 467 U. S. 837, 865 (1984)

Qué tiempos aquellos cuando sabíamos lo que no éramos. Cuando sabíamos que, entre los tribunales y las agencias, el Congreso de ordinario consideraría las agencias como la mejor opción para resolver las ambigüedades y cubrir los vacíos de leyes reguladoras. Porque las agencias *son* «expertas en la materia». Y porque *son* parte de un poder político, con la pretensión de hacer política. Y porque el Congreso les ha encargado a ellas, y no a nosotros, llevar a efecto las leyes que dejan abiertas tales cuestiones. En su núcleo, *Chevron* afecta a la ubicación de la responsabilidad, el otorgamiento de la autoridad primaria sobre asuntos regulatorios a las agencias, no a los tribunales.

Hoy, la mayoría no respeta ese pronunciamiento. Otorga a los tribunales el poder de realizar todos los pronunciamientos científicos y técnicos. Otorga a los tribunales el poder de realizar todas las formas de pronunciamientos políticos, incluyendo cómo efectuar ponderación de intereses en conflicto (*vid.* el propio *Chevron*). Sitúa a los tribunales en el vértice del proceso administrativo en todos los asuntos imaginables, porque siempre hay lagunas y ambigüedades en las leyes reguladoras, y a menudo de gran importancia. ¿Cómo será el sistema sanitario del país en las próximas décadas? ¿O el sistema financiero y de transportes? ¿Qué normas van a limitar el desarrollo de la inteligencia artificial? En todos los ámbitos de la regulación federal actual o futura, cabe esperar que los tribunales desempeñen a partir de ahora un papel predominante. No es un papel que les haya otorgado el Congreso, la APA ni cualquier otra ley. Es un papel que este Tribunal ha reclamado para sí mismo, así como para otros jueces.

Y esa motivación exige faltar al respeto, también, al precedente de este Tribunal. No hay razones especiales, del tipo que suelen invocarse a la hora de rectificar precedentes, para suprimir la deferencia de *Chevron*. Y dada la omnipresencia de *Chevron*, es probable que la decisión de hacerlo produzca trastornos a gran escala. El único respaldo para la sentencia dictada hoy es la creencia de la mayoría que *Chevron* fue un error, que otorgaba a las agencias demasiado poder y a los tribunales no el suficiente. Pero las opiniones cambiantes sobre la valía de los agentes reguladores y su tarea no justifican la revisión de una piedra angular del Derecho administrativo. También en ese sentido, la mayoría actual ha perdido la perspectiva de su función propia. Y es imposible pretender que la sentencia dictada hoy sea una excepción, ya sea en lo referente al modo de abordar las agencias como a los precedentes. Respecto a lo primero, en este mismo año judicial se ofreció otro ejemplo de la determinación del Tribunal de reducir la autoridad de las agencias, pese a las instrucciones del Congreso en sentido contrario; *vid.* *SEC v. Jarkesy*, 603 U. S. (2024); *vid.* también *supra*, en 3. En cuanto a lo segundo, solo mi propia defensa del *stare decisis*, mis propios votos particulares disidentes a las sentencias de este este Tribunal dejando sin efecto precedentes consolidados, llenarían por ahora un pequeño volumen; *vid.* *Dobbs*, 597 U. S., en 363-364 (voto particular disidente de los jueces Breyer, SOTOMAYOR y KAGAN); *Edwards v. Vannoy*, 593 U. S. 255, 296-297 (2021); *Knick v. Township of Scott*, 588 U. S. 180, 207-208 (2019); *Janus*, 585 U. S., en 931-932. Con todo respeto, una vez más, discrepo.

Bibliografía citada

AHUMADA RUIZ, María Ángeles — «El certiorari. Ejercicio discrecional de la jurisdicción de apelación por el Tribunal Supremo de los Estados Unidos», *Revista Española de Derecho Constitucional*, núm. 41 (mayo-agosto 1994).

BAGLEY, Nicholas — *The plan to incapacitate the federal government*, The Atlantic, 24 de enero de 2024.

BAMBERGER, Kenneth y STRAUSS, Peter — *Chevron's two steps, Virginia Law Review*, vol. 92, núm. 2 (2006).

BEERMAN, Jack — «End the failed *Chevron* experiment now: How *Chevron* has failed and why it can and should be overruled», *Connecticut Law Review,* vol. 42, núm. 3 (2010).

BELTRÁN DE FELIPE, Miguel y GONZÁLEZ GARCÍA, Julio — *Las sentencias básicas del Tribunal Supremo de los Estados Unidos de América,* segunda edición, CEPC, 2006.

Bickel, Alexander y Schmidt jr., Benno	*The judiciary and responsable government*, McMillan, Cambridge University Press, 1985.
Biskupic, Joan	*What Sandra Day O'Connor's papers reveal about a landmark Supreme Court decision – and why it could be overturned soon*, cnn 9 de abril de 2024.
Breyer, Stephen	*Active Liberty, interpreting our democratic constitution*, Alfred A. Knoppf, 2005.
Breyer, Stephen, Stewart, Richard, Sunstein, Cass	*Administrative law and regulatory policy. Problems, Text and cases*, Fifth Edition, Aspen Publishers, 2002.
Cameron, Charles y Kastellec, Jonathan	*Making the Supreme Court. The politics of appointments, 1930-2020*, Oxford University Press, 2023.
Chaves García, José Ramón	«*Discrecionalidad y deferencia… hay diferencia!*», *Delajusticia.com*, 24 de septiembre de 2024.
Coglianese, Gari y Walters, Daniel	«The great unsettling: Administrative governance after Loper Bright», *Administrative Law Review*, vol. 77, núm. 1 (2024).
Cuchillo Foix, Montserrat	*Jueces y Administración en el federalismo norteamericano*, Civitas, 1996.
Davins, Neal y Lewis, Daniel	«The independent agency myth», *Cornell Law Review*, vol. 108 (2023).

DEACON, Daniel y LITMAN, Leah	«The new major questions doctrine», *Virginia Law Review*, vol. 109, núm. 5 (septiembre 2023).
FARRAND, Max	*Records of the Federal Convention,* Oxford University Press, 1911.
FERNÁNDEZ RODRÍGUEZ, Tomás-Ramón	*De la arbitrariedad de la Administración*, Civitas, 1994.
FERNÁNDEZ-ESPINAR LÓPEZ, Luís Carlos	*Discrecionalidad y control judicial de la Administración. Alcance, extensión y técnicas de control*, Aranzadi, 2024.
FISS, Owen	*Troubled beginnings of the modern state 1888-1919*, McMillan, 1993.
FREEDMAN, Lawrence	*A history of American law*, Fourth Edition, Oxford University Press, 2019.
GAFFNEY, M.	*Judicial review under the Administrative Procedure Act* (APA), Congressional Research Service, 8 de diciembre de 2020.
GARCÍA DE ENTERRÍA, Eduardo	«La lucha contra las inmunidades del poder en Derecho Administrativo (poderes discrecionales, poderes de gobierno, poderes normativos)», *Revista de Administración Pública*, núm. 38 (mayo-agosto 1962).
GODSOE, Cinthya	*Perfect plaintiffs*, Yale Law Journal Forum, 12 de octubre de 2015.

GONZÁLEZ GARCÍA, Julio	*El alcance del control judicial de las Administraciones públicas en Estados Unidos*, McGraw Hill, 1995.
GORSUCH, Neil y NITZE, J.	*Over Ruled. The human toll of too much law*, Harper, 2024.
GREENHOUSE, Linda & STEVENS, John Paul	*A conversation with justice Stevens*, Yale Law & Public Policy, vol. 30 (2012).
HAMBURGER, Philiph	*Is administrative law unlawful?*, University of Chicago Press, 2015.
HEAD, David	*A crisis of peace. George Washington, the Newbourg Conspiracy and the fate of American Revolution*, Pegasus books, 2019.
HEMINGWAY, Mollie y SEVERINO, Carrie	*Justice on trial. The Kavanaugh confirmation and the future of the Supreme Court*, Regnery Publishing, 2019
HULL HOFFER, Williamjames	*The sick chicken case. The US Supreme Court and the New Deal*, Kansas University Press, 2024.
KALMAN, Laura	*The long reach of the sixties: LBJ, Nixon and the making of the contemporary Supreme Court*, Oxford University Press, 2017.
LAVILLA RUBIRA, Juan José	*La participación pública en el procedimiento de elaboración de los reglamentos en los Estados Unidos de América*, Civitas-Servicio de Publicaciones de la Universidad Complutense de Madrid, 1991.

LESKE, Kevin O.	«Major questions Hypocrisy», *Administrative Law Review*, vol. 76 núm. 4 (2024).
MASHAW, Jerry	*Creating the Administrative Constitution*, Yale University Press, 2012.
MASHAW, Jerry, MERRILL, Richard y SHANE, Peter	*Administrative law. The American public law system. Cases and materials*. Fifth edition, Thomson, 2003.
MCGUINNIS, J. O.	«The rise and fall of *Chevron*», *Law & Liberty*, 8 febrero de 2024.
MCGUINNIS, John	«The post-*Chevron* separaton of Powers», *Law & Liberty*, 8 de mayo de 2024.
MCKINNEY, Isaiah	«The many heads of the *Chevron* hydra: Chevron's revolutionary evolution between 1984 and 2003», *North Dakota Law Review*, vol. 99, núm. 2 (2024).
MERRILL, Thomas	«Article III, agency adjudication and the origins of the appellate review model of Administrative law», *Columbia Law Review*, vol. 111, núm. 5.
MERRILL, Thomas	*The Chevron Doctrine, Its rise, fall and future of the Administrative State*, Harvard University Press 2022.
MERRILL, Thomas	«The story of *Chevron*. The making of an accidental landmark», *Administrative Law Review*, vol. 66, núm. 2 (2014).

MERRILL, Thomas — «The demise of deference - and the rise of delegation to interpret?», *Harvard Law Review*, vol. 138, núm. 1 (noviembre 2024).

MORENO MOLINA, Ángel Manuel — *La Administración por agencias en los Estados Unidos de Norteamérica*, Universidad Carlos III-Boletín Oficial del Estado, 1995.

PÉREZ ALONSO, JORGE — «¿El ocaso de *Chevron*? Auge y fracaso de la doctrina de la deferencia judicial hacia el ejecutivo», *Revista de Administración Pública*, núm. 184 (enero-abril 2011).

——— «Mutaciones jurisprudenciales en torno a la organización y control judicial de las agencias administrativas en Estados Unidos», *Revista de Administración Pública*, núm. 223 (enero-abril 2024).

——— «Recorte jurisprudencial a la posición jurídica de las agencias administrativas: la anulación de *Chevron* y limitación de la autotutela para imponer sanciones», *Revista de Administración Pública*, núm. 226 (enero-abril 2025).

——— *Orígenes del Tribunal Supremo de los Estados Unidos (1775-1800)*, Centro de Estudios Políticos y Constitucionales, 2023.

PIERCE jr., Richard, SHAPIRO, Sidney y VERKUIL, Paul — *Administrative Law and process*, fifth edition, Foundation Press, 2004.

RAMESY, Michael D. «An originalist defense of the major questions doctrine», *Administrative Law Review*, vol. 76, núm. 4 (2024).

ROOT, Damian *Overruled. The long war for control of the U.S. Supreme Court*, McMillan, 2014.

ROSSI, Jim «Respecting deference: conceptualizing Skidmore within the architecture of *Chevron*», *William and Mary Law Review*, vol. 42, núm. 4 (2001).

SCALIA, Antonin *A matter of interpretation. Federal Courts and the law*, Princeton University Press, 1997.

—— «*Judicial deference to administrative interpretations of Law», Duke Law Journal*, vol. 1989, núm. 3.

SCHWARTZ, Bernard *Administrative law*, 3th edition, Little, Brown & Company, 1991.

—— «*Gray v. Powell* and the scope or review», *Michigan Law Review*, vol. 54, núm. 1 (1955).

—— *Decision. How Supreme Court decide cases*, Oxford University Press, 1996.

SHEHOL, Jeff *Supreme Power: Franklin Roosevelt v. Supreme Court*, WW. Norton Company, 2011.

SLOAN, Cliff *Making the Supreme Court. The politics of appointments, 1930-2020*, Oxford University Press, 2023.

SUNSTEIN, Cass — *«Chevron step zero», Virginia Law Review*, vol. 92, núm. 2 (2006).

SUNSTEIN, Cass — «Our *Marbury*: *Loper Bright* and the Administrative State», *Duke Law Journal*, vol. 74, núm. 8 (mayo 2025).

TOOBIN, Jeffrey — *The oath: The Obama White House and the Supreme Court*, Doubleday, 2012.

TUSHNET, Mark — *The Hughes Court: From progressivism to pluralism (1930-1941)*, Cambridge University Press, 2022.

VERMEULE, Adrian — «The deference dilema», *George Mason Law Review*, vol. 31-2 (2024).

VILLAR PALASÍ, José Luís — «La Federal Administrative Procedure Act de Estados Unidos», *Revista de Administración Pública*, núm. 1 (enero-abril 1950).

WALLISON, Peter y WOO, John (eds). — *The Administrative state before the Supreme Court*, American Enterprise Institute, 2022.

WHEELER, L. — «Court's *Chevron* ruling shouldn't be over read, Kavanaugh says», *Bloomberg Law*, 27 de septiembre de 2024.

WOODWARD, Bob y ARMSTRONG, Scott — *The brethren, inside the secret world of the Supreme Court*, Simon and Shuster, 1979.

Sentencias citadas [272]

SENTENCIA	LOCALIZACIÓN	PONENTE	VOTOS CONCURREN-TES	VOTOS DISCREPANTES
Adams Fruit Co. v. Barret	494 U. S. 638 (1990)	Thurgood MAR-SHALL		
ALA Schechter Poultry Corporation v. United States	295 U. S. 495 (1935)	Charles Evans HUGHES	Benjamin CAR-DOZO [Harlan F. STONE]	
Axon Enterprise, Inc. v. Federal Trade Commission	598 U. S. 175 (2023)	Elena KAGAN	Clarence THOMAS Neil GORSUCH	
Bowles v. Seminole Rock & Sand Co	325 U. S. 410 (1945)	Frank MURPHY		Owen ROBERTS

[272] Tanto en los votos concurrentes como en los discrepantes, se constata el juez que los redacta y entre corchetes los jueces que los suscriben. De existir varias concurrencias o discrepancias, se sigue el mismo criterio.

SENTENCIA	LOCALIZACIÓN	PONENTE	VOTOS CONCURRENTES	VOTOS DISCREPANTES
Chemical Manufacturers Association v. Natural Resources Defense Council	470 U. S. 116 (1985)	Byron WHITE	Thurgood MARSHALL [Harry BLACKMUN John Paul STEVENS]	Sandra O'CONNOR
Christensen v. Harris County	529 U. S. 576 (2000)	Clarence THOMAS	David SOUTER Antonin SCALIA	John Paul STEVENS [Ruth B. GINSBURG Stephen BREYER] Stephen BREYER [Ruth B. GINSBURG]
Cincinnati, New Orleans and Texas Pacific Railway v. Interstate Commerce Commission	162 U. S. 184 (1896)	George SHIRAS		
Citizens United v. Federal Election Commission	558 U. S. 310 (2010)	Anthony KENNEDY	John G. ROBERTS [Samuel ALITO] Antonin SCALIA [Samuel ALITO Clarence THOMAS]	John Paul STEVENS [Ruth B. GINSBURG Stephen BREYER Sonia SOTOMAYOR]
Clay v. United States	403 U. S. 698 (1971)	*Per curiam*[273]	William O. DOUGLAS John M. HARLAN II	

[273] Expresión que se utiliza cuando no se desea constatar la identidad del ponente.

SENTENCIA	LOCALIZACIÓN	PONENTE	VOTOS CONCURRENTES	VOTOS DISCREPANTES
Cuozzo Speed Technologies, LLC v. Lee	579 U. S. 221 (2016)	Stephen BREYER		
Dobbs v. Jackson	597 U. S. 215 (2022)	Samuel ALITO	John G. ROBERTS Clarence THOMAS Brett KAVANAUGH	Stephen BREYER Sonia SOTOMAYOR Elena KAGAN[274]
Gray v. Powell	314 U. S. 402 (1941)	Stanley REED		Owen ROBERTS [Charles E. HUGHES James F. BYRNES]
Humphrey's Executor v. United States	295 U. S. 602 (1935)	George SUTHERLAND		
Immigration and Naturalization Service v. Cardoza-Fonseca	480 U. S. 421 (1987)	John Paul STEVENS	Harry BLACKMUN Antonin SCALIA	Lewis POWELL [William H. REHNQUIST Byron WHITE]
Interstate Commerce Commission v. Delaware, Lackawanna & Western R. Co	220 U. S. 235 (1911)	Edward G. WHITE		
Interstate Commerce Commission v. Unión Pacific Railroad. Co	222 U. S. 541 (1912)	Joseph R. LAMAR		

[274] El voto particular fue único, pero lo firman conjuntamente los tres jueces, en vez de constar, como es habitual, quién lo redacta y quiénes lo suscriben.

SENTENCIA	LOCALIZACIÓN	PONENTE	VOTOS CONCURREN-TES	VOTOS DISCREPANTES
King v. Burwell	576 U. S. 473 (2015)	John G. ROBERTS		Antonin SCALIA [Clarence THOMAS Samuel ALITO]
Luna Perez v. Sturgis Public Schools	598 U. S. 142 (2023)	Neil GORSUCH		
Masterpiece Cakeshop v. Colorado Civil Rights Commission	584 U. S. 617 (2018)	Anthony KEN-NEDY	Elena KAGAN [Stephen BRE-YER] Neil GORSUCH [Samuel ALITO] Clarence THOMAS [Neil GORSUCH]	Ruth B. GINSBURG [Sonia SOTOMAYOR]
Morrison v. Olson	487 U. S. 654 (1988)	William H. REHNQUIST		Antonin SCALIA
Myers v. United States	272 U. S. 52 (1926)	William Howard TAFT		Oliver W. HOLMES James MCREYNOLDS Louis D. BRANDEIS
National Cable & Telecommunications Association v. Brand X Internet Services,	545 U. S. 967 (2005)	Clarence THOMAS	John Paul STE-VENS Stephen BREYER	Antonin SCALIA [David SOUTER Ruth B. GINSBURG]

<table>
<tr><th>SENTENCIA</th><th>LOCALIZACIÓN</th><th>PONENTE</th><th>VOTOS
CONCURREN-TES</th><th>VOTOS
DISCREPANTES</th></tr>
<tr><td>National Labor Relations Board v. United Food & Commercial Workers Union</td><td>484 U. S. 112 (1987)</td><td>William Brennan</td><td>Antonin Scalia
[William H. Rehnquist
Byron White
Sandra D. O'Connor]</td><td></td></tr>
<tr><td>National Labour Relations Board v. Hearst Publications</td><td>322 U. S. 111 (1944)</td><td>Wiley B. Rutledge</td><td>Stanley Reed</td><td>Owen Roberts</td></tr>
<tr><td>Panama Refining Co., et al. v. Ryan, et al.</td><td>293 U. S. 388 (1935)</td><td>Charles Evans Hughes</td><td>Benjamin Cardozo</td><td></td></tr>
<tr><td>Perez v. Mortgage Bankers Association</td><td>575 U. S. 92 (2015)</td><td>Sonia Sotomayor</td><td>Antonin Scalia
Clarence Thomas
Samuel Alito</td><td></td></tr>
<tr><td>Planned Parenthood v. Casey</td><td>505 U. S. 833 (1992)</td><td>Sandra D. O'Connor
Antonhy Kennedy
David Souter</td><td colspan="2">John Paul Stevens
Harry Blackmun
William H. Rehnquist
[Byron White
Antonin Scalia
Clarence Thomas]
Antonin Scalia
[William H. Rehnquist
Byron White
Clarence Thomas][275]</td></tr>
</table>

[275] En todos los casos, el voto particular fue en parte concurrente y en parte discrepante.

SENTENCIA	LOCALIZACIÓN	PONENTE	VOTOS CONCURRENTES	VOTOS DISCREPANTES
Plessy v. Ferguson	163 U. S. 537 (1896)	Henry B. BROWN		John M. HARLAN
Roe v. Wade	410 U. S. 113 (1973)	Harry BLACKMUN		Byron WHITE William H. REHNQUIST
Seila Law Llc v. Consumer Financial Protection Bureau	591 U. S. 197 (2020)	John G. ROBERTS	Clarence THOMAS [Neil GORSUCH]	Elena KAGAN [Ruth B. GINSBURG Stephen BREYER Sonia SOTOMAYOR]
Seven County Infraestructures Coalition v. Eagle County	605 U.S. (2025)	Brett KAVANAUGH	Sonia SOTOMAYOR [Elena KAGAN]	
Skidmore v. Swift Co.	323 U. S. 134 (1944)	Robert H. JACKSON		
Social Security Board v. Nierotko	327 U. S. 358 (1946)	Stanley REED		
United States v. Haggar Apparel Co	526 U. S. 380 (1999)	Anthony KENNEDY	John Paul STEVENS [Ruth B. GINSBURG]	
United States v. Mead Corp	533 U. S. 218 (2001)	David SOUTER		Antonin SCALIA
Wabash, St. Louis & Pacific Railway Company v. Illinois	118 U. S. 557 (1886)	Samuel F. MILLER		Joseph BRADLEY [Morrison WAITE, Horace GRAY]

SENTENCIA	LOCALIZACIÓN	PONENTE	VOTOS CONCURREN-TES	VOTOS DISCREPANTES
West Virginia v. Environmental Protection Agency,	597 U. S. 697 (2022)	John G. ROBERTS	Neil GORSUCH [Samuel ALITO]	Elena KAGAN [Stephen BREYER Sonia SOTOMAYOR]
Young v. Community Nutrition Institute	476 U. S. 974 (1986)	Sandra Day O'CONNOR		John Paul STEVENS